El Arte de la Conversación Enfocada

100 CONVERSACIONES PARA ACCEDER Y OPTIMIZAR LA SABIDURÍA DEL GRUPO EN EL ENTORNO LABORAL

El Arte de la Conversación Enfocada

100 CONVERSACIONES PARA ACCEDER Y OPTIMIZAR LA SABIDURÍA DEL GRUPO EN EL ENTORNO LABORAL

EDITOR GENERAL

R. Brian Stanfield

Método ToP® del Instituto de Asuntos Culturales, IAC

CANADA

The Canadian Institute of Cultural Affairs

En memoria de Beverley Parker, co-fundador del Instituto y Brian Williams,
uno de los primeros directores ejecutivos de ICA Canadá.
Ambos fueron claves para establecer y consolidar el destino del Instituto.

Nigel William Blackburn
"In memoriam"

Su talento como profesor ayudó a todos los participantes y facilitadores de ICA a organizarse mejor y apreciar el verdadero valor de los métodos como también a comprender los profundos valores espirituales de ICA. El colaboró mientras tuvo fuerzas en la traducción de este libro. Su espíritu inquieto y en permanente búsqueda de sabiduría se interesó en ICA lo que a la larga le dio muchas satisfacciones.

Nunca lo olvidaremos.
ICA Chile

El Arte de la Conversación Enfocada
100 CONVERSACIONES PARA ACCEDER Y OPTIMIZAR LA SABIDURÍA DEL GRUPO EN EL ENTORNO LABORAL

Copyright © 1997, 2013 The Canadian Institute of Cultural Affairs.
Traducción por Amanda Urrutia Arestizabal y Gerd Luders
Editores:
Equipo ICA España: Catalina Quiroz Niño, María Inés Arratia y Mónica Quiroz Niño
Equipo ICA Chile: Nigel Blackburn, Isabel de la Maza, Laura Matamala Castro y Lorena Zúñiga

Diseño y carátula: Ilona Staples.

iUniverse books may be ordered through booksellers or by contacting:

iUniverse LLC
1663 Liberty Drive
Bloomington, IN 47403
www.iuniverse.com
1-800-Authors (1-800-288-4677)

ISBN: 978-1-4917-1229-0 (sc)
ISBN: 978-1-4917-1230-6 (e)

Printed in the United States of America.

iUniverse rev. date: 11/09/2013

Contenido

Parte I **Teoría y practica**

CAPÍTULO 1. ¿POR QUÉ SON VITALES LAS CONVERSACIONES? Y ¿POR QUÉ EN EL ENTORNO LABORAL?

CAPÍTULO 2. EL MÉTODO DE CONVERSACIÓN ENFOCADA: UNA VISIÓN GENERAL

CAPÍTULO 3. LA ESTRUCTURA DEL MÉTODO CONVERSACIÓN ENFOCADA

CAPÍTULO 4. LIDERANDO UNA CONVERSACIÓN ENFOCADA

CAPÍTULO 5. PASOS PARA PREPARAR UNA CONVERSACIÓN ENFOCADA DESDE LO BÁSICO

Parte II **Las 100 conversaciones**

F. ADMINISTRAR Y SUPERVISAR LAS CONVERSACIONES

G. CONVERSACIONES PERSONALES Y DE CELEBRACIÓN

Parte III **Apéndices**

Prefacio

El Instituto de Asuntos Culturales de Canadá (en adelante referido como el Instituto) siempre ha puesto a disposición de las personas un conjunto de textos sobre los métodos y técnicas de la "Technology of Participation" (ToP™) (Tecnología de la Participación) para que los facilitadores tuvieran acceso a los mejores recursos metodológicos posibles. (ToP ha sido traducido al español como "Metodología Organizacional Participativa", (MOP®), dado que el nombre de Tecnología no está relacionado con el uso de recursos tecnológicos hardware o de software.

La mayoría de esos libros han sido escritos por integrantes de la red del Instituto de Asuntos Culturales, (abreviatura en inglés ICA; en español IAC) fuera de las fronteras de Canadá, por ejemplo: *Winning through Participation* de Laura Spencer, de ICA Chicago. Éste fue el primer libro que se publicó sobre la metodología.

A continuación se publicaron otros dos libros: *Participation Works* y *Government Works*, ambos editados por Jim Troxel. Luego fue publicado el libro de Terry Bergdall sobre *Methods for Active Participation*; al que le sigue *Fifty Ways to Build Team Consensus* de Bruce Williams (el mejor vendido); el libro de John Jenkins, *International Facilitators Companion*, publicado en Holanda; el libro de Belden-Hyatt-Ackley, *Towards the Learning Organization*; y más recientemente, *Beyond Prince and Merchant*, sobre participación ciudadana, editado por John Burbridge. Queremos que toda persona que ejerza profesionalmente como facilitador tenga acceso a los mejores recursos metodológicos posibles. La mayoría de estos libros han sido escritos por personas integrantes de la red del instituto fuera de las fronteras de Canadá.

Nuestro equipo en Canadá reflexionó sobre la idea de que tal vez era tiempo para realizar una publicación propia, pero ¿sobre qué? Iniciamos conversaciones en base a los testimonios escritos y verbales de las personas que habían participado en nuestros cursos sobre "Métodos de Facilitación de Grupo". Consideramos sus comentarios en cuanto al impacto que el método de conversación enfocada había tenido con las adaptaciones y cambios pertinentes, dentro de sus organizaciones:

- "El uso continuo del método ha cambiado el entorno y la interacción dentro de nuestra organización".
- "El método es una herramienta que permite, de forma continua, un aprendizaje muy intenso e intensivo por parte de mi personal.
- "Este método permite un diálogo auténtico e integral en toda mi organización".
- "Este es un método que nos permite manejar un tema antes de que éste se convierta en un gran problema".

Mientras leíamos y considerábamos muchos otros comentarios sobre el uso e impacto del método, nos parecía cada vez más claro que este método por sí solo tenía la propiedad de liberar algo totalmente novedoso dentro del entorno laboral y de las organizaciones. El método se revelaba como una magnífica herramienta de aprendizaje en sí misma y a través de la cual era posible generar un cambio en la forma en que las personas se comunican y se escuchan entre sí. Decidimos por ello que valía la pena escribir sobre ello. Así fue como iniciamos este proyecto.

Nuestro primer paso fue el de proveernos de una estructura que nos permitiera trabajar juntos el tema, así organizamos encuentros de discusión e investigación-acción mensuales; éstos se llevarían a cabo todos los primeros lunes de cada mes. El primer día hicimos una lluvia de ideas al respecto y conseguimos 130 temas para los que se podría aplicar el método de conversación enfocada.

El próximo paso fue darle un enfoque al libro. Debido a que la mitad de las conversaciones originadas a través de la lluvia de ideas estaban dentro del entorno laboral, decidimos poner énfasis dentro de ese ámbito. E igualmente tomar en cuenta todos los sectores de la economía: el sector privado, el público-gubernamental y el privado no lucrativo.

El próximo paso fue diseñar un formato para estandarizar la manera de escribir las conversaciones. Una vez diseñado, empezamos a escribir y luego de haber completado 30 conversaciones, tuvimos que concentrarnos en otras labores para el resto del año. Nadie contaba con el tiempo suficiente para poder dedicarse exclusivamente a la edición del libro.

En Enero de 1997 decidimos empezar nuevamente; esta vez de manera formal y con la intención de llegar a nuestro objetivo. Solicitamos a nuestros asociados, compañera/o de trabajos y participantes que nos proporcionaran ejemplos de conversaciones que habían utilizado dentro de su entorno laboral y organizacional.

Durante muchos años ICA a nivel internacional ha enseñado el método de conversación enfocada a través de su curso: "Métodos de Facilitación de Grupos"; con lo que solicitamos a nuestros participantes que nos informaran rápidamente sobre los diferentes usos que estaban dando al método en sus propios entornos laborales. Recibimos muchas aportaciones con conversaciones específicas a diversos contextos dentro del mundo laboral junto a otros ejemplos a partir de la experiencia propia de muchos facilitadores y referencias bibliográficas para el libro.

A finales del mes de Mayo teníamos 90 conversaciones, y empezamos a repartirlas para que las revisaran las personas que integraban el equipo.

Agrupamos las conversaciones en siete procesos laborales y organizacionales genéricos, tales como:

1. Revisión y evaluación.
2. Preparación y planificación.
3. Coaching y mentorización.
4. Interpretación de datos y medios.
5. Toma de decisiones.
6. Administración y supervisión.
7. Personal y celebración/agasajo.

A medida que el libro iba tomando forma, creamos tres grupos de trabajo. Uno se dedicaría a la revisión de los contenidos, otro al plan de comercialización y de mercadeo, y el último al formato y a la publicación. Otro grupo externo se dedicaría a la edición del texto. Esta es, a menudo, la parte más complicada de una publicación corporativa. El puro impulso a "hacerlo bien" tropieza con el apasionado impulso de "verlo terminado".

Poco a poco las cosas empezaron a perfilarse más claramente. A medida que llegaban los informes de los diferentes grupos de trabajo, se tomaban decisiones claves sobre el título, diseño y qué debía transmitir el libro a su potencial audiencia.

El equipo que trajo a la luz este libro son integrantes del Instituto de Asuntos Culturales, que como consultores, facilitadores y formadores tienen a su cargo la formación de aproximadamente 1500 personas al año. A la vez, son responsables de equipos dentro del Instituto que trabajan en diversos ámbitos de la sociedad canadiense. Por todo ello, el libro ofrece la sabiduría práctica y empírica de estas personas en sus interacciones tanto formativa, como laborales.

Duncan Holmes es el Director Ejecutivo del Instituto en Canadá. Su gran empatía con los grupos que trabaja lo han convertido en el facilitador más solicitado en lo que se refiere a preparar a las organizaciones y comunidades a planificar el cambio que desean. Su trabajo en la actualidad se centra en facilitar cambios organizacionales efectivos y en formar a líderes para crear procesos participativos que funcionen. La contribución de Duncan a lo largo del proceso de creación del libro fue el tener presente en todo momento los contextos históricos donde se encuadraba el contenido del libro; así como su insistencia en conservar en todo momento la integridad de la metodología.

Jo Nelson ha vivido y experimentado a lo largo de muchos años y diferentes países, el arte de la facilitación para la búsqueda de consensos con diversos grupos y equipos de trabajo; así como crear y fomentar una motivación duradera en los mismos. La especialización de Jo es facilitar una comunicación eficaz y eficiente, tanto inter como intra grupal. Su trabajo con organizaciones como con particulares lo realiza en todo el territorio canadiense; y se centra en responder a las necesidades que éstos demanden y necesiten. A lo largo del proceso de escritura del libro, Jo insistía en mantener cada conversación enfocada y anclada en situaciones concretas. Tuvo a su cargo la redacción de los objetivos racionales y experienciales /vivenciales de cada conversación.

El dominio que posee **Wayne Nelson** del proceso y su capacidad para descubrir patrones significativos, le permite ayudar a los grupos a llegar al fondo del tema. Ha trabajado durante veintisiete años con organizaciones y comunidades alrededor del mundo en la planificación e implementación de proyectos. Wayne se especializa en diseñar y facilitar procesos de grupo que permiten que las personas formen sus propios planes de acción innovadores. Es un formador personal excelente que pasa muchas horas a la semana guiando a los participantes que han cursado programas de facilitación ofrecidos por ICA. Su dominio sobre los procesos y la obtención de patrones, se ha utilizado una y otra vez en la revisión del primer y segundo borrador de este libro.

Bill Staples es una persona muy creativa y vigorosa que ha ayudado a comunidades, hospitales y comercios canadienses durante 25 años. Bill se especializa en la formación y el desarrollo del pensamiento estratégico del equipo; así como en compartir metodologías útiles y prácticas que respondan a las necesidades del equipo. Además, produce videos de formación y tiene a su cargo la publicación *Edges*, que contiene noticias de ICA y que se edita tres veces al año. La experiencia, sabiduría y dominio editorial y de consultoría que posee Bill se fusionó mientras creaba conversaciones para una gran variedad de situaciones y contextos organizacionales; a la vez que supervisaba el presupuesto y los aspectos editoriales del libro.

Jeanette Stanfield es una diestra educadora que ha trabajado y domina la pedagogía del programa "Educación Imaginal" desde hace 30 y que se aplica a nivel preescolar, primaria y de educación de adultos. Recientemente sus investigaciones la han llevado a aplicar el aprendizaje multifacético y los estilos de aprendizaje a la práctica de la facilitación y a los cursos de formación de ICA. Las reflexiones de Jeanette sobre cómo el ambiente cognitivo puede liberar o suprimir la creatividad han sido una guía de gran utilidad mientras cada integrante del equipo afrontaba el desafío del diseño más apropiado para las conversaciones.

Brian Stanfield es un consultor especializado en diseño curricular, es profesor, escritor y editor. Fue el Decano de la Academia Global de ICA durante muchos años. Ha enseñado a miles de personas la teoría y la práctica de las destrezas de participación y de desarrollo humano. Brian posee una riqueza de experiencias que provienen de su trabajo alrededor del mundo; siempre garantizando que los cursos de ICA sean prácticos, pertinentes y que posean una sólida consistencia y estructura interna. Ha acompañado y mentorizado al equipo a lo largo de todo el proceso de creación del libro.

Hubo otras personas que también colaboraron para lograr la publicación de este libro. Estamos especialmente agradecidos por el estímulo y la ayuda práctica que se nos ha ofrecido por parte de compañeros y compañeras de diferentes países. Muchos de ellos enviaron conversaciones que habían utilizado y nos ofrecieron sugerencias para el título del libro. Otros, nos demostraron cómo se podría usar: Shelley Cleverly, Mike Coxon, David Dycke, Brian Griffith, Betsy Heatley, Suzanne Jackson, Debra Kosemetzky, D'Arcy Mackenzie, Jerry Mings, Darrell Phillips, Madelyn Webb, Michael Zobrack, todos del Canadá; John Burbridge, Linda Jones, David McClesky y Laura Spencer de Estados Unidos; Sue Chapman y John y Julie Miesen de Australia; John Epps de Malasia; y Jack Gilles de la India.

Debemos nuestro aprecio especial a Gordon Harper del Instituto de Asuntos Culturales de Estados Unidos, por crear la valiosa recopilación de preguntas a nivel reflexivo e interpretativo que aparecen en estas páginas. John Kloepfer compartió amablemente con nosotros su disertación de doctorado sobre la teoría del método que fundamenta y estructura las conversaciones que ofrecemos en el libro. Debemos nuestro agradecimiento a Sheighlah Hickey y a Sara Goldman por su trabajo infatigable para la corrección de pruebas y poner un orden para las conversaciones; a Christine Wong por su constante apoyo material, y a Janis Clennett por su ayuda en el diseño de conversaciones relacionadas con mercadeo y ventas.

Cabe mencionar a la Señora Amanda Urrutia Arestizabal quien ha sido una traductora voluntaria entusiasta y comprometida con el trabajo realizado por ICA y este libro de la Conversación Enfocada.

Una gran ayuda en la traducción fue el Señor Gerd Luders junto con su compromiso con el trabajo de ICA en el mundo y las traducciones al español de sus libros y de este libro.

Finalmente, estamos agradecidos con Nigel Blackburn, Isabel de la Maza, Laura Matamala Castro, Catalina Quiroz Niño, María Inés Arratia, Mónica Quiroz Niño, y Lorena Zúñiga por su compromiso entusiasta frente al material, por su competencia en el área editorial y por su sensibilidad al transformar el texto de manera que fuera rápidamente accesible al lector.

El Origen de un Método

Una vez que una sociedad pierde la capacidad para el diálogo, lo único que queda es una cacofonía de voces luchando entre sí para ver quién gana y quién pierde. No hay capacidad para profundizar, para compartir un significado que trascienda los puntos de vista individuales y el interés personal. Parece razonable preguntarse si muchos de nuestros problemas más acuciantes al momento de gobernarnos hoy en día, el así denominado "embotellamiento", y la pérdida del respeto y la ayuda mutua... no emanarían de esta pérdida de capacidad para conversar los unos con los otros, de pensar juntos como partes integrales de una comunidad más amplia.

Peter M. Senge, "A New View of Institutional Leadership" en *Reflections on Leadership*

El mayor fracaso de diálogo de la historia, la Segunda Guerra Mundial, ocurrió en nuestra era moderna y tecnológica. Personas consagradas a lograr un entendimiento común entre partes en conflicto, incluyendo artistas, teólogos y madres, observaban con horror cómo sociedades enteras se abocaban a destruirse sistemáticamente. Pero ningún grupo social estuvo profundamente más perturbado que los soldados mismos, los que muchas veces retornaban al hogar incapaces de hablar sobre lo que habían visto. En cualquier forma que podían, trataban de desentrañar ese terrible fracaso de la civilización. Ellos buscaban una manera de entender lo incomprensible que habían experimentado.

1

Uno de esos buscadores fue un capellán de ejército, Joseph Mathews, quien había acompañado a los soldados de los Estados Unidos en los aterrizajes en Tarawa, Saipan, Iwo Jima y Okinawa. Cuando volvió de la guerra a su cátedra universitaria, estuvo abocado a ayudar a personas para que pudieran procesar los sucesos vividos en sus vidas. ¿Pero cómo podían las personas crear su propio significado a partir de sus propias tribulaciones? ¿Y cómo podían lograr eso en conjunto?

Una persona que resultó ser la que le brindó el mayor apoyo a Mathews, fue una profesora de arte. Ella le demostró que cualquier encuentro con el arte resulta ser un "triálogo"—o una conversación de tres vías—entre el arte, el artista y el observador. Así, es relativamente inútil preguntarle a un pianista, por ejemplo, sobre el significado de una determinada composición. Todo lo que podría hacer el músico es recrear la experiencia, ejecutarla nuevamente, dejando a la persona que escucha responder a esa pregunta.

La profesora fue más allá: "Primero tiene que tomar en serio la obra de arte, observando cuidadosamente lo que está allí y lo que no está. Luego se debe observar, igual de manera formal, lo que ocurre dentro de uno mismo mientras observa la obra de arte, para percibir las propias reacciones: ¿qué no le gusta?, ¿qué le encanta? Hay que ir despejando las distintas capas de la conciencia de manera que la persona pueda preguntarse lo que aquello significa para ella o él". La profesora le explicó que el arte es como escuchar. Hay que trabajar para lograr crear un significado propio a partir de una obra de arte como hay que hacerlo en una conversación.

Mathews inmediatamente cayó en cuenta que lo que la profesora le dijo tenía relación directa con las lecturas hechas sobre el filósofo danés del siglo XIX, Søren Kierkegaard, y de algunos pensadores europeos del siglo XX. Kierkegaard y los fenomenólogos describían el yo como una serie de relaciones o conciencias: que observan lo que ocurre en la vida, reaccionan internamente a esas observaciones, crean significado o discernimiento sobre ambas, y generan conclusiones o decisiones implícitas en ese discernimiento o significado.

Mathews decidió crear un formato para sus conversaciones utilizando este enfoque, y empezó a experimentar con conversaciones frente a variadas obras de arte con su comunidad universitaria. Lo intentó primero con el cuadro de Van Gogh, *La noche estrellada*; continuó con ee cummings y una película vigente, *La Ley del Silencio*. Es así como empezó a denominar al método como "La Conversación en forma de Arte".

Mathews solicitó a cada uno de sus estudiantes, durante una conversación sobre el *Guernica* de Picasso, que describieran los objetos que veían en el cuadro. Luego invitó a que expresaran lo que ello les evocaba. Les dijo: "Bien, ahora quiero que piensen en qué sonido surge de este cuadro. Voy a contar hasta tres y luego quiero que todos emitan el sonido que escuchan en su interior. Háganlo en voz alta o baja, tal como sientan que debe ser. Listos? ¡Uno, dos, tres!". La sala explotó con aullidos de dolor y rabia. La puerta de la sala se abrió y dos estudiantes aparecieron desde el pasillo con gestos faciales imitando a los rostros que aparecían en la pintura. En medio de un silencio aturdido escucharon al profesor preguntarles: "¿Dónde pueden ver el reflejo de esta pintura en sus propias vidas?"

Los resultados fueron asombrosos. Estos mismos estudiantes pensaban antes que el arte era "una cosa cultural" o "un objeto decorativo". Ahora veían que sus vidas estaban íntimamente vinculadas y reflejadas en el arte. Veían la obra de arte como una fuerza que desafiaba su posición habitual frente a la vida. Un participante dijo, "De pronto vi que esas obras de arte me planteaban una exigencia. Me decían, "¡Despierta! Vive de forma auténtica".

Los compañeros y compañeras de Mathews empezaron a adoptar el enfoque de enseñanza experimental dentro de la universidad. Ensayaron varios estilos de reflexión participativa en diferentes cursos. Finalmente, diseñaron un esquema lo suficientemente flexible para poder adaptarlo a muchos más temas y lo suficientemente estructurado para ser descrito como un método. ¡Voilá!—el nacimiento de la "Conversación del Arte".

Cinco años más tarde, en los años 60, Mathews y algunos compañeros se trasladaron a un barrio pobre en Chicago para trabajar con los líderes de esa comunidad. Allí hicieron un uso intensivo del método, permitiendo a los vecinos reflexionar de forma conjunta. Esto pasó a ser una parte esencial del proyecto de desarrollo comunitario que el Instituto adoptó para ser socializado y practicado alrededor del mundo.

Treinta años más tarde, en los años 90, organizaciones tanto públicas como privadas estaban experimentando la dificultad de cómo administrar y gestionar el cambio. Necesitamos tener alguna forma de participación en estos cambios, necesitamos tomar nuestras propias decisiones dentro de nuestros propios grupos y hacer que las cosas progresen. Estamos cansados del "estanque de tiburones" que son las políticas internas de la oficina. Las personas se preguntaban: "¿Cómo podríamos procesar lo que ocurre en nuestras vidas, cómo podríamos superar esta crisis con la experiencia y sabiduría del grupo? ¿Cómo podemos crear formas innovadoras para gestionar nuestros problemas? Necesitamos encontrar los medios que nos permitan hablar con nuestros gerentes y nuestros pares y poder solucionar así nuestros problemas abiertamente. ¿Nos pueden ayudar a enfrentar estos problemas? Necesitamos algo que podamos utilizar."

La escena se lleva a cabo en una sala de conferencias de la Corporación Genérica. Un facilitador está de pie al frente de la sala y formula las siguientes preguntas a los participantes: "¿Cuáles son los temas más importantes que deben afrontar?, ¿Qué es lo que les impide gestionarlos?, ¿Qué decisiones son necesarias?, ¿Qué acciones implican esas decisiones? y ¿Cuáles han de ser los primeros pasos a dar?"

Las interrogantes se han modificado ligeramente, pero el método permanece igual. Es el método de la obra de arte con un nuevo nombre: la Conversación Enfocada. Esta forma de conversación y reflexión conjunta se utiliza actualmente en muchas organizaciones tanto privadas como públicas en todo el mundo.

Hacemos notar al lector que los términos "facilitador", "líder de la conversación" y "líder de la discusión", se usan en este libro indistintamente.

Parte I
Teoría y práctica

CAPÍTULO 1

¿Por qué son vitales las conversaciones? y ¿Por qué en el entorno laboral?

En su esencia, cada organización es el resultado de cómo piensan e interactúan sus miembros.
Senge, Kleiner, Roberts, Ross y Smith: *The Fifth Discipline Fieldbook*

Sitiados por la sobrecarga de datos y seducidos por el conocimiento que nos invade a través de libros y cintas, muchas personas parecen haber olvidado el valor de la sabiduría que se obtiene a través de las conversaciones comunes y corrientes del día a día. Pero aún existen aquellos que creen que las diversas situaciones que afrontamos día a día pueden ser más llevaderas hablando con las personas implicadas en esas mismas situaciones. A pesar de que la información se puede dar a conocer de variadas formas, parece ser que el verdadero conocimiento, la reflexión y discernimiento pueden crearse a través del intercambio de ideas con los demás.

La conversación y diálogo que pueden darse entre personas puede solucionar un problema o ayudar a curar una herida, así como puede lograr un compromiso colectivo. A su vez, puede crear una gran empatía entre los miembros de un equipo, generar nuevas opciones o construir una visión. Las conversaciones junto con la disposición de diálogo que se genera pueden modificar modelos de trabajo, crear nuevas amistades, favorecer la concentración y energía del grupo, además de cimentar acuerdos.

Entonces, ¿por qué se considera la relación entre las personas como uno de los mayores desafíos que enfrentan las organizaciones? ¿Por qué a las personas les cuesta tanto comunicarse entre sí? ¿Por qué limitamos nuestra capacidad de escucha? ¿Por qué las conversaciones suelen transformarse en argumentos o trivialidades? ¿Por qué somos tan críticos de lo que dicen nuestros compañeros de trabajo? ¿Por qué tenemos tanta prisa y tensión para corregir la opinión del otro? ¿Por qué hay personas tan arrogantes y que piensan que son infalibles u omniscios?

Las razones son muchas—la fragmentación de las comunicaciones en la era de la televisión; los hábitos mentales tradicionales que hemos aprendido y seguimos usando, no importa lo disfuncional que sean; y las tendencias emergentes en el mundo del trabajo. Estas razones se analizan en la siguiente sección.

La Fragmentación de la Conversación

El mundo está saturado de información. La información solía ser un recurso esencial que nos ayudaba a superar problemas tecnológicos y sociales; sin embargo, nuestra propia habilidad tecnológica ha transformado los datos en sólo basura. A medida que apilamos más y más información sin procesar en nuestras computadoras y en nuestros registros físicos, nos convertimos—según las palabras de Neil Postman- en coleccionistas de basura. A pesar de que la industria de la información trabaja sobre tiempo para sacar al mercado nuevas computadoras, y a pesar de que los nuevos CD-ROMs guardan mayor cantidad de información por giga bite, el mundo no muestra signos vitales de mejora, ni de entender cómo extraer la verdadera sabiduría de la misma para vivir y para solucionar los verdaderos problemas sociales, ecológicos, políticos e incluso económicos que tenemos. La educación insiste en transferir mayor cantidad de datos posibles en las mentes de los estudiantes estableciendo cada vez menos conexiones entre esos fragmentos. Estos patrones se repiten en nuestras conversaciones con los demás. La mayoría de nosotros tiene la imagen de una conversación como la de una charla banal. El arte de la conversación y diálogo serio entre personas se va desvaneciendo. En la era de la televisión en la que las citas de lo dicho se hacen en segundos y fracciones de segundos, la mayoría de las conversaciones televisadas compiten en el mínimo uso de tiempo posible a expensas de la calidad del contenido y proceso de las mismas. Los intercambios son rápidos, a tirones y a menudo sin ningún desarrollo de ideas. Nos sorprendemos imitando el estilo de los locutores de la televisión en el que los juicios prevalecen sobre las interrogantes.

Probablemente estaríamos de acuerdo en afirmar que estamos anulando el proceso del pensamiento, sin embargo sentimos que no disponemos del tiempo necesario para la verdadera comunicación y reflexión.

LA IMAGEN DE LA CONVERSACIÓN

La imagen que prevalece de una conversación es la del cuchicheo o chismorreo que surge cuando las personas se encuentran en las esquinas de las calles o alrededor de la máquina del café en la oficina. Tales conversaciones generalmente son sólo trozos de comentarios semi conexos: "Ayer fui al cine y vi la película Gargantúa, ¡estupenda!". "Voy a ir a la peluquería después del trabajo. Tengo al mejor peluquero del mundo".

"¿Viste el informe que entregó Ángela hoy? Realmente se esforzó. ¡No entiendo para qué tanto!". Fin de la conversación. Vuelta al trabajo.

Si a la hora del café alguien valorara el tiempo y las conversaciones que se generan en ese instante, podría preguntar en relación a los comentarios que aparecen más arriba. Frente al primero, "¿Qué tenía de estupenda la película?, ¿Por qué te gustó?". Frente al segundo comentario: "¿Por qué es el mejor peluquero del mundo?" Frente al tercero: "¿Qué tenía de especial el informe de Ángela?, ¿Por qué era tan importante para ella dedicar tanto esfuerzo?" En otras palabras, se necesita que alguien en cada conversación y en cualquier forma diga: "Cuéntame algo más sobre eso".

CONVERSACIONES MICRO-FÓNICAS

La vida avanza tan rápido, tantas cosas apretujadas cada día, que surge una regla tácita: si tienes que decir algo, dilo rápido y sé breve. La gente adquiere la costumbre de abreviar lo que tienen que decir. Cuando tienen que llenar una encuesta, su economía de palabras es digna de Scrooge: "¡Maravilloso! Me ayudó mucho." o "Necesita más trabajo".

A un profesor de colegio le gustaría escribir en rojo, "¡Por favor, amplíen esas ideas!" ¿Cómo puede haber aprendizaje con una comunicación tan limitada?

Tantas restricciones a la expresión llevan a una pobreza de reflexión. Fue Sócrates quien dijo, "La vida no reflexionada no vale nada" Todos nos encontramos pasando de una actividad a otra sin detenernos a preguntar, "¿Qué pasó aquí? ¿Por qué eso era tan importante para mí?" o "¿Por qué me enfadé tanto en esa reunión?". Ni siquiera solemos preguntarnos, "¿Cuáles son las implicaciones a largo plazo de lo que acabamos de decidir?".

Hábitos Mentales Tradicionales

Otro grupo de situaciones que restringen la conversación viene de cómo se les enseña a pensar a las personas, al menos en la educación estilo occidental. En uno de sus escritos, "Hints toward an Essay on Conversation", Jonathan Swift describe los eternos abusos de la conversación cara a cara y el feo sexismo coloquial en la sociedad de su época.

Muchas de sus observaciones son válidas para evaluar las conversaciones de hoy en día. Él se quejaba que "un placer tan útil e inocente como conversar el uno con el otro... estuviera tan abandonado y abusado." Respalda su argumento con ejemplos: "la impaciencia por interrumpir a otros, la molestia cuando nos interrumpen, el inundar a los oyentes con discursos auto-indulgentes, sobre-enfatizar la importancia de ser ingenioso, usar jerga para impresionar, y la costumbre de dejar a las mujeres a un lado durante conversaciones consideradas serias." (Swift, *A Complete Collection of Polite and Ingenious Conversations*). Las observaciones de Swift apuntan a un obstáculo mucho más acuciante para mantener conversaciones inteligentes.

LA CULTURA DE LOS GRUPOS DE PRESIÓN O DEFENSORES

La persona que pertenece a estos grupos es aquella que argumenta, presiona e impulsa una determinada perspectiva, una propuesta o un punto de vista o un determinado producto. Estas personas están convencidas que su posición es la correcta y trata de convencer a otros para que le apoyen. Mientras que la persona que investiga enfrenta cualquier asunto con la mente abierta, intentando encontrar una opción viable o creativa, o indaga sobre los hechos de una materia en particular. Intenta abrir nuevos rumbos o lograr un nuevo punto de vista frente a la "verdad institucionalizada".

No somos muy eficaces al momento de equilibrar la tarea de presionar e impulsar una determinada idea con la capacidad de indagación. La mayoría de nosotros ha recibido una educación para ser buenos defensores a ultranza de una opinión que consideramos como una verdad determinada. Es cierto que no hay nada malo con intentar ser persuasivos, sin embargo, el abogar desde una posición a menudo se convierte en una forma de confrontación, en la que las ideas se contraponen en vez de ser fuentes de información.

Rick Ross y Charlotte Roberts señalan que los administradores de las corporaciones occidentales reciben una formación a través de la vida para convertirse en defensores, algunas veces a ultranza, de una idea en concreto y para lo cual han de expresarse muy bien. Saben cómo deben presentar y discutir con fuerza sus puntos de vista creando un ambiente y compromiso a favor de los mismos. Sin embargo, a medida que las personas van ascendiendo en la organización, están obligadas a manejar asuntos cada vez más complejos e interdependientes, frente a los que ninguna persona conoce individualmente la respuesta correcta. Ante esta situación más compleja, la única opción viable es que sean grupos de personas bien informadas y comprometidas las que piensen en conjunto para reflexionar y obtener nuevos puntos de vista. Cuando se llega a este punto, se necesita aprender a equilibrar hábilmente la habilidad de abogar o defender una idea con la de indagar. (Ross y Roberts en *The Fifth Discipline Fieldbook;* págs. 253-259).

EL FALLO DE NO ENTENDERNOS

Nuestros egos suelen estar tan empecinados en lanzar nuestras propias ideas que apenas esperamos a que los otros terminen de hablar. Lo que los demás dicen pasa a ser una terrible interrupción para lo que queremos decir. En el proceso, no sólo no entendemos lo que los demás están diciendo; ni siquiera terminamos de escucharlos. La descripción del pensamiento lateral de De Bono explica muy bien el tipo de flujo que es posible en una conversación que permite y estimula diferentes ideas:

> En vez de una conversación, en su lugar es una argumentación en la que se enfrentan opiniones y el mejor hombre gana. Una buena conversación usa el tipo de pensamiento lateral en que las ideas se colocan una al lado de otras, sin ninguna interacción entre las contribuciones. No hay enfrentamiento, no hay disputa, no hay juicios verdaderos o falsos. En su lugar, hay una genuina exploración del tema, del cual luego se pueden derivar conclusiones y decisiones. (de Bono, *Parallel Thinking*, pág.36)

En su libro sobre la cultura aborigen, Ross habla del enorme peso que se saca de encima cuando se sumerge por algún tiempo entre un grupo de aborígenes, sabiendo que no se espera que él juzgue cada cosa que alguien dice o hace (menos aún emitir sus propios juicios apenas los tenga). Habla de ese peso que tantos angloparlantes llevan—"El peso de la obligación de formar y expresar opiniones en todo momento y sobre casi cualquier cosa." (Ross, *Returning to the Teachings*, pág. 108).

POSEEDORES DE LA VERDAD ABSOLUTA

Algunas personas prefieren tener la razón a ser felices. Conversaciones que avanzan bien mueren en forma abrupta cuando alguien declara, "¡No, eso definitivamente no es cierto!". Entonces la respuesta viene en forma de pregunta: "¿Y quién te hizo considerarte el único poseedor de la verdad?". Las personas cuyas observaciones fueron declaradas inválidas lo pensarán dos veces antes de volver a participar. Muchas personas realmente se entusiasman con poseer la verdad; pero, como dice De Bono, "el defender la verdad absoluta anula la posibilidad de interacciones de sistemas complejos, favorece el análisis más que la exploración del diseño o marco de referencia, lleva a la presunción, complacencia y arrogancia, preserva los paradigmas en vez de cambiarlos." De Bono sugiere que todos aprendamos a usar esas maravillosas palabras como, posiblemente, quizás, esa es una forma de verlo, ambos sí y no, así parece, y a veces. (De Bono, *Parallel Thinking*, pág. 66).

Algunos conceptos del sistema de justicia de los aborígenes son útiles al llegar a este punto. Los aborígenes suelen disputar la preferencia de los blancos por usar juicios antagonistas para "llegar a la verdad". Las enseñanzas tradicionales de los Aborígenes parecen sugerir que las personas siempre tendrán diferentes apreciaciones de lo que sucedió entre ellas. El asunto, entonces, no es tanto el buscar "la verdad", sino buscar—u honrar—las diferentes perspectivas que todos tenemos. La verdad, desde esta perspectiva, tiene que ver con la verdad con la que cada persona acepta y comprende su relación con alguien o con algo; tanto en cuanto sólo eso es real y verdadero para ellos o ellas.

LA TIRANÍA DEL "O"

Si diez personas conversan alrededor de una mesa, la verdad no reside en ninguno de ellos, sino que está en el centro de la mesa, entre y dentro de las perspectivas de los diez. Esas diez personas están co-creando lo que es verdad (o es real) en su situación. Esto es lo más difícil de comprender para los que no piensan así. James Collins y Jerry Porras hablan de "la tiranía del o". Este tipo de tiranía lleva a las personas a creer que las cosas tienen que ser A o B, pero nunca ambas. Por ejemplo, "Se puede progresar a través de un proceso metódico o a través de tentativas oportunistas". "Se puede tener una autonomía creativa o consistente y controlada". (Collins y Porras, *Built to Last,* págs. 43-45).

En lugar de vivir oprimidos ante "la tiranía del o", las organizaciones visionarias se liberan de ella a través del "genio de la y": la habilidad para tomar en cuenta varias dimensiones y perspectivas al mismo tiempo sobre un hecho, suceso o fenómeno.

LOS CRÍTICOS

Cerca del año 1900, en el momento cumbre del pensamiento imperial británico, el joven matemático Bertrand Russell dijo que el propósito de la conversación es distinguir la verdad del error. Hasta el día de hoy muchos de nosotros le creemos, y nunca perdemos una oportunidad para corregir a una compañera/o ó a una persona querida. A muchos nos enseñaron de niños a "nunca contradecir a los mayores". Pero no nos enseñaron a no contradecir a nuestros pares. De hecho, aquellos de nosotros que practican el arte del debate fuimos entrenados a destruir los argumentos de los demás. Rupert Ross describe cómo ciertas diferencias de lenguaje pueden hacernos responder en forma muy diferente a eventos y/o acontecimientos comunes en nuestras vidas: "Nunca me di cuenta lo duro que es el idioma inglés, ni lo críticos y controversiales que nos volvemos cuando lo hablamos. No tenía idea que las personas podían vivir—y de hecho viven—de otra manera, sin tener que responder a cada cosa que los rodea en forma tan combativa y argumentativa."

Ross continúa anotando una larga lista de adjetivos como horrible, edificante, tedioso e inspirador, que más que descripciones de cosas son conclusiones sobre cosas. También escribe sobre la cantidad casi ilimitada de sustantivos negativos que usamos regularmente para describirnos: sustantivos como ladrón, cobarde, abusador, raro y bruto, para nombrar unos pocos. En contraste, los aborígenes rara vez expresan ese tipo de juicios en sus conversaciones cotidianas, incluso hablando en inglés. Ahí parece que no hay una pérdida de comunicación. (Ross, Rupert, *Returning to the Teachings*, pág. 107).

En su libro más reciente, *Parallel Thinking*, Edward de Bono dice que la cultura occidental siempre ha valorado en demasía el pensamiento crítico. Los profesores siempre hacen que los alumnos "reaccionen" en forma crítica a lo que se les presenta. El comentario crítico más fácil es el negativo. En una reunión o conversación, cualquier persona que quiere participar o ser vista tiene que decir algo. La forma más fácil de contribuir es expresando un comentario negativo. La crítica también es emocionalmente atractiva y satisfactoria. Cuando ataco una idea, instantáneamente paso a ser superior a la idea o al originador de la idea. La crítica también es una de las pocas maneras en que personas no creativas pueden lograr algo y ganar influencia.

Aún más, dice de Bono, la crítica requiere muy poco esfuerzo. Todo lo que tienes que hacer es usar un punto de vista diferente al de la otra persona y ya tienes el campo libre para lanzar tus torpedos intelectuales. Si la conversación es sobre arquitectura, y alguien expresa admiración sobre el estilo Bauhaus y yo prefiero el estilo clásico, simplemente puedo destacar que el estilo Bauhaus es rígido, sin gracia y francamente aburrido. Si alguien está a favor de aprender a leer a través de palabras completas, puedo destacar su falta de énfasis en la fonética. Si la conversación termina ahí (como normalmente sucede), nunca entenderé el sentido de belleza de mi amigo que lo llevó a admirar el estilo Bauhaus. Nunca oiré la historia de ensayo y error de la profesora, cuando ella trataba de ayudar a los niños a superar sus barreras personales para aprender.

En resumen, este sería el problema: la crítica, como primer paso en una discusión, la detiene y es, por lo tanto, generalmente el último paso que se da. Sería totalmente diferente si yo escucho primero a la otra persona, trato de comprender lo que está tratando de decir y/o hacer y luego le hablo sobre formas alternativas, que pueden o no ser mejores, para decir y/o hacer las cosas. De Bono señala que la crítica es una parte esencial y valiosa del pensar, pero por sí sola, es totalmente inadecuada. (de Bono, *Parallel Thinking*, págs. 27-28).

La crítica es una herramienta intelectual adorada por los ideólogos. Para un crítico dedicado, el descubrir que éste es su estilo de pensamiento puede ser chocante. Luego de años transcurridos sufriendo experiencias insatisfactorias, esas personas pueden llegar a darse cuenta que:

• Se están concentrando en encontrar defectos en los demás.
• Desean desacreditar todo lo que digan.
• Establecen relaciones antagónicas con sus compañeras/os.

EL ESTILO ANTAGÓNICO

Alguien dijo una vez que lo opuesto a una gran verdad simplemente es otra gran verdad. Aún así hay algo en los arquetipos de la cultura occidental que no deja que las ideas opuestas coexistan fácilmente unas junto a otras. Al presentarse dos puntos de vista, se suelen presumir como mutuamente excluyentes, como si el pensamiento fuera una batalla Darwiniana por la supervivencia del más apto. En la expectativa de ese tipo de combate mental, la gente tiende a pelear, a huir o a paralizarse. Algunos de nosotros estamos tan condicionados a tratar a los demás como opositores, que nos cuesta contenernos en tales conversaciones. Sentimos renacer en nuestro interior todos los antiguos impulsos de guerrero. Podemos tratar de oponernos a una idea desacreditando a la persona que la plantea. Podemos calificar las inquietudes de otra persona como negativas, y sus motivos como dudosos. Si el objetivo de ese comportamiento es rechazar a otros, entonces funciona. Con una sola ocasión de haber sido tratado como adversario indeseado, las personas suelen retirarse o quedarse calladas. Se retiran a los campos enemigos, y se vuelven rivales en vez de personas que discuten una inquietud común.

Quizás sea nuestro propio patrón mental el que necesita rehacerse - una visión basada en cartesianismos y otros dualismos que insisten en dividir el mundo entre nosotros y ellos, entre los buenos y los malos; los que marcan el paso o el camino y los que no. Nosotros, por supuesto, pertenecemos invariablemente a los buenos, a los justos y a los que marcan el paso. Reconstruir esa mentalidad nos permitiría convivir con mayor facilidad con ideas opuestas a las nuestras.

Modificaciones en el entorno laboral

En este momento existe una serie de cambios en el entorno laboral, a los que en ocasiones nos referimos como "la revolución de la organización" o "el paradigma del nuevo entorno laboral" que demandan mayor comunicación, conversaciones y participación. Estos cambios, aunque inicialmente parciales, requieren de un nuevo sentido de humanidad en las relaciones laborales a todo nivel.

LA ORGANIZACIÓN GLOBALIZADA

En una época en que la información es muy valiosa, el flujo de la información dentro de las organizaciones es aún vertical, de arriba a abajo. Un escritor dice que la única ocasión en que la información fluye hacia arriba en la cadena de mando es cuando alguien trae buenas noticias o cuando algo tan nefasto ha sucedido que es imposible ocultarlo. A pesar de todo, la insatisfacción frente a este estilo de negocios va en aumento y muchos líderes de diversas organizaciones están tratando de hacer algo para modificar el sistema. Gracias al trabajo de Peter Senge y de varios otros, existe un poderoso movimiento para visualizar a la organización como un sistema global más que sólo verla como una estructura de autoridad jerarquizada o cómo una máquina con un conductor. (Senge, *The Fifth Discipline: The Art and Practice of the Learning Organization,* págs. 57-67). Los actuales escritores de negocios hablan de un giro desde el modelo piramidal de la organización a modelos emergentes basados en círculos. Algunos de los mentores y modelos del nuevo paradigma de la organización son las "organizaciones de aprendizaje" de Peter Senge; el trabajo sobre sistemas holísticos de Russell Ackhoff y los ejemplos de liderazgo servicial de Robert Greenleaf.

Para que los sistemas completos funcionen eficientemente, la información debe fluir en todas direcciones: hacia arriba, hacia abajo, hacia los lados y en diagonal. De acuerdo con el principio de la subsidiariedad, las decisiones que pertenecen a un nivel determinado de la organización se deben tomar a ése nivel. De otra forma, las personas se dejan llevar y pasan a otros el problema o simplemente sobre administran. La capacidad que poseen las personas, como grupo, para conversar sobre los temas relevantes es clave.

LA ORGANIZACIÓN DE APRENDIZAJE

La organización de aprendizaje emerge a partir de la toma de conciencia que el cambio requiere de constante aprendizaje y re-aprendizaje. Esta imagen sugiere que las propias organizaciones están en una travesía de desarrollo en la que evolucionan y crecen. Brian Hall describe siete ciclos de desarrollo posibles en cualquier organización. Durante esta travesía, las organizaciones gatean, se tambalean o brincan a través de diversas etapas de madurez. Tienden a crecer a partir de estilos reactivos o burocráticos hacia etapas más proactivas de desarrollo a las que Hall denomina como interpersonales, de colaboración, de aprendizaje y proféticas. Las últimas etapas de desarrollo están definidas por la adaptación y empatía que se genera a través de las relaciones interpersonales; considerando cada encuentro como una oportunidad del aprendizaje. (Hall, *Values Shift*, pág. 121). De acuerdo con el trabajo de Hall, queda claro que el desarrollo de una organización depende de la calidad del intercambio y de reflexión de grupo que se lleve a cabo entre el personal.

La clave del aprendizaje es que los individuos y los grupos pequeños de las organizaciones estén permanentemente modificando y reflexionando sobre su experiencia cotidiana, transformándola en discernimiento y en un estilo personal único. Es aquí en donde el método de Conversación Enfocada facilita la reflexión de los grupos, sobre lo que está ocurriendo, sobre lo que funcionó o no y por qué sucedió aquello. Tales conversaciones pueden representar ser la vida o la muerte de la organización de aprendizaje.

LÍDERES QUE FORMULAN PREGUNTAS.

El cambio hacia una organización de aprendizaje va acompañado de una percepción diferenciada sobre el papel de los líderes y jefes. Esta percepción ha de ser experimentada por ellos mismos, sus colaboradores y personal que tienen a su cargo. De tener que ser personas carismáticas y de ser infalibles en la toma de decisiones, se han de convertir en personas que facilitan los cuestionamientos, la visión y la participación en la solución de problemas. El principio de la participación requiere del arte de formular preguntas. Se ha estado confiando por largo tiempo, que los gerentes de las organizaciones sean las personas que solucionen todos los problemas y respondan a todas las interrogantes. A través de este cambio, se toma conciencia de que el poder está en hacer preguntas, y que la habilidad básica de los gerentes hoy en día es formular interrogantes y trabajar en equipo para obtener las respuestas necesarias entre todos.

Líderes y gerentes están descubriendo que si bien es mucho más sencillo y simple juntar a las personas y decirles claramente lo que tienen que hacer, ello no es efectivo a largo plazo. Porque el recibir órdenes no estimula la creatividad, no invita a la participación, no despierta entrega, y no honra los talentos cognitivos e intelectuales de las personas. Todos entienden el cambio de estilo cuando el gerente entra y dice, "Tenemos un problema, conversémoslo para ver cómo lo vamos a gestionar."

Cada día existen más y más líderes que ven en la facilitación una habilidad y estilo de liderazgo absolutamente necesaria. ¿Por qué? Porque en estos días todos desean y demandan participar en todo y así, los líderes o jefes que puedan facilitar una conversación significativa y productiva para todos estarán muy solicitados.

MÁS ALLÁ DE LA PARTICIPACIÓN CIRCUNSTANCIAL O SIMBÓLICA

La verdadera participación no ocurre de la noche a la mañana. Muchos hábitos antiguos permanecen en gerentes y trabajadores. Duncan Holmes destaca que aún teniendo ahora muchas conversaciones formales dentro de las reuniones de trabajo, es una lástima que frecuentemente se convoque una reunión sólo para que alguien pueda atestiguar que "los trabajadores fueron consultados". Los trabajadores mismos se están cansando de esa fórmula simbólica, circunstancial y no real de participación. Se hace una presentación y al final se pregunta al personal, ¿Todos están de acuerdo con esto?

Puede que dos o tres almas tengan suficiente valor para responder, pero ellos saben que su aporte desaparecerá en un hoyo sin fin burocrático. Ese tipo de "participación" es básicamente una privación de poder. Cuando la retroalimentación se rechaza año tras año, la gente se vuelve cínica en relación a todo lo que se llame participación. Incluso si sus ideas no son aceptadas o son rechazadas, la gente aún quiere conocer la verdad. Dirán, "Incluso si nuestra propuesta no es aceptada, díganmelo. Pero también díganme por qué—cuáles son las limitaciones que han detectado para buscar cómo superarlas.". (Holmes, "Proactive Public Meetings", *Edges*, Enero 1996).

Los gerentes suelen ser escépticos sobre el estilo participativo con el personal. En una reunión programada para resolver quejas de clientes, algunos empleados pueden aprovechar la ocasión para formular quejas personales. Algunos representantes sindicales plantean exigencias unilaterales, y parecen rehusar conversar sobre temas vinculantes. En ninguno de esos casos la "participación" adquiere una buena reputación. Otros trabajadores parecen pensar que el propósito de la conversación es asignar culpas—a otros. Muchas organizaciones podrían colocar un cartel con grandes letras diciendo: "QUEJARSE SIN ASUMIR RESPONSABILIDAD ALGUNA ES PARTICIPACIÓN FALSA".

Pero hoy en día la mayoría de las personas están cansadas de culpar y exigir; quieren resolver problemas. Quieren ir más allá de los hechos, para promover la innovación y asumir su responsabilidad para conseguir el cambio deseado.

Los ejecutivos superiores y gerentes perspicaces entienden que la participación no es una solución rápida para subir la moral de los trabajadores o las utilidades, sino una forma totalmente diferente de relacionarse con las personas. Este nuevo enfoque reconoce la gran experiencia, sabiduría y conocimiento de cada integrante de la fuerza laboral. Forma parte del trabajo de una organización de aprendizaje aprovechar y socializar con mucho respeto, la capacidad del personal de forma continua y en todos los niveles.

METODOLOGÍA PARA UNA PARTICIPACIÓN VERDADERA

Así como la participación circunstancial priva de poder a los participantes, las reuniones caóticas con participación no guiada tampoco hacen justicia al principio de la participación. Reuniones en las no hay un orden de temas a tratar son una pérdida de tiempo obvia. Las mismas organizaciones que se enorgullecen de su capacidad de mercadeo o de su "Inventario a Tiempo" o de su "Administración de la Calidad Total", suelen no estar conscientes del daño que hacen con reuniones ineficaces. La exigencia de participación obviamente es un punto muy positivo; pero sin una metodología, ésta deja de tener crédito. El resultado es caos, malentendidos, sentimientos negativos y una mala reputación para la participación. Hablando de los desafíos de comunicación dentro de las empresas, Chris Argyris explica que los métodos usados por los ejecutivos para gestionar problemas relativamente simples, les impiden obtener información significativa junto a un comportamiento apropiado de las personas implicadas en los problemas, para poder dar solución a otros temas de otro orden y de mayor complejidad para la renovación organizacional:

> Años atrás, cuando las corporaciones aún querían empleados que hicieran solamente lo que se les indicara, las encuestas laborales y el estilo gerencial de pasillo eran herramientas apropiadas y efectivas. Aún permiten obtener información útil sobre temas rutinarios, como el servicio de la cafetería y los privilegios de estacionamiento... Lo que no logran, es hacer que las personas reflexionen sobre su trabajo y conducta. No estimulan la responsabilidad individual. Tampoco permite que surja el tipo de información incisiva y potencialmente amenazadora o comprometedora que pueda motivar el aprendizaje y lograr el cambio real. (Argyris, "Good Communication that Blocks Learning, *Harvard Business Review*, Julio- Agosto 1994, pág. 77).

Las organizaciones de hoy necesitan reuniones que ayuden a las personas a cambiar una conducta reactiva a una pro-activa para solucionar sus problemas. Requieren reuniones que den oportunidad a las personas para que opinen libremente y ampliamente sobre los temas que influyen sobre sus vidas y su trabajo. Estas reuniones se requieren a todo nivel en la organización, de manera que el personal tenga muy claro que las opiniones y compromiso de todos son importantes; y que los métodos utilizados lograrán completar adecuadamente la agenda, maximizarán la participación y el trabajo podrá concluirse con la participación de todos. Este libro trata sobre uno de esos métodos: un método pequeño, silenciosamente revolucionario, que se utiliza hoy en muchas organizaciones. El enfoque del método se centra en el arte de la comunicación y el estilo que cada persona posee para comunicarse, conversar y dialogar. El método permite analizar, definir y modificar los hábitos ineficaces que mencionamos en la primera parte de este capítulo y a la vez, cómo desarrollar una estrategia de comunicación que permita y motive relaciones laborales más positivas y pro-activas dentro del entorno laboral. El método lleva el nombre de "Conversación Enfocada" y/o "Comunicación Estructurada".

Capítulo 2

El Método de Conversación Enfocada: Una visión general

La conversación es la herramienta de aprendizaje más importante en la organización —más importante que las computadoras o la investigación sofisticada. Como sociedad, conocemos el arte de la conversación trivial; podemos conversar sobre cómo le va a nuestro equipo favorito de fútbol o dónde fuimos de vacaciones. Pero no somos lo hábiles que deberíamos de ser cuando nos enfrentamos a asuntos más complejos – especialmente, cuando hay sentimientos sobre derechos, o cuando dos principios importantes entran en conflicto - tenemos tantos mecanismos de defensa que impiden que haya y fluya una comunicación y diálogo real.
William O'Brien, ex Presidente de Hanover Insurance Company

Inicialmente, toda conversación nace de forma espontánea o de forma deliberada y puede caracterizarse en su inicio como fácil y simple de acometer. Es más, iniciamos una conversación en todo momento, durante la comida, con otros viajeros en el bus o auto, alrededor de la máquina de café de la oficina.

Pero para muchos también existe el deseo de iniciar, mantener y dar por finalizada una conversación que permita sentir a la persona cierto dominio de cómo enfocarla y no sentir que depende de alguien que le tenga que decir qué hacer y cómo hacerlo. Peter

Senge comenta que vale la pena ponderar esa palabra, aparentemente mundana, llamada "conversación". Destaca que el Buda supuestamente dedicó gran parte de su vida meditando y escribiendo sobre la conversación, y que ese es el aspecto más valioso de la existencia humana. Dice que la frase "el arte de la conversación," solía significar algo para nuestra cultura hace apenas un siglo... En resumen, dice Senge, "La gente consideraba que la capacidad para conversar era uno de los aspectos más importantes del crecimiento de una persona durante su vida." (Senge, *Reflections on Leadership*, pág. 225). Esta apreciación de las posibilidades más significativas y profundas de una conversación aparece de tiempo en tiempo en la historia; en el antiguo Liceo Griego, los salones franceses o en las cafeterías de Londres.

En el tiempo que vivimos, está volviendo a resurgir en grupos de conversación como los inspirados por *The Utne Reader* o en el trabajo de diálogo asociado con el físico David Bohm (ver Apéndice I).

Probablemente si se le preguntara a la mayoría de las personas, éstas se considerarían aptas y buenas para mantener una conversación que generalmente se da con gente de nuestra vecindad o en la mesa de la cocina. De hecho la mayoría de estas conversaciones, no importa cuán agradables o útiles sean, no están enfocadas ni estructuradas: Tienden a divagar en muchas direcciones diferentes, motivadas sólo por la inspiración momentánea de las personas que interactúan. ¿Qué pasaría si la conversación estuviera enfocada durante media hora sobre un tema específico? ¿Qué se podría lograr? Esto nos da pie a presentar el método de Conversación Enfocada y/o Estructurada.

La Conversación Enfocada y/o Estructurada

Uno de los muchos métodos que permiten conversaciones significativas y de impacto es el método desarrollado por el Instituto de Asuntos Culturales (ICA, siglas en inglés e IAC siglas en español) como parte del repertorio de métodos de la llamada "Technology of Participation, ToP™ –"Tecnología de la Participación, ToP® (traducida al español como "Metodología Organizacional Participativa" que comprende una serie de métodos y herramientas estructuradas bajo un cuerpo teórico e instrumental). El método "Conversación Enfocada" consiste en guiar la comunicación e interacción verbal de las personas en niveles y fases diferenciadas, permitiéndoles a la vez, procesar y reflexionar sobre su experiencia como grupo. Muchos investigadores de vanguardia dentro del campo educativo y de relaciones interpersonales han descrito la necesidad de este tipo de procesos para garantizar una comunicación relevante, inspiradora, significativa, respetuosa y pro activa dentro de los grupos y equipos de trabajo. En el libro *Thinking Together*, de Howard y Barton del Centro de Investigación de Filosofía Educativa de Harvard, lo describen como "conversación racional."

La conversación racional es un *diálogo de descubrimiento*, abierto, auténtico y colaborativo en que tú hablas *para que puedas oír*. Al dar tu opinión, *invitas a otros a diferir*. *Escuchas sus puntos de vista diferentes* y ofreces más puntos de vista diferentes; además, no sólo *intercambias puntos de vista* con otros; sino también *cambias* tus propios puntos de vista. Tú planteas tus opiniones *en forma experimental*, con el propósito de probar tu pensamiento y desarrollar tu comprensión." (Howard y Barton: *Thinking Together*, pág. 20, itálicas de ellos).

Estos descubrimientos sobre una conversación eficaz ayudan a comprender cómo el método de Conversación Enfocada ayuda a las personas a relacionarse. A su vez, el método lleva implícito un proceso paso a paso para profundizar la reflexión.

UN PROCESO EN CUATRO ETAPAS

El Método de Conversación Enfocada de IAC puede ayudar a las personas a reflexionar juntas sobre casi todo tipo de temas. Puede ayudar a solucionar una discusión de oficina supuestamente sin salida, a desarrollar una estrategia de mercadeo efectiva, compartir recuerdos en una fiesta decumpleaños o, a discutir sobre una película. El método de Conversación Enfocada es un proceso relativamente sencillo que se lleva a cabo en cuatro niveles. La conversación la guía un líder-facilitador que formula una serie de preguntas para obtener gradualmente respuestas que lleven al grupo a tratar lo más básico y elemental sobre un tema específico, hasta llegar a identificar y tomar consciencia de forma colectiva de las implicaciones y significados más relevantes e importantes que el tema tiene para el grupo, sea dentro del ámbito personal como laboral.

Formular preguntas es una herramienta poderosa en muchas profesiones. Una cita que aparece en otra parte de este libro afirma que es más fácil dar respuestas que formular buenas preguntas. Incluso antes de que Sócrates planteara las preguntas socráticas, profesores sabios luchaban para desviar a los humanos de las respuestas fáciles y llevarlos hacia el descubrimiento de preguntas efectivas. Es verdad que algunas personas se resisten ante las preguntas. No les agradan. Llaman "entrometidos" a aquellos que las plantean. El mismo Sócrates se vio obligado a tomar veneno por plantear demasiadas preguntas subversivas. Al enfrentarse a este método, algunos dicen: "Jamás lograrán que las personas respondan a todas esas preguntas: ¡pensarán que han vuelto a la escuela!". Es verdad que de vez en cuando alguien dirá: "¿Por qué simplemente no plantean el tema y dejan que fluya la conversación?" El Capítulo 1 plantea algunas razones por las cuales esto no se hace. Las conversaciones no guiadas, tienen la tendencia a vagar como las vacas de Brown, sin llegar a ninguna parte.

El Método Conversación Enfocada formula preguntas que diseña para cada uno de los cuatro niveles que conforman el proceso natural de comunicación que es la base del método, éstos son:

Nivel objetivo – preguntas sobre datos, hechos, sucesos, información proveniente de la realidad que percibimos.

Nivel reflexivo-resonante – preguntas que buscan la reacción personal inmediata a los datos y hecho acaecidos; una respuesta interna automática; preguntas que evocan emociones y sentimientos, imágenes ocultas y asociaciones que corresponden a experiencias del pasado en relación a esos mismos hechos o sucesos similares. A casi toda realidad externa le corresponde una respuesta interna.

Nivel interpretativo – preguntas dirigidas a indagar sobre los significados, valores, importancia e implicaciones que tiene el tema para la persona y/o grupo.

Nivel decisivo – preguntas orientadas a que la persona y/o grupo pueda llegar a formular una resolución, acuerdo o desacuerdo sobre el tema tratado, llevar la conversación a una conclusión y permitir al grupo decidir sobre los pasos siguientes a dar en relación al tema de conversación en el futuro inmediato o no.

Las preguntas que se refieren a datos y tengan que ver con lo que nuestros sentidos captan de mil formas y colores se formulan primero, ejemplo: ¿Con qué datos contamos?, ¿Qué sabemos hasta el momento? ¿Qué sonidos hemos escuchado? ¿Qué sabores hemos probado? Luego se formulan las preguntas reflexivas y resonantes que tienen como objetivo compartir las reacciones personales inmediatas, respuestas internas, sentimientos o asociaciones que vienen a nuestra mente de forma casi automática. Las preguntas que siguen, las interpretativas tienen como objetivo incitar al grupo a calar más hondo, a responder a la variable "¿entonces qué?" – tomar consciencia de implicaciones, aprendizajes, esquemas de significado sobre el tema de la conversación y, por último las preguntas decisionales buscan las reacciones en torno a la pregunta "y ahora, ¿qué?", refiriéndose a las decisiones y próximos pasos que la persona o grupo dará en relación al tema de conversación.

Estos cuatro niveles del proceso forman un esquema o patrón del cual se pueden derivar innumerables conversaciones. Los siguientes capítulos presentan el método en mucho más detalle. Pero primero veamos lo que pasaría si se aplicara este método en las siguientes situaciones:

¿QUÉ PASARÍA SI EL GOBIERNO UTILIZARA LA CONVERSACIÓN ENFOCADA?

¿Qué pasaría si en las asambleas de legisladores se adoptara el Método de Conversación Enfocada? ¿Qué sucedería si el Parlamento o la Casa de Representantes se dividiera en grupos pequeños y guiados por un experto facilitador llevaran a cabo una conversación enfocada sobre un proyecto de ley? Imaginen cómo se desarrollaría esa conversación, y cómo contestarían los políticos a las siguientes preguntas hipotéticas:

A. Preguntas objetivas

    1. ¿De qué trata este proyecto de ley?

    2. ¿Qué propone exactamente?

    3. ¿Qué es lo que no contempla?

    4. ¿Quiénes se benefician y quiénes no?

B. *Preguntas reflexivas y resonantes*

  4. ¿Cuáles son sus primeras reacciones ante las recomendaciones del proyecto?

  5. ¿Qué contenido específico desearían resaltar?

  6. ¿Qué contenido específico no les satisface?

C. *Preguntas interpretativas*

  7. ¿Cuál es la verdadera intención de este proyecto? ¿Cuáles son sus principales objetivos?

  8. ¿Cómo sabremos que el objetivo de este proyecto se ha conseguido o no?

  9. ¿Qué cambios recomendamos a este proyecto de ley?

D. *Preguntas decisivas*

  10.¿Qué tipo de prioridad debería tener este proyecto? ¿Cuán importante es cuando lo comparamos con otros proyectos de ley en cartera?

  11.¿Qué recomendaciones y mejoras específicas propone el grupo para esta ley?

  12. ¿Quién se ofrece a leer las notas y decisiones acordadas? ¿Es esto lo que queremos recomendar?

¡Imaginen la diferencia que se lograría con esto! Imaginen cómo podría responder la prensa frente a este cambio en el estilo de deliberar.

REUNIONES Y/O CONFERENCIAS

Para enfrentar el problema desde un ángulo diferente, piensen en el formato de las reuniones públicas o conferencias en las que personas ofrecen sus presentaciones desde un estrado, dirigiéndose a la audiencia. Una vez que han terminado de hablar se solicitan preguntas de los asistentes. ¿Qué sucedería si al finalizar la presentación, la disposición de la sala permitiera que las personas se dividieran en grupos pequeños para discutir lo que han escuchado por 15 minutos, con la ayuda de preguntas como las siguientes?

Preguntas objetivas

  1. ¿Qué palabras o frases recuerdan de la presentación?

  2.¿Cuáles fueron algunas de las ideas expuestas o imágenes de la presentación?

Preguntas reflexivas y resonantes

  3. ¿Qué parte de la presentación no esperaba escuchar?

  4. ¿Cuál fue el punto álgido de la presentación para usted?

Preguntas interpretativas

  5. ¿Cuál fue el mensaje de la presentación? ¿Sobre qué trataba?

  6. ¿Qué temas le sugiere este diálogo?

  7. ¿Qué preguntas más elaboradas podríamos plantearle al presentador o explorar nosotros mismos?

Preguntas decisivas

  8. ¿Qué cosas podríamos realizar en relación al tema?

  9. ¿Cuál debería ser nuestro primer paso?

Entonces, ¿qué sucedería si cada uno de esos grupos informara al grupo completo sobre sus reflexiones y planes sobre el tema? Ese sería un nivel de participación bastante distinto y dirigido a la acción.

EL LUGAR DE TRABAJO

Nuestro centro laboral es el terreno ideal para poner en práctica el Método de Comunicación Enfocada. Los asuntos cotidianos ofrecen numerosas oportunidades para aunar ideas, compartir experiencias y/o encontrar nuevas soluciones. Supuestamente tales conversaciones son la quinta esencia de cualquier grupo que se considera una organización de aprendizaje. El Método de Conversación Enfocada es una herramienta para hacer fluir el capital intelectual de la organización, desde todos los rincones y departamentos, en vez de estar atrapado en las mentes de unos pocos "expertos". Las personas involucradas con un problema de forma directa son los expertos empíricos. En muchos casos estas personas pueden gestionar directamente sus problemas.

Hay tantas aplicaciones del método como conversaciones puedan generarse dentro de una organización. El arte de liderar las conversaciones es crucial en el trabajo para lograr consensos, resolver problemas, identificar dificultades, guiar e investigar, educir sabiduría, e interpretar información de todo tipo. Las organizaciones que han evaluado la aplicación del método indican que mientras más lo usan surgen más oportunidades para aplicarlo. Algunas de las aplicaciones son: para evaluar trabajos y negociar contratos o conflictos personales; cuando se presenta una situación crítica dentro de la oficina; para evaluar el día, trimestre o año; para evaluar proyectos; para habilitar la toma de decisiones en grupos, incluso para celebrar cumpleaños y jubilaciones.

PREPARAR UNA AGENDA PARA UNA REUNIÓN

Situación: Usted lidera a un equipo pequeño que es responsable de preparar el plan para una reunión mensual del personal.

A. Preguntas objetivas.
1. ¿Qué temas de la agenda de la última reunión se han transferido a ésta?
2. ¿Qué otros temas hemos de considerar?

B. Preguntas reflexivas y resonantes.
3. ¿Qué temas les parecen fáciles de tratar?
4. ¿Cuáles les parecen difíciles de tratar?
C. Preguntas interpretativas.
5. ¿Cuáles de estos temas es imperativo tratar durante esta reunión?
6. ¿Cuáles podríamos tratar de manera diferente o en otro momento?
7. ¿Con cuál de estos temas empezamos y con cuáles continuamos después?
8. ¿Cuánto tiempo, aproximadamente, vamos a necesitar para tratar cada tema?

D. Preguntas decisionales.

9. ¿Cuál sería la mejor manera de organizar la agenda para cubrir de manera satisfactoria con lo propuesto?

10.¿Quién va a liderar esta reunión?

NO HAY RESPUESTAS CORRECTAS NI ERRÓNEAS

El método no posee contenidos específicos que tenga que enseñar. Es exactamente lo que su nombre dice - una conversación. No hay respuestas correctas ni erróneas. El líder no esconde nada bajo la manga, excepto una lista de preguntas diseñadas para llegar a tratar el tema de forma profusa. Con esta finalidad, todas las preguntas formuladas con el método son abiertas, no poseen contenidos específicos, y se inician con palabras como: "cómo"; "qué"; "cuál" o "por qué".

Preguntas que se puedan responder con un simple "sí" o un "no", o con una respuesta correcta y única no llevan a una conversación dinámica.

VENTAJAS

Existen muchas ventajas al utilizar este método en el entorno laboral.

- Es extremadamente versátil, lo que significa que las conversaciones enfocadas funcionan igual de bien entre grupos de desconocidos, que entre antiguos compañeros. Funciona tanto con grupos homogéneos como heterogéneos, en cuanto a edad, sexo, procedencia y perfil profesional.
- Es una manera efectiva para que las personas se concentren y enfoquen su atención sobre un tema y que puedan decidir qué dirección requieren tomar utilizando un periodo de tiempo determinado. Este tipo de enfoque permite un ahorro considerable de tiempo y muy a menudo un ahorro de energía psicológica.
- El proceso tiene una forma de evitar juegos de política y de poder. Estimula a las personas a ser creativas en lugar de críticas.
- Permite una escucha activa. Las personas no tienen que luchar o gritar para lograr que se les escuche.
- Desvía el pensamiento negativo. Se aceptan y acogen los comentarios de cada persona, y a nadie se descalifica o se borra del registro.
- El método da una estructura al proceso del pensamiento; lo que evita que una conversación vaya a la deriva, sin norte alguno. Toda reunión que se lleva a cabo a través de un proceso disciplinado de pensamiento en grupo permite un ahorro importante de tiempo.
- Permite ser honesto: las personas que saben que sus respuestas se aceptarán tal como las de los demás, se sienten libres de decir lo que realmente sienten y piensan. El experimentar tal tipo de honestidad es a menudo liberador, sorprendente y refrescante.

En los próximos tres capítulos se explica en detalle el arte de liderar-facilitar conversaciones enfocadas.

CAPÍTULO 3

La estructura del método conversación enfocada

La primera persona que me confrontó con el concepto de vivenciar mi propia experiencia fue una profesora de arte en mi universidad. Años más tarde, vi que vivenciar tu experiencia significaba extraer el significado espiritual de cada situación de la vida; era convertir materia en espíritu. Y fue a partir de mi meditación sobre esa frase, que comencé a darme cuenta de las oportunidades que pierde una persona al no estar disciplinada para vivenciar su propia experiencia, como una vida única e irrepetible y estar atento a la vida misma.

Joseph Mathews: "Experiencing Your Experience" in Golden Pathways CD-ROM

¡Atención! ¡Atención!
¡Aquí y ahora, muchachos!
¡Aquí y ahora!

Aldous Huxley: *Island*

Un proceso natural y un método de vida

El método de las cuatro etapas analizado en este capítulo no es una invención reciente. Simplemente fluye a partir de un proceso natural interno de percepción, respuesta, juicio y decisión. Por ejemplo, mientras un chofer de taxi acelera su auto, se da cuenta de que

25

la luz del semáforo ha cambiado a amarilla (nivel objetivo). ¡Caramba! exclama (nivel reflexivo). Realiza unos rápidos cálculos mentales, pensando si tiene oportunidad de cruzar la intersección antes de que la luz cambie a roja (nivel interpretativo). Luego basándose en los cálculos que ha llevado a cabo, frena bruscamente, con un fuerte chillido de ruedas, deteniéndose (Nivel decisivo). Este método de reflexión de cuatro pasos sigue el proceso natural de la mente humana, del cual no estamos conscientes habitualmente. Cada vez que reflexionamos sobre hechos o experiencias, no sólo registramos la información y la guardamos en nuestro archivo personal. La "saboreamos", decidimos si la aceptaremos o rechazaremos, y decidimos su posible utilidad. A través de este proceso le damos un significado a nuestras experiencias y decidimos nuestras respuestas.

Un segundo ejemplo puede ayudar. Salí a andar en bicicleta por un camino recreativo que bordea una playa del lago Ontario en Toronto. Mientras voy pedaleando, el tráfico recreacional se vuelve más denso. Es la hora de congestión de los domingos por la tarde en las playas. Los patinadores están en masa – un par de ellos casi me sacan del camino. Familias con niños y abuelitas insisten en ponerse a conversar en medio del camino. Los picnics se rebalsan sobre el camino. Mi paseo se transforma en una serie de paradas y avances mientras trato de evitar a la gente. Ya algo frustrado tomo una vía lateral, cuando me bloquea un patinador que me adelanta por la derecha. "¡Esto es el colmo!"

Me empiezo a enfadar: "¿Por qué la gente no puede quedarse en su lado del camino?". Un joven con su bicicleta en medio del camino revisando su neumático, me obliga a detenerme completamente. "¡Permiso!" digo, "¡por favor sal del camino!" Y en voz baja agrego, "¡Idiota!" Ahora estoy furioso, realmente enojado.

El sol está deslumbrante, tratando de convertirse en parte de la escena. Hay chicos saboreando unos tremendos helados. Me digo a mí mismo, "¿Qué es lo que pasa? ¿Cómo es que esta gente se divierte tanto? ¿Por qué estoy enfadado con todo?" "¿Y quién dijo que esta era mi ciclo vía personal? Todo el mundo está en esta ciclo vía, y yo soy parte de todo ello. Toda esa gente – familias, merenderos, patinadores, niños, otros ciclistas – están siendo lo que quieren ser. ¡Oye, presta atención y ubícate!"

De pronto me doy cuenta que puedo relajarme. Dejar que las cosas pasen, ir con la corriente, a mi propio ritmo. Puedo disfrutar de todo este caos. Puedo vivir la vida misma que tengo entre manos.

Una vez más, mi capacidad natural de reflexión, pasando por los cuatro niveles, me ha permitido replantear mi experiencia de este domingo por la tarde y me ha dejado integrarme a la situación, en vez de luchar contra ella durante todo el camino.

RAÍCES DEL MÉTODO

Este método de cuatro tiempos tiene sus raíces en percepciones más holísticas que se originan en personas como Jean Paul Sartre, Edmund Husserl y Søren Kierkegaard.

Ellos reconocieron que cuando un ser humano está pensando, reflexionando o tomando una decisión, hay procesos complejos involucrados. Según Edgar Schein, nuestro sistema nervioso es a la vez un sistema de recolección de datos, un sistema procesador de emociones, un sistema creador de significado y un sistema de toma de decisiones e implementaciones. (Schein, Edgar, *Process Consultation, Part II*, pág. 63). Observamos lo que sucede a nuestro alrededor, reaccionamos a ello internamente, agregamos nuestros marcos y patrones cognitivos para dar sentido a la experiencia y sacamos conclusiones para la acción. En cada nivel creamos enlaces en esta cadena de conciencia, de relaciones cognitivas, para procesar nuestras vidas.

SUPUESTOS DE VIDA

Es importante entender los supuestos y/o suposiciones detrás de este método. Primero, el método supone que la realidad de la vida la encontramos en el mundo palpable, observable, sensorial. Que lo descubrimos en la experiencia empírica, no en abstracciones de torre de marfil, ni siquiera en la realidad virtual.

Segundo, supone que esta experiencia empírica deriva en sentimientos y emociones auténticos – no importa con lo que nos encontremos. Estos datos internos de sentimientos, emociones y asociaciones son tan reales como los datos externos observables, y deben ser considerados seriamente al tomar decisiones. A veces las personas objetan este nivel reflexivo, diciendo que es "sensiblero" y afirmando que no hay que pedirles a las personas que compartan sus sentimientos privados. En el libro de Daniel Goleman, *Emotional Intelligence*, se menciona que se requiere un enorme trabajo educacional para restablecer los sentimientos y las emociones de las personas como una parte integral del ser humano.

El tercer supuesto es que el significado no es algo que se encuentra en una experiencia en la cima de una montaña o en la literatura esotérica; más bien, el significado es algo que se crea a partir de los encuentros mundanos y cotidianos de la vida misma. El dar significado a nuestras experiencias es algo en que todos debemos trabajar constantemente, a través de procesar la vida misma que tenemos entre manos.

Cuarto, respecto al nivel decisivo, el método supone que procesar significados de la vida implica proyectar esos significados hacia el futuro. Si no decidimos las implicaciones futuras para la acción, nuestras reflexiones quedan trabadas en examinar nuestras respuestas internas, las que jamás se volverán a conectar con el mundo real. Se convierten en otra forma de mirarse el ombligo.

UN PROCESO SISTÉMICO

La herramienta de las cuatro etapas es un proceso sistémico. Utiliza todos los recursos del cuerpo humano para entender el objeto y sujeto con el que interactúa: los sentidos, los recuerdos y las emociones. Utiliza tanto el cerebro izquierdo como el derecho, la intuición como la razón. Incluye la facultad volitiva para impulsar al proceso hacia la toma de decisiones. Es en este sentido que el método es una herramienta sistémica. Pediremos prestado un concepto de Susan Langer, para quien el método "subjetiviza lo externo y objetiviza lo interno". Impregna lo que está fuera del ser de emoción y significado. Desde el punto de vista interno, puede hacer aflorar emociones y discernimientos que normalmente jamás verían la luz.

LAS FLECHAS DE RELACIONES

Estas cuatro relaciones o etapas están representadas en el siguiente diagrama.

Esta imagen se basa en un entendimiento postmoderno que la calidad de ser humano y el yo no son materia, sino un conjunto de relaciones. Las cuatro barras verticales representan este conjunto de relaciones. Esta es una imagen, no cuatro. Imagina que es un video animado, que avanza desde la izquierda hacia la derecha. Cada nivel se construye sobre los datos de los niveles precedentes. La imagen está basada en una frase de Søren Kierkegaard,
"El yo es una relación [cuatro barras verticales], la cual, al relacionarse consigo misma [primera flecha], y estando dispuesta a ser ella misma [segunda flecha], se asienta en forma transparente en el poder que la afirma [tercera flecha]." (Kierkegaard, *The Sickness Unto Death*, págs. 13-14)

APLICANDO EL MÉTODO PARA ESTRUCTURAR UNA CONVERSACIÓN

El método de la conversación enfocada usa este proceso de cuatro niveles como estructura para crear preguntas destinadas a involucrar a un grupo en una conversación y diálogo. Las experiencias del semáforo y del paseo en bicicleta mencionadas arriba eran en solitario. Pero tales experiencias privadas pueden ser un excelente material para una reflexión en grupo, si se le procesa en forma estructurada. Algunos podrán preguntarse por qué un proceso de pensamiento tan natural necesita de una estructura para guiar la conversación. Laura Spencer comenta,

> En gran parte de nuestra educación y formación se nos enseña a saltarnos este proceso (de pensamiento) y a avanzar directamente a… evaluar y juzgar cosas como un poema, un sistema político, el potencial de promoción de una persona o el origen de un problema, sin antes reunir todos los antecedentes objetivos disponibles. También se nos enseña que las respuestas emocionales son irrelevantes y/o que debieran evitarse o reprimirse. Una vez que estamos en el nivel interpretativo, solemos detenernos allí, sin nunca formular una respuesta que lleva a la acción. (Spencer, Laura, *Winning Through Participation*, pág. 48).

El método de conversación enfocada parte de estos cuatro niveles de conciencia y cambia la esfera de acción desde la reflexión individual sobre la vida a una reflexión compartida. La conversación se enfoca en un tema específico. Usa preguntas para acercarse a la dimensión concreta de la situación, las respuestas emotivas, su interpretación y la decisión requerida. Veamos estos cuatro niveles en más detalle.

EL NIVEL OBJETIVO

El diccionario define "objetivo" como aquello que es externo a la mente, tratando con las cosas externas, o como el enunciado de hechos que no están influidos por las emociones o las opiniones.

Lo "objetivo" incluye datos, hechos y la realidad externa o lo que alguien dio en llamar "D.O.D.": Datos Observables Directamente. Si no se trabaja el nivel objetivo, el grupo no puede estar seguro de que todos están realmente conversando sobre el mismo tema. Como los ciegos tocando al elefante, pueden perder de vista el cuadro completo que es el que reúne las diferentes perspectivas.

Se inicia la conversación con un contexto o con algunas palabras de introducción que establecen claramente ante el grupo el tema de la conversación y el por qué de su importancia. Si el grupo desconoce el método, en el contexto puede darse algunos datos sobre él en breves pinceladas, sólo lo suficiente para darle al grupo permiso para participar.

Las primeras preguntas de la conversación harán que surjan los hechos. Generalmente son interrogantes relacionadas con los sentidos: ¿qué ven, escuchan, palpan, huelen o saborean? Dependiendo del tema, algunos sentidos, especialmente la visión y el sonido, son más relevantes que otros. Una reflexión sobre un gran banquete incluirá preguntas sobre olores y sabores. Igualmente, una conversación respecto de una escultura seguramente incluirá una pregunta sobre tacto o la sensación que provoca la superficie de ella. Las preguntas correctas dependen de qué datos son relevantes. En ocasiones son preguntas sobre hechos históricos o sucesos cotidianos, como por ejemplo: ¿Qué dijo Juan?

Debido a que las preguntas a nivel objetivo son de fácil respuesta, el facilitador o un grupo demasiado entusiasta o muy sofisticado puede sentirse tentado a subvalorarlas

RESEÑA SOBRE EL NIVEL OBJETIVO

Enfoque de las preguntas	Datos, los "hechos" del tema, realidad externa.
La razón de su uso	Asegura que todos tengan en consideración los datos desde distintas perspectivas y aspectos de los mismos.
Las preguntas se relacionan con	Los sentidos: lo que se ve, palpa, escucha, etc...
Preguntas claves	¿Qué objetos ven? ¿Qué palabras o frases se destacan? ¿Qué sucedió?
Trampas y peligros	Plantear interrogantes cerradas, o poco específicas; no tener un enfoque claro; Desechar las preguntas objetivas porque son demasiadas triviales.
Si se omite este nivel...	No existirá una imagen compartida de lo que el grupo está discutiendo, los comentarios parecerán desvinculados entre sí.

u omitirlas. Sólo más adelante descubrirán que no están hablando sobre el mismo tema. Sin embargo, la valentía y responsabilidad del facilitador para plantear simplemente las preguntas con firmeza, a pesar de la resistencia inicial, permitirá modificar esa resistencia y convertirla en participación.

EL NIVEL REFLEXIVO/RESONANTE

Luego viene la etapa reflexiva, donde el participante se relaciona personalmente con el tema. Las preguntas en este nivel tienen que ver con sentimientos, ánimos, memorias o asociaciones. Por asociaciones nos referimos a pensamientos que empiezan con, "Esto me recuerda a...". Este tipo de datos internos son tan reales e importantes como los datos objetivos o externos. Si hay algo que me preocupa, es importante que eso se diga. Las buenas interpretaciones y las buenas decisiones tienen que estar basadas tanto en datos internos como externos.

Este nivel reconoce que cada uno de nosotros posee una respuesta frente a cualquier situación. Esa respuesta se basa en la sabiduría recogida a través de años de experiencia. Puede estar fundamentada en un recuerdo en particular que la situación nos evocó repentinamente, o en una respuesta impulsiva inmediata.

A los participantes se les hacen preguntas donde han de utilizar más sus habilidades afectivas. Ahora se les pide reflexionar activamente, de lo que antes sólo se les había pedido confirmar pasivamente. Preguntas en el nivel reflexivo iluminan lo que la gente siente sobre algo, si les gusta, si les irrita, emociona, intriga, asusta o fascina. Preguntas reflexivas incluyen: ¿Qué experiencias asocian con esto?, ¿Dónde han visto situaciones similares?, ¿Qué les sorprendió?, ¿Cuándo estuvieron contentos? y/o ¿Qué fue difícil?, etc.

La psicología y la filosofía occidentales han tendido a subordinar las respuestas del mundo interno ante la percepción y el pensamiento. Los empíricos han visto ese mundo como una versión más pálida de la percepción; los racionalistas lo han visto como desvalorado o degenerado. Sin embargo, Daniel Goleman señala que un coeficiente mental alto (que mide sólo la inteligencia racional) no es ninguna garantía de felicidad y prosperidad y que la "inteligencia emocional" es de enorme importancia en nuestro destino personal. (Goleman, Daniel: *Emotional Intelligence*, pág. 36).

RESEÑA DEL NIVEL REFLEXIVO/RESONANTE

Enfoque de las preguntas	Relación interna con los datos.
La razón de su uso	Revela sus respuestas iniciales.
Las preguntas se relacionan con	Sentimientos, ánimos, tonos emocionales, memorias o asociaciones.
Preguntas claves	¿Qué les recuerda? ¿Cómo se sienten con esto? ¿Dónde estuvieron sorprendidos? ¿Dónde fascinados? ¿Dónde lucharon?
Trampas y peligros	Limitar la discusión a una encuesta "ya sea / o" de gustos y disgustos.
Si se omite este nivel...	Se ignora el mundo de la intuición, memoria, emoción e imaginación.

Sin las preguntas reflexivas, las imágenes ocultas, las asociaciones o los estados de ánimo no se comparten. Si no se plantean interrogantes reflexivas, no se evoca el mundo esencial de la intuición, la memoria, la emoción y la imaginación. Sin la oportunidad de dar cabida a este nivel, algunos participantes se sentirán frustrados. Sentirán que sus emociones se consideran irrelevantes. Más tarde expresarán estas emociones, fuera de la reunión, pero ante la ausencia de una manera estructurada de procesarlas, ellas se desaprovechan.

EL NIVEL INTERPRETATIVO

El tercer nivel de preguntas es el interpretativo, donde se busca profundizar para encontrar el significado del tema que se tratan. Las respuestas interpretativas se construyen sobre la base de los datos objetivos más las asociaciones o sentimientos del nivel reflexivo. Las preguntas interpretativas descubren las capas de significado y propósito que las personas asignan a situaciones y respuestas. Éstas invitan al grupo a crear el sentido y la importancia de un suceso, hecho, fenómeno y experiencia. Una palabra clave en este nivel es "por qué". Las preguntas interpretativas ayudan a las personas a construir una "historia" de lo que está sucediendo. La pregunta de valores puede aparecer, como en, "¿Qué valores nos revela el tema/mensaje o situación?"

La eficiencia del tercer nivel se verá menoscabada, si la dinámica y respuestas que se han intentado obtener en los niveles objetivo y reflexivo no se han logrado dentro del grupo.

Este nivel es el que probablemente ocupará y necesitará más tiempo, ya que las interrogantes exigen respuestas más elaboradas y complejas. (Ver Apéndice A: Ejemplos de preguntas reflexivas e interpretativas).

RESEÑA DEL NIVEL INTERPRETATIVO

Enfoque de las preguntas	El significado vital del tema.
La razón de su uso	Revela el significado y la importancia de los datos, información, tema, etc. para el grupo.
Las preguntas se relacionan con	El significado, propósito, implicaciones, "historia" y valores. Considerar opciones alternativas.
Preguntas claves	¿Por qué está sucediendo esto? ¿De qué trata todo esto? ¿Qué significado tiene para nosotros? ¿Cómo afectará nuestro trabajo? ¿Qué hemos aprendido de todo esto? ¿Qué nuevos puntos de vista e ideas sobre el tema emergen de esta conversación?
Trampas y peligros	Desvalorizar los datos al considerar como respuestas significados pre definidos o decisiones hechas de antemano. Intento de juzgar las respuestas como correctas o equivocadas; que prevalezca una sobre intelectualización y abstracción del tema de la conversación.
Si se omite este nivel...	El grupo pierde la oportunidad de obtener conclusiones de los primeros dos niveles. No se incorpora un pensamiento más elaborado y complejo en la toma de decisiones.

EL NIVEL DE DECISIÓN

La cuarta parte de la conversación enfocada se trabaja a nivel decisivo; en que se conversan implicaciones y nuevas direcciones a tomar como acción y/o resolución individual o grupal. Aquí ciertas decisiones llevan la conversación a un cierre. Las preguntas permiten a las personas tomar los datos de los niveles anteriores, y usarlos para tomar opciones personales y de grupo. Las respuestas pueden ser decisiones de corto o largo alcance o plazo. Pueden involucrar acciones o palabras. El grupo debe ser consciente que de no llegar a una decisión, sea ésta positiva o negativa, la reunión podría valorarse como una pérdida de tiempo.

Las preguntas a nivel decisivo permiten a las personas crear una relación que generan de forma consciente con la situación en cuestión. De aquí que sea importante conocer y reconocer (sea con nombres, títulos o gráficos) la manera cómo cada integrante del grupo y el grupo como tal, se vinculan a través de sus decisiones a los temas en cuestión.

RESEÑA DEL NIVEL DECISIVO

Enfoque de las preguntas	Decisión, implicaciones, nuevos rumbos.
La razón de su uso	Permite que la conversación sea relevante para el futuro, a corto, medio y largo plazo o alcance.
Las preguntas se relacionan con	Consenso, implementación, acción.
Preguntas claves	¿Cuál es nuestra respuesta?¿Qué decisión tenemos que tomar? ¿Cuáles serán los primeros pasos a dar?
Trampas y peligros	Forzar una decisión cuando el grupo no está preparado para ello; evitar impulsar al grupo a tomar una decisión.
Si se omite este nivel...	Las respuestas obtenidas en los primerostres niveles no se aplicarían, ni se probarían en la vida real.

OTROS NOMBRES CON LOS QUE SE CONOCE LA CONVERSACION ENFOCADA

A lo largo de los años, el Método de Conversación Enfocada ha recibido diferentes nombres. Primero se llamó el "Método del Arte", luego "El Método de Conversación". Algunos lo han llamado "Método Básico de Conversación" o "Conversación Guiada". Otros lo llamaron el "Diálogo Reflexivo", por los niveles de reflexión. Desde hace mucho tiempo las personas que lo utilizan a menudo lo llaman simplemente el "Método O-R-I-D", en referencia a las iniciales de sus cuatro niveles. A lo largo de libro hemos tratado de usar el nombre de "Método Conversación Enfocada".

CAPÍTULO 4

Liderando una Conversación Enfocada

Oh mi alma, prepárate para la llegada del Extraño.
Prepárate para aquél que sabe hacer preguntas.
T. S. Eliot: "The Rock"

El ingenio colectivo no sucede de repente. El método es importante.
Mirja Hanson en *Beyond Prince and Merchant* (Ed. John Burbidge).

La tarea del líder de una conversación es liberar el ingenio contenido, la sabiduría y la experiencia de un grupo sobre un tema, y guiarlo hacia una conclusión reflexionada.

Sin embargo, las conversaciones de grupo no son tareas sencillas: a menudo son como navegar en aguas turbulentas y no como remar apaciblemente en un río tranquilo. Tras cada recodo afloran rocas que amenazan con volcar la canoa de la conversación. Algunos intentarán dominarla siempre, dejando escasas oportunidades para que se exprese el resto. Si la conversación se torna lenta o se vuelve repetitiva, las personas se aburren y muchas se van. O sucede que justo cuando la conversación está adquiriendo cuerpo, alguien tirará una roca a nuestra canoa diciendo algo como: "intentamos eso hace dos años y fue un fracaso". O el grupo puede llegar a una conclusión tan simplista que hace que las personas sonrían o tomen como burla el resultado.

A pesar de estos peligros, las conversaciones de grupo son valiosas y mejores para los más variados propósitos que lo que puede ser una conversación de a dos. En una conversación de grupo se pueden obtener, rápidamente, datos e información de diversa índole por la variedad de las personas que lo conforman; además el poder y ánimo psicológico de un grupo puede estar en mejores condiciones para solucionar problemas acuciantes del momento; o al menos, avanzar tanto que la tarea pueda entregarse luego a un grupo de trabajo para que lo finalice.

Cómo liderar o facilitar las conversaciones de este libro

Puede que se pregunten, "¿Por qué esas conversaciones enfocadas tienen que ser lideradas o facilitadas? ¿Es que las conversaciones no son espontáneas? Y al tratar de 'liderar' una conversación, ¿no se destruye su espontaneidad y deja de ser válida y entretenida?" Si todos ya estuviéramos en el séptimo nivel de la perfección humana, sí, probablemente no sería necesario ningún guía o liderazgo para llevarla a cabo. Pero como casi todos nosotros aún estamos en la travesía del aprendizaje, algún tipo de guía y liderazgo llevada con habilidad, suele ser útil. Si nuestras intenciones y capacidad aún no están a la altura de conseguir una interacción verbal más elaborada y compleja en nuestras conversaciones, si nunca tratáramos de lucirnos, argumentar con pensamientos infalibles, quizás no necesitáramos que la conversación sea liderada o guiada por alguien. Pero la experiencia muestra que si alguien se toma el tiempo de preparar a fondo el formato de la conversación, la manera cómo el grupo reflexionará sobre la experiencia misma y contar con lo necesario para tener una conversación productiva para todos, en general la experiencia y el proceso implícito en toda conversación será mucho mejor.

Una conversación liderada o guiada puede ayudar a un grupo a no quedarse sólo suspendido en las aguas poco profundas, las trivialidades, las argumentaciones impulsivas o las neblinas de la tentadora abstracción, como estilo y manera de comunicarnos. Cuando se evitan esos tropiezos y hábitos comunes, la calidad de la conversación es mucho mejor. Las personas participan con mayor libertad y la información se va perfilando y construyendo en base a lo que cada persona aporta de forma ordenada y estructurada.

Entonces, ¿cuál es el proceso que se sigue para liderar y/o guiar las conversaciones?

1.- Elija un lugar adecuado

La persona que lidera o guía la conversación es responsable de verificar el lugar más óptimo como lugar de reunión. Éste ha de ser un ambiente adecuado: lo ideal es que la disposición de las sillas y mesas, sea en forma rectangular o en un círculo, permita que las personas puedan verse unas a otras. Se descarta todo lugar que por su propia naturaleza albergue a otros grupos manteniendo otras conversaciones a la vez, como puede ser la cafetería o en la área pública de una biblioteca. Hay que asegurarse que no haya interrupciones, para lo cual se pediría a las personas con teléfonos móviles que los pongan en "silencio". Si la conversación requiere un papelógrafo, asegúrese que el pedestal y los rotafoliios estén en el lugar. Si el grupo va a analizar un documento, asegúrese que haya una copia del documento en el lugar de cada persona. El mensaje que debe transmitir todo lo que haya alrededor de la sala ha de ser que todo está preparado para que el grupo empiece y considere todo elemento importante. El lugar debe ser tan acogedor como una mesa preparada en un buen restaurante.

2.- Invitación

Invite al grupo a tomar asiento. Ubíquese en frente del grupo y espere a que todos se sienten.

3.- Inicio de la reunión

Comience con algún comentario previamente preparado. Si el grupo está conversando, espere una pausa natural en la conversación para empezar su comentario. Eso es mucho mejor que tratar de silenciar al grupo hablando más fuerte. Normalmente los participantes prestan atención al decir las palabras, "¡Comencemos!". Luego, verificar que todas las personas convocadas están presentes y en caso que no estén, si alguien tiene noticias de esas personas o no. Inmediatamente después comente y explique por qué el grupo está reunido, cuál es el tema a tratar y cualquier otro contexto relevante al tema y a los participantes.

4.- Preguntas iniciales

El que cada participante pueda responder la primera pregunta es clave para el proceso. Esto sirve como rompe hielos para todas las personas que participan en la reunión. Formule una pregunta sencilla para que nadie tenga dificultades en responder. Si la pregunta inicial es: "mientras leían este informe, ¿qué líneas o texto llamó su atención?", diga algo como: "para responder a nuestra pregunta inicial empecemos por Rafael y luego sigamos alrededor de la mesa. Rafael, ¿Qué comentarios te llamaron la atención?" (Después de la respuesta de Rafael, mire a la persona que sigue y espere su respuesta). Las respuestas deberían fluir con facilidad, una tras otra y deben ser breves. Disuada a cualquiera que intente hacer discursos o una exposición sobre el tema. Hágale saber que la discusión de las respuestas y las recomendaciones vendrán más adelante. Si sospecha que algunos participantes se mantienen en silencio por temor a cometer errores, puede decir: "En esta conversación no hay respuestas erróneas".

Responder a las preguntas del nivel objetivo puede ser la parte más fácil o más difícil de la conversación. Algunas personas consideran que es infantil compartir observaciones obvias. Estas personas querrán empezar de inmediato a dar opiniones sobre el tema, o a dar a conocer juicios de valor sobre lo que hay que hacer con el tema o el asunto que los convoca; o a dar ideas que el tema o asunto le sugieren. Tal vez usted deba ayudar al grupo a enfrentar las preguntas objetivas. Si se lanzan directamente a dar una reflexión abstracta, usted deberá repetir la pregunta o aclararla. En ocasiones tendrá que dar usted mismo la respuesta en forma de ejemplo, como: "Me llamó la atención el comentario sobre los derechos de los trabajadores temporales".

Tal vez necesite, como líder y/o guía de la conversación, recordar a los participantes que cuando hablen lo hagan con un tono de voz suficientemente alto para que todas las personas puedan escuchar. Las respuestas del grupo se deben dirigir a usted, y en el momento oportuno las miradas de los participantes se encontrarán unas a otras en cuanto el diálogo se dé entre ellos y ellas. De un modo u otro todas las personas que participan deben poder escuchar todas las respuestas y/o comentarios que se den.

5.- *Las preguntas que siguen*

Dirija las preguntas que siguen al grupo completo. Ante la segunda pregunta haga saber al grupo que cualquiera puede responder diciendo: "Ahora, cualquiera de ustedes". Esto indica que no va a volver a preguntar siguiendo un orden alrededor de la mesa y que cualquiera puede responder en cualquier orden.

6.- *Desvíos del tema central: ¿qué hacer?*

Si los participantes se desvían del tema, no se trata de un problema de disciplina. La mente humana posee gran capacidad de asociación, lo que facilita el desviarse con facilidad del tema central. Sin embargo como usted está liderando una conversación enfocada, la clave es mantener el enfoque y concentración en el tema en cuestión. Cuando se dé cuenta que alguien se está desviando del tema, apoye lo que dice como una inquietud válida e importante. Luego recapitule brevemente lo que el grupo ha respondido sobre la interrogante hasta ese momento. Tal vez quiera repetirla o la digresión puede estar indicando que es el momento para seguir con la pregunta siguiente.

7.- *Respuestas largas y/o abstractas: ¿qué hacer?*

Si alguien se embarca en una respuesta larga y abstracta, pida un ejemplo específico: p.ej., "Carlos, me pregunto si puedes decir eso de otra forma." o, "Carlos, ¿nos podrías dar un ejemplo específico de eso?". Tales preguntas aseguran que el pensamiento del que habla se exprese en forma más clara y concreta. No es conveniente para el grupo, ni para el que habla, que frases vagas o abstractas queden sin aclararse. Haga ver al que habla que su objetivo es que se entienda su punto de vista.

8.- *Si existe disonancia o se inicia una discusión acalorada, ¿qué hacer?*

Si existe disonancia o de repente se inicia una discusión acalorada entre distintos participantes, recuerde al grupo que se deben respetar todos los puntos de vista, que todos

poseen la sabiduría y el conocimiento; y que éstos representan la pieza de un rompecabezas. Pregunte si dentro del grupo existen otras opiniones sobre el tema. En cuanto alguien
empiece a interrumpir o contradecir lo que se dice, la persona que lidera y/o guía la conversación del grupo, puede pedirle que espere hasta que la persona que tiene la palabra termine de plantear su punto de vista. Un buen líder de conversación aprende rápidamente
esta táctica. Una vez que ha terminado el primer participante, invite al segundo a plantear
su objeción, pero sin discusión. El facilitador deja que los puntos de vista opuestos estén
uno al lado del otro, como respuestas equivalentes. Luego repita la pregunta y permita
que otros la respondan, o continúe con la pregunta que sigue.

*9.- ¿Qué hacer si los participantes reaccionan de forma inmediata ante las respues-
tas de los demás?*

En casi toda conversación habrá dos o tres personas que tiene como objetivo no dejar
pasar por alto un comentario opuesto al que se está manifestando. Si estas intervenciones
empiezan, intente diciendo algo como lo siguiente: "Comprendo su respuesta, pero no
me queda claro de qué manera ella responde a la pregunta. Veo que no está de acuerdo
con la respuesta de Jaime, así es que díganos cómo contestaría usted a esta pregunta".
Permítales responder y siga con la conversación.

10.- Fin de la conversación

Lleve la conversación a un cierre, diciendo algunas palabras que resuman las conclusiones del grupo y agradeciendo a los participantes. Puede usar palabras similares a las
de las conversaciones modelo en este libro, o puede crear las suyas propias. Si ha tomado
notas durante la conversación, hágale saber al grupo cómo y para qué se usarán las notas,
y asegúrele al grupo que hará y distribuirá copia de las mismas para todos.

Algunos puntos a considerar

Además de estas instrucciones generales, el líder de una conversación deberá recordar
algunas prioridades y valores. Estos valores están implícitos en el método, pero los esta-
bleceremos claramente a continuación.

1.- La persona que facilita no tiene nada que enseñar.

Según John Kloepfer, una cualidad básica del líder que formula preguntas es su amplitud
de miras y actitud receptiva, o lo que Sócrates llamó *docta ignorantia*. El facilitador es
un experto en métodos ("docta"), pero también profesa una ignorancia ("ignorantia"),
una carencia de conocimientos en relación a los datos e información que se compar-
tirán, generarán y fluirán a lo largo de la conversación. Será el facilitador quien con

las cualidades antes reseñadas, permita que esto último se dé de forma espontánea y continua. Todo lo contrario sería liderar una conversación ficticia; en la que la conversación sirve sólo para sostener una posición común y corriente; sin que se dejen fluir los verdaderos discernimientos dentro del grupo. (Kloepfer, John, *The Art of Formative Questioning: A Way to Foster Self-Disclosure*, pág. 146)

Esto significa que la persona que pregunta, debe mantenerse en el " desconocimiento" que requiere la apertura. El facilitador que "conoce las respuestas", no puede liderar una conversación abierta. Parte de la preparación de un facilitador consiste en desarrollar la curiosidad real por lo que el grupo pueda saber, que es lo opuesto a tener la esperanza contraria de que el grupo tenga las respuestas "correctas", que serían las que coinciden con los puntos de vista de la persona que facilita o lidera la conversación.

Aquellos que han sido profesores o educadores han desarrollado el hábito de intervenir de forma continua en una conversación. Esto se debe a que han sido formados para poder corregir, amplificar o modificar de forma inmediata cualquier equivocación en cuanto ésta se ha expresado. Pero dentro de una conversación enfocada, la persona que lidera o facilita no tiene nada que enseñar. El único error sería no aprender lo que el grupo realmente piensa, siente y desea.

Por cierto que hay ocasiones en que el líder de la conversación posee gran cantidad de datos que se comparten mejor a través de una presentación. Si la facilitadora es una experta, digamos en salud comunitaria, ella podría empezar preguntando al grupo sobre sus preocupaciones y dudas. Así ella podrá concentrarse en su presentación basándose en las respuestas del grupo. En ése caso, la presentadora primero llevará a cabo una conversación enfocada que le permitirá luego adaptar su presentación de acuerdo al nivel de conocimiento que el grupo tiene. Luego de su presentación podría llevar a cabo otra conversación enfocada para conocer cómo han experimentado la sesión, qué aprendizajes han logrado y aclarar dudas sobre la presentación realizada.

Igualmente, podrá realizar una sesión de resolución de problemas, basada en los principios que ella expuso. En esos casos, en que se combina una presentación con la reflexión, es importante separar los roles de facilitador/a de la conversación por una parte, y el de presentador/a por otra. En el caso que no sea posible tener dos personas realizando estas dos tareas por separado, se ha de evitar dejarse llevar por el rol de experto/a mientras dirige la conversación enfocada con el grupo.

2.- La sabiduría del grupo

Un buen líder facilitador confía en la sabiduría del grupo. A menos que se pruebe lo contrario, él o ella están convencidos que el conocimiento del grupo es mayor que el de cualquiera de sus miembros, incluyéndose él o ella. Cuando todas las perspectivas han sido escuchadas, aparece un contexto y contenido más completo, como un diamante con muchas facetas. La finalidad de la conversación es traer a la luz o hacer emerger esa sabiduría colectiva multifacética.

3.- *Preguntas abstractas, respuestas abstractas*

Las respuestas abstractas pueden evitarse parcial o totalmente con preguntas concretas. Todos a estas alturas ya conocen el adagio "Basura entra, basura sale." Con las preguntas y las respuestas se da una metáfora similar. Si el líder hace preguntas vagas, las respuestas podrán ser igualmente vagas y/o abstractas. Las preguntas específicas tienen mayor probabilidad de lograr respuestas concretas. "¿Qué se necesita para una mejor comunicación?" es una pregunta vaga. Observa la diferencia con la siguiente pregunta más específica, "¿Cuáles son los elementos de un buen sistema de comunicaciones?". Las preguntas específicas logran mejores resultados. Por ejemplo: "¿Qué resultados ven?" es más específico que "¿Qué ven?".

4.- *El grupo óptimo*

Si el facilitador/a cree en el grupo, eso se transmite en sutilezas, tales como: El líder aceptará las respuestas de forma dudosa, y no cuestionará las respuestas abstractas. El facilitador /a aceptará ciegamente todas las respuestas que obtenga - pues de todas formas no harán mucha diferencia. O el facilitador/a avanzará rápidamente por las etapas tratando de terminar el tema, para poder ir a conversar con "personas más inteligentes" con respuestas más aceptables. Cualquier grupo sabe cuándo se le está tratando con ligereza o deshonrando. Esas personas nunca volverán a confiar en esa persona como facilitador/a.

La persona que facilita o lidera tiene que creer en el grupo, aún cuando esto parezca difícil. Para ayudar a lograr este fin, una facilitadora creó un mantra que ella recitaba antes de comenzar: "Este es el grupo preciso para trabajar este tema y en este momento. Este grupo tiene la sabiduría necesaria para dar respuestas a las preguntas y clarificar dudas sobre el tema y/o la situación que están enfrentando. El grupo está en el lugar adecuado para lidiar con los temas que le compete." Ella considera este mantra de mucha utilidad.

5.- *Validez de los datos*

Cada vez que un participante contribuye a la conversación suponemos que sus aportaciones son válidas y que provienen de una experiencia auténtica de vida. La líder / facilitador/a de la conversación no tiene, necesariamente, que estar de acuerdo con las respuestas que se dan a las preguntas que formula. Lo que sí necesita es entenderlas de modo que pueda ayudar al grupo a ver las opciones y dialogar sobre ellas. Si el punto de vista de algún miembro difiere y parece extraño al de los demás, probablemente existe una buena razón para él o ella de acuerdo a su experiencia de vida. Después de todo,

---

¿Qué ocurre con las respuestas éticamente erróneas o no acordes con los hechos?

En ocasiones, la respuesta de un participante puede ser éticamente no aceptada o no se corresponde con los hechos. La respuesta puede ser racista, sexista, fanática o muy cínica, o estar errada respecto datos históricos o geográficos, hasta el punto de ser bochornosa. (Puede ser también la respuesta de alguien que tiene su propia agenda y la quiere difundir). Si la respuesta es errónea sobre hechos objetivos, es importante escuchar el tono en que se hizo el comentario. La persona que facilita no la puede dejar pasar, pero la forma en que reaccione dependerá de la situación.

El facilitador/a puede preguntar, "¿Por qué dice usted eso?"; o puede decir: "Eso no coincide con lo que he escuchado anteriormente, pero yo podría estar equivocado. Por favor, ¿me lo podría aclarar?"; o puede preguntar: "¿Qué experiencia personal le ha llevado a dar esa respuesta?".

Es importante mostrar en cada momento respeto por esa persona. Al mismo tiempo, su comentario no deberá convertirse en el tema de la conversación. Por esta razón, si el facilitador/a percibe que el grupo lo acepta sin más, puede hacer caso omiso de él y continuar. Sin embargo, si observa que el grupo está visiblemente ofendido y que esperan que él o ella haga algo, podría utilizar las preguntas del párrafo anterior.

Es muy importante que el o la facilitadora sea consciente que su historia y experiencia personal sobre el tema no interfieran en ningún momento en la conversación del grupo. Por ejemplo, un facilitador que ha luchado contra el racismo toda su vida, y es un apasionado de la justicia racial, podría tentarse y llevar la conversación por ese rumbo. Esto sería un abuso de poder y confianza tanto contra el método, como contra el grupo.

---

continuamos creciendo a través de nuestro esfuerzo por comprender los diferentes puntos de vista y discernimientos, lo que a menudo significa deshacernos de nuestras concepciones previas de la vida.

Aún cuando la contribución de cada participante debe tomarse como válida, ninguna de ellas representa la aportación final y decisiva. Cada contribución representa una pieza del rompecabezas, y la imagen o pieza completa surge a través de escuchar y entender todas las perspectivas. Siempre hay posibilidad de malentendidos o conflictos cuando las personas no logran entender las experiencias y perspectivas de los demás. Pero este libro está basado en la posibilidad de que cualquier grupo pueda llegar a un entendimiento común. Si ese entendimiento se acerca a la realidad y enfoque de las diversas perspectivas y se considera completo por el grupo siempre será debatible. El grupo considera que lo compartido y entendido por todos es sabiduría colectiva. Es lo que el grupo, en ese momento denomina y define como verdad; ya que esta última no está tallada en piedra, ni es inmutable y eterna. Es una meta en movimiento, una construcción en evolución. El grupo necesita siempre encontrar un punto de acuerdo y de entendimiento mutuo sobre su propio trabajo.

6.- Sentido de pertenencia del grupo sobre el tema y su contenido

Mientras el facilitador/a formula las preguntas, el grupo es el dueño y responsable del tema en discusión; ya que viven y deberán vivir con las decisiones que tomen al respecto. Por lo tanto son dueños de las respuestas, y tienen interés en saber qué uso se dará a las interpretaciones que de éstas se deriven. Algunos administradores olvidan este hecho. Ellos reúnen a un grupo para hablar sobre un problema, se llevan las notas que han tomado durante la reunión y jamás vuelven a hablar sobre el tema con el grupo. Naturalmente, cuando esto sucede, los miembros del grupo suponen que sus ideas y reflexiones han desaparecido en un hoyo. Es importante dar a conocer al grupo lo que se va a hacer con sus aportes, y de qué forma se van a utilizar.

7. La responsabilidad de la persona que facilita o lidera la conversación

Existe una gran diferencia entre seguir un plan en una conversación y asumir la responsabilidad total sobre el desarrollo de ésta. Un líder que solamente lee una lista de preguntas preparada con antelación y recibe las respuestas sin comentarios, le hace un flaco servicio al grupo. A nadie le gusta que le traten como a un robot.

El líder debe hacer algo más que sólo construir un plan y luego conectar el piloto automático. La clave para obtener un diálogo eficiente es un dar y recibir entre preguntas y respuestas. En medio de la conversación uno puede darse cuenta que las preguntas que escribió inicialmente no se adecúan a la situación. Pueden haber muy pocas preguntas en un nivel determinado que favorezcan una reflexión adecuada. El tono de las preguntas puede ser muy formal para el estado anímico del grupo. En esas circunstancias, habrá que formular nuevas preguntas, omitir algunas o reformular las que ya se tienen. Generalmente esto significa un gran esfuerzo para interpretar las respuestas a medida que se van dando a conocer, y a la vez, ir creando nuevas preguntas de forma inmediata que permitan al grupo pensar en respuestas más elaboradas y tener una conversación de calidad.

CAPÍTULO 5

Pasos para preparar una conversación enfocada desde lo básico

La clave para el desarrollo de una organización es la calidad del intercambio y la reflexión grupal que se da en ella.
Brian Hall, *Values Shift*.

Las conversaciones de este capítulo están redactadas y listas para usar. Muchas pueden usarse tal como están. Pero las situaciones para las cuales fueron diseñadas no son las mismas que su situación, y lo más probable es que querrá adaptarlas a su grupo y a su tarea. Pero suponga que la conversación que necesita no está en el libro. Entonces tendrá que crear su conversación "desde cero".

Una conversación de calidad se inicia con una preparación de calidad. Los líderes de la conversación realmente requieren de un tiempo de preparación. Si bien es cierto que es posible usarlo de manera bastante espontánea y natural cuando uno lo ha aplicado por mucho tiempo. Pero aún si así fuera, las mejores conversaciones son aquellas que se han preparado con antelación. La preparación previa ahorra tiempo en la reunión. Esta preparación requiere un proceso propio que va paso a paso.

Quizás el primer paso es decidir si una conversación es realmente la herramienta que necesita para la situación que está enfrentando. Puede que no lo sea. Quizás el próximo paso más apropiado sea un taller, una sesión de planificación o un ejercicio para crear modelos de interacción grupal. Si las personas están preocupadas por cambios inminentes en su trabajo, sería apropiado ir directo a un proceso de planificación. Un grupo con muchas ideas necesita un taller para presentarlas al grupo, y ordenarlas.

Sólo después de considerar varias alternativas y decidir que lo apropiado es una conversación enfocada, debe proceder con los pasos preparatorios. Este capítulo considera en detalle los pasos para preparar una conversación de calidad. Los pasos están resumidos en forma de tabla en el Apéndice I.

Pasos de Preparación

1.- Enfocar la conversación

Enfocar una conversación significa elegir un objetivo. Por ejemplo, acaba de salir un informe de análisis de mercado voluminoso, y el gerente de mercadeo quiere conversar sobre ello con su equipo. El informe de mercado es el tema general de la conversación, pero se necesita más. El gerente ve el tema de la conversación como por un microscopio borroso; el microscopio requiere ajustes hasta quedar enfocado. Luego de pensarlo un poco, el líder del equipo piensa, "Ah, lo que realmente necesitamos es analizar las implicaciones del informe para la estructura de precios de nuestro último modelo de aerodeslizador". Después de que cada uno estudia la parte sobre aerodeslizadores, él dice, "Conversemos sobre lo que hemos visto y analizado en relación a la estructura de precios para los aerodeslizadores".

Lograr este tipo de claridad requiere tiempo para pensar. El que prepara la conversación tiene que hacer una simbiosis entre el tema y las necesidades del grupo. Sin un enfoque claro, el grupo sólo hablará generalidades dentro de la reunión, y no va a saber lo que está sucediendo. Después de practicar algunos ejercicios de enfoque, el grupo tenderá a evitar este tipo de reuniones. En vez de sentir que su creatividad conjunta se usa para enfrentar temas relevantes, sienten que las conversaciones en grupo son una pérdida de su valioso tiempo. Los integrantes de la reunión saben cuándo están haciendo piruetas, en vez de hablar sobre los temas que les atañe.

2.- Escribir y dar a conocer el objetivo de la conversación

Muchas conversaciones potencialmente fructíferas no llegan a ninguna parte porque son como barcos sin timón. Vagan sin rumbo o dan vueltas en círculos. Si el facilitador/a es el timonel, la intención de la conversación es el timón. Una buena conversación requiere de ambos: de un buen facilitador y ha de tener un propósito concreto. Mientras se piensa sobre la intención, es útil anotar la meta desde dos puntos de vista:

2.1. *El Objetivo Racional* es la meta práctica de la conversación. El objetivo racional podría ser aclarar un malentendido, solucionar problemas de horario o revisar los logros y aprendizajes del año pasado.

2.2. *El Objetivo Experiencial o Vivencial* se refiere al impacto interior que el líder desea que tenga la conversación para el grupo. Por ejemplo, el objetivo experiencial podría ser restablecer la confianza de un equipo respecto de un proyecto, sanar heridas pasadas o reabrir las puertas de la comunicación. El líder debe meditar sobre estas metas y anotarlas.

3.- Asegurarse de tener un punto de partida concreto para las preguntas objetivas

Si su objetivo para la conversación es "mejorar las relaciones del equipo", no sería buena idea empezar directamente con una pregunta sobre el tema de forma directa y textualmente. Es mejor empezar con una pregunta muy concreta como: "¿Qué recuerdan de la reunión de equipo de la semana pasada?". Esto permite que las personas piensen respecto de una experiencia real, en lugar de pensar en un valor ideal que aparece en los

---

El Poder del Enfoque

En ocasiones el enfoque preciso de la conversación es de una importancia abrumadora. La jefa de un departamento pidió ayuda a ICA para enfocar el tema de una conversación. Era el mes de Noviembre y todas las vacaciones del personal se habían cancelado durante los seis meses previos, debido a la urgencia que revestía un proyecto.

Ella dijo: "No puedo tener una discusión de preguntas abiertas respecto de cómo vamos a considerar el feriado por navidad. Acabo de recibir esta orden totalmente inhumana de gerencia que nos obliga a seguir con este proyecto durante seis meses más, lo que significa cancelar nuevamente las vacaciones. ¿Cómo podría discutir esto con mi personal nuevamente?".

Nosotros le preguntamos: "¿Está facultado el grupo para decidir los temas a tratar y para tomar decisiones sobre los mismos?".

¿Cuáles son los límites reales? El punto importante aquí es: ¿cancelar las vacaciones o lo importante es terminar el proyecto en una fecha determinada?

Ella respondió: "Nosotros podemos decidir cómo organizar nuestro tiempo para terminar el proyecto".

Así, ella podría volver al grupo y decir: "Acabo de recibir esta orden de gerencia que dice que deberemos trabajar a tiempo completo en los próximos seis meses, nuevamente, para terminar otro proyecto. La discusión será sobre cómo podremos lograr esto de la mejor manera para poder así tomar la decisión más razonable y humanamente posible". El grupo discutió el tema y decidieron trabajar sobre tiempo durante los fines de semana, de modo de que pudieran tomar sus vacaciones programadas.

---

libros. Una vez que hayan compartido puntos de vista respecto de cómo se relacionaron en su última reunión de equipo, el grupo tendrá una base para continuar con el tema de las emociones que surgen cuando trabajan como tal. El líder puede preguntar ya, "¿qué emociones sintieron en la sala?", o "¿qué emociones sintieron ustedes?". En el nivel de interpretativo, puede preguntar: "¿Qué nos dice esto respecto de cómo trabajamos como equipo?, ¿qué hemos aprendido respecto a cómo funcionar juntos?".

Finalmente en el nivel decisivo el grupo puede considerar el tema de: "¿cómo podríamos hacer las cosas de otra manera?", y "¿qué se requeriría para lograrlo?". Todo esto fluye porque la conversación se construyó a partir de una experiencia concreta y compartida. Esta es una discusión bastante distinta que si la pregunta inicial hubiera sido "¿qué sabemos de las relaciones de equipo?".

4.- Lluvia de preguntas para lograr el objetivo racional y el experiencial/vivencial

Aquí damos plena libertad a la mente para escribir todas las preguntas posibles sobre el tema.

No es necesario pensar las preguntas en el orden O-R-I-D. Sólo revise el tema, el objetivo racional y el objetivo experiencial; y luego empiece la lluvia de ideas. Escríbalas en cualquier orden, tal como se le vayan ocurriendo. Escriba a lápiz, es probable que quiera borrar y reescribir. Deje que fluya la creatividad. Tachar algunas preguntas o empezar a reordenarlas por niveles en forma prematura interrumpe el libre flujo de ideas para generar un número recomendable de preguntas. Deje que las preguntas vengan.

5.- Seleccione las preguntas que necesita

No necesitará todas las preguntas que escribió, ni todas tendrán la misma utilidad. Ahora tiene que seleccionar las mejores. A la luz de su objetivo racional y objetivo experiencial,

OBJETIVO	REFLEXIVO	INTERPRETATIVO	DECISIVO

elija sólo aquellas preguntas que le darán la información que necesita y elimine el resto.

Luego copie las preguntas en cuatro columnas tituladas O-R-I-D, como sigue. Si escribe las preguntas en pequeñas hojas autoadhesivas, es más fácil reordenarlas posteriormente.

6.- Re-ordene las preguntas

En cada nivel, reordene las preguntas hasta que cada una fluya fácilmente hacia la siguiente.

7.- Ensaye mentalmente la conversación

Repase la conversación formulándose cada una de las interrogantes. Vea lo que le parece cada una de ellas y pregúntese cómo las respondería usted. Esto le permitirá tener la visión de un participante ante cada una de ellas. Una vez que las ha respondido todas, probablemente se estará diciendo a sí mismo:

"Quiero modificar esa pregunta. No es lo que realmente deseo preguntar". Ensayando la conversación consigo mismo primero, sabrá dónde están los puntos débiles y los podrá gestionar antes de que se inicie la conversación programada. Algunas preguntas podrán requerir de una formulación más sencilla e incluso requerir, en algún momento, de preguntas suplementarias. Algunas preguntas podrían parecer demasiado formales. Frente a cada cambio que haga, imagine cómo se sentiría si fuera un participante.

Coloque sus tarjetas autoadhesivas en las cuatro columnas y muévalas hasta obtener la mejor secuencia. Lo más útil es imaginar el proceso de la conversación en una secuencia continua, en vez de un conjunto de pasos. El revisar la secuencia de preguntas es muy importante; especialmente para que no haya lagunas o que se atisbe el inicio y fin de un nivel a otro. Esto permitirá al grupo percibir la conversación continua y fluida, sin interrupciones; y en que las respuestas fluyen como un río de conciencia.

8.- Prepare sus comentarios de apertura o inicio cuidadosamente

Los comentarios de apertura sirven para algunos o todos estos fines:

Invitación: Se invita al grupo a la conversación. "Bienvenidos/as, me alegro que hayan podido reservar un tiempo para reunirse esta tarde. Necesitamos sus mejores ideas para dar por finalizado el diseño de nuestro folleto".

Enfoque: El líder nombra el enfoque de la conversación. "Esta es una conversación sobre asuntos de mercadeo relacionados con la descripción de productos en nuestro folleto. Recuerden que cuando revisamos el folleto, el viernes pasado, dijimos que a las descripciones les faltaba más precisión".

Consenso: Quizás se requiera una frase aquí para relacionar la conversación con algún consenso anterior. "Recuerden que dijimos que nos tomaríamos un tiempo el lunes en la mañana para terminar las descripciones".

¿Cuántas preguntas en cada nivel?

En ocasiones las personas preguntan: "¿Cómo puedo saber cuántas preguntas se requieren para cada nivel?". El diagrama anterior muestra cuatro preguntas para cada nivel, pero esto es sólo para obtener un diagrama simétrico. Las situaciones y las necesidades cambian. Sin embargo y de forma general, el nivel objetivo requiere de mayor número de preguntas para lograr una buena muestra de los datos a partir de los cuales se obtendrán las conclusiones. Cada nivel ha de trabajarse de tal manera que permita obtener los datos e información necesaria para que el grupo pueda continuar con la conversación bajo la secuencia de las preguntas programadas.

Siendo más específicos: la mínima cantidad de interrogantes que debe formular es de cuatro, una para cada nivel. Ahora bien, una conversación breve generalmente requiere al menos de dos preguntas reflexivas—una positiva y una negativa—lo que permite a las personas considerar diferentes puntos de vista a nivel emocional, ejemplo: ¿Qué fue lo que más le gusto? y ¿Qué fue lo que más le disgustó?., ¿Qué le emocionó? y ¿Qué lo defraudó?

Las preguntas a nivel interpretativo pueden requerir de varias sub-interrogantes para obtener respuestas lo más concretas posibles y que permitan una análisis mucho más profundo sobre el tema. En ocasiones necesitará explorar cada opción a través de una serie de preguntas O-R-I-D creando así conversaciones dentro de las conversaciones iniciales. Esto requiere de una habilidad especial.

Dos o tres preguntas a nivel decisivo son recomendables. Dependiendo de la conversación: una puede ser para que el grupo formule de forma clara y objetiva su conclusión o acuerdo; la segunda, para conocer cuáles serán los pasos siguientes y, en ocasiones una tercera sobre "quién va a hacer qué".

Contexto: Algunas palabras de contexto pueden dar la razón para hacer esto ahora, decir cómo se relaciona con la inquietud del grupo sobre la tarea, y por qué es necesario tratarlo ahora. "Creo que es obvio para todos de que no hay forma de sacar el nuevo folleto mientras no logremos que estas nuevas descripciones suenen como poesía".

Prevenir objeciones: Gestione de antemano posible razones para evitar la conversación: "Sé que el lunes por la mañana no es el mejor momento de la semana para hacer esto, pero realmente debemos empezar a trabajar con el folleto esta tarde, ¿no es cierto?"

Es posible combinar varias de estas funciones en una frase de apertura. Por ejemplo, una conversación para considerar las necesidades de espacio para un equipo podría tener este contexto de apertura:

"Todos estuvimos de acuerdo en conversar nuestras necesidades de espacio para poder trabajar más eficazmente en esta sala. Debemos recordar que cada uno tiene diferentes necesidades de espacio… no es necesario ser moralista en eso. En esta reunión queremos conversar sobre cuáles son nuestras necesidades de espacio, y luego trabajar juntos para encontrar una solución que nos sirva a todos. Probablemente no será una solución perfecta—esas son siempre raras de lograr—pero es importante que sea una que nos sirva. Conversemos entonces sobre nuestras necesidades de espacio. José se ofreció a tomar notas de nuestra conversación y participar al mismo tiempo".

La primera frase recuerda al grupo el acuerdo del grupo para conversar sus necesidades de espacio. La segunda o tercera frase recuerda al grupo que las personas son diferentes y tienen diferentes necesidades de espacio. Las siguientes frases establecen el objetivo de la conversación: descubrir las necesidades de espacio de las personas. También le dice al grupo que necesitarán trabajo adicional después de la conversación para crear un modelo que responda a las necesidades expresadas. Este comentario se anticipa a objeciones de perfeccionistas, definiendo la intención como una "solución que nos sirva a todos". Las frases restantes son invitaciones a participar. El comentario de que las contribuciones de la conversación van a anotarse ayuda a que las personas sientan que sus comentarios se tomarán en serio.

Algunos líderes pueden verse tentados a "improvisar" la apertura, porque sienten que las preguntas son el corazón del asunto. Sin embargo, una cuidadosa preparación de cada frase de apertura, le da al líder o persona que facilita una gran ventaja de tener al grupo dispuesto y disponible a conversar el tema en cuestión.

9.- Prepare cuidadosamente sus comentarios finales

De la misma manera, escriba las palabras que usará para finalizar la conversación. Esto le evitará improvisar deseando terminar la conversación de forma abrupta o sin la disposición del público a dar por terminada la conversación en sí.

El cierre, también, es una forma de completar el dibujo de la letra "T" y/o colocar los puntos a algunas letras "I". La conversación puede que haya resuelto ciertos problemas, pero aún quedan otros por resolver. No pretenda que no existen. Diga algo como, "Supongo que todos somos conscientes que esta conversación no ha tratado directamente

FORMATO PARA PREPARAR CONVERSACIONES			
Objetivo Racional		Objetivo Experiencial / Vivencial	
Apertura			
Preguntas Objetivas	Preguntas Reflexivas	Preguntas Interpretativas	Preguntas Decisivas
Tiempo (min.)			
Cierre			

las inquietudes manifestadas por Juan y Andrea. Esos son temas importantes, y los he anotado como ítem de agenda para nuestra reunión de la próxima semana".

No olvide reafirmar el buen trabajo del grupo. Agradézcales su tiempo. Diga cómo se distribuirán las notas, acuerdos y conclusiones de la conversación.

10.- Reflexiones sobre la conversación, el grupo y de sí mismo

Una vez que haya preparado cada parte de la conversación, léala completa como un todo, para ver cómo fluye. Asegúrese que las preguntas llevan naturalmente una hacia la otra, sin saltos repentinos o lagunas. Podría querer revisar la formulación de algunas preguntas y agregar o eliminar otras.

Tómese algún tiempo para reflexionar sobre el grupo y en especial, su situación actual y cómo ha llegado a ella. Pregúntese qué tipo de estilo le ayudará más a tratar el asunto con el grupo. Reflexione sobre sí mismo, sobre sus inclinaciones, supuestos, fortalezas y debilidades. Una vez que haya terminado la conversación con el grupo, valore y evalué qué ha sucedido en ella.

El proceso completo de la preparación está en forma de tabla en el Apéndice I.

Una tabla como la que parece más abajo le provee de un formulario para escribir su objetivo racional y experiencial/vivencial. Hay un espacio para escribir su introducción y los comentarios finales, y para anotar varias preguntas para cada nivel de la conversación. La línea de tiempo le permitirá saber cuánto tiempo va a requerir para cada nivel y cuánto tiempo durará la conversación completa.

¿Por qué no funcionó mi conversación y qué hacer al respecto?

Es inevitable que los lectores que ensayaron las conversaciones que aparecen en este libro o que crearon otras similares tengan algunos problemas. La conversación se puede desviar, puede declinar, convertirse en una conflagración verbal o puede no conducir a nada. En lugar de anotar la experiencia como "algo que no puedo lograr" es más útil reflexionar sobre lo que sucedió y por qué sucedió así. Tal reflexión transforma las dificultades en experiencias de aprendizaje.

La tabla que aparece a continuación se ha recopilado desde la base de una vasta experiencia y es una guía general en relación a lo que puede no funcionar y fracasar en una conversación. Por supuesto que no cubre todos los problemas de comunicación. Cada situación es única, con distintos participantes, diferentes temas y diversos problemas. La tabla le ayudará a identificar problemas comunes que haya o no podido experimentar y enfrentar al momento de facilitar o liderar una conversación. Asimismo, la tabla contiene un análisis de las posibles razones de por qué pudo pasar y, a su vez, posibles soluciones que pueden probarse en la siguiente conversación.

Problemas comunes	Posibles razones	Posibles soluciones
1. El grupo no se concentra.	Lugar caótico o inhóspito.	Rediseñe el espacio para asegurar un ambiente tranquilo, con los participantes sentados de forma que puedan verse.
	Nunca logra realmente la atención del grupo.	Planifique un tiempo informal cuando la gente se reuna, pero limítelo.
		Respetuosamente solicite la atención del grupo para comenzar la conversación.
		Comience a la hora para estimular el tomarse en serio mutuamente.
	Contexto no claro.	En el contexto, diga lo necesario en relación al propósito u objetivo de la reunión y el método, para que el grupo se sienta libre para participar.
	Tema no relevante para el grupo.	Consulte con más de una persona en la etapa de planificación para tener una mejor idea sobre lo que el grupo necesita y requiere.
2. El grupo no responde a preguntas.	Relación débil con el facilitador, o el grupo desconfía del facilitador.	Exprese las palabras de apertura con calidez y con aprecio a cada persona.
		Mire a las personas a los ojos y escúchelos activamente.
		En su contexto de apertura, explique su papel. En este caso es el ofrecer y cuidar del proceso que permitirá optimizar y conseguir el mejor pensamiento colectivo, y que usted no tiene respuestas.
		Comience con una conversación en que pida que cada persona dé su nombre y lo que espera de esta conversación, luego pida que expliciten el papel y función que el grupo entero le está dando.

Problemas comunes	Posibles razones	Posibles soluciones
3. El grupo da respuestas erróneas.	El grupo percibe que la persona que facilita tiene un interés particular y desea escuchar sólo lo que le conviene.	Recuerde que tiene puesto su sombrero de facilitador y que busca la sabiduría del grupo. O si no, Deje de hacer preguntas y haga una presentación.
	Las preguntas no están en el orden correcto.	Verifique el nivel de la pregunta. Diga, "Esperen un minuto, déjenme preguntarles esto primero", y sustituya otra pregunta. Replantee la pregunta más claramente para enfocar el nivel de la pregunta.
	Las preguntas no están suficientemente claras o enfocadas.	Si el grupo confía que realmente quiere y le interesa sus respuestas, puede dar una respuesta ejemplo a su pregunta para darles una idea de lo que espera.
4. El grupo no responde con respuestas veraces.	Integrantes del grupo se sienten inseguros; el grupo no está listo para participar.	Intente temas de conversación menos formales hasta que el grupo tenga la confianza de que van a ser tomados en serio y/o que pueden asumir la responsabilidad por los resultados.
	Las preguntas no son lo suficientemente específicas.	Ensaye las preguntas de antemano, imaginando cómo respondería el grupo.
	Participantes tienen intereses particulares por los que abogar. Ver arriba: #2.	Haga preguntas específicas para dar oportunidad de sacar a luz los asuntos privados o particulares que están impidiendo una conversacíon transparente.

Problemas comunes	Posibles razones	Posibles soluciones
5. Algunos participantes dominan la conversación.	Tal vez sientan que no los han escuchado (sí, incluso si el grupo no puede creer esto).	Escuche de forma activa y demuestre que está escuchando tomando notas. Igualmente con mucha cortesía y respeto puede decirle: "Creo que entendemos tu idea principal. Me encantaría escuchar más durante el descanso. Ahora, alguien más."
	El "jefe" que es responsable de los resultados no confía en el grupo.	Hable con "el jefe" a solas, indague sus inquietudes, hágale saber cuáles son sus opciones y las consecuencias de dominar; responda a sus inquietudes en el proceso.
	La conversación se distende.	Pida que todos respondan en orden con algunas preguntas. Pida que cada persona responda en forma breve.
	Desequilibrio entre personas calladas y aquellos que les encanta hablar en un grupo.	Use grupos pequeños, y mezcle callados con expresivos, luego haga que los grupos informen al grupo entero.
6. Grupo se desvía del del tema.	El grupo quiere evadir el tema o responsabilidad.	Reflexiona con el grupo sobre lo que está sucediendo (usa O-R-I-D).
	El tema está desenfocado, o es considerado irrelevante.	Respetuosamente, pero con firmeza, traiga al grupo de vuelta al tema. (Ver también: 1. "Grupo no enfoca")
	El facilitador no tiene carácter.	Recuerde que ser facilitador no tiene que ver con caerles bien, sino con lograr que el grupo maneje sus inquietudes. (Ver también: 1. "Grupo no enfoca")
7. No se obtienen resultados útiles.	El grupo no considera relevante el tema.	Ver arriba: 1. "Grupo no enfoca"
	El tema es demasiado extenso para tratarlo adecuadamente en una conversación.	Diseñe varias conversaciones sobre diferentes partes del tema.
	Las preguntas no logran información útil.	Verifique las preguntas preparadas. Trabaje en sentido inverso, a partir del resultado deseado, qué datos e información se requiere en cada nivel.

Problemas comunes	Posibles razones	Posibles soluciones
8. Surgen discusiones o malentendidos.	No se acordó formalmente el guardar respeto por diferentes puntos de vista, o las personas no saben cómo escucharse.	Dar un contexto claro sobre la realidad multi-dimensional: "Todos vemos facetas del diamante entero". Muestra respeto a las personas - deja que la primera persona termine de hablar y luego pregunta, "Ahora, ¿cuál es tu perspectiva sobre esto?". Luego invite a otra persona a responder. Pregunte: ¿Qué subyace detrás de estas respuestas conflictivas?
	El facilitador muestra favoritismo, no es neutral.	Pregúntese si está considerando con el mismo peso y valor las respuestas que recibe. Igualmente, si está buscando un consenso sin permitir que se dé una conversación y análisis serio por parte del grupo. Recuerda que hay que mantener una neutralidad que permita a otros expresarse y mantener un interés activo promoviendo un diálogo continuo hasta que sea el propio grupo el que decida dar por finalizada la conversación.
9. El grupo desafía al facilitador.	El facilitador no transmite seguridad en si mismo/a.	Informe a las personas al inicio de la reunión que sigue un proceso validado y cuidadosamente diseñado para garantizar la participación de todos, respetando ritmos y respuestas del grupo.
	El facilitador proyecta mensajes mixtos, de experto e interrogador.	Asegúrese de utilizar preguntas abiertas y deje claro cuando no esté actuando como facilitador ante el grupo.
	Grupo es muy sensible al poder del facilitador.	Use O-R-I-D con el grupo para reflexionar sobre los aprendizajes. Use O-R-I-D en usted mismo para descubrir sus aprendizajes. Proponga dejar de facilitar y explique las posibles consecuencias, tanto positivas como negativas sobre la propuesta.

Parte II
Las 100 Conversaciones

Conversaciones para evaluar y revisar

Nunca tenemos tiempo suficiente para reflexionar sobre nuestro quehacer. Cada organización que visitamos siempre habla del tiempo como si fuera un enemigo que doblega, y es así como seguimos andando, andando y andando, como la mascota de las pilas Energizer de Eveready, sin detenernos a reflexionar. Necesitamos crear espacios para aprender y crecer, a partir de un examen y revisión de nuestros supuestos. La reflexión no implica un enorme compromiso de tiempo, pero sí puede tener un enorme impacto por la recompensa que supone.

Belden, Hyatt y Ackley: *The Learning Organization*

Lo que necesitamos desesperadamente en las empresas es reflexión. No más planificación. No más estrategias sino, más reflexión.

John Dalla Costa: *Meditations on Business*

Las conversaciones en esta sección se refieren al pasado, es decir: eventos pasados, años pasados, el día anterior, una presentación o taller en el que un grupo acaba de participar. Sirven para revisar un evento o período pasado, evaluar algo que se ha creado, o para analizar o valorar algún aspecto en los programas de la organización. En esta sección, el lector encontrará las siguientes conversaciones:

A1. Revisión del año

A2. Revisión de un taller

A3. Revisión sobre la presentación ofrecida por un consultor

A4. Revisión de una planificación

A5. Revisión del día con un grupo

A6. Revisión del pasado de una organización

A7. Evaluación y valoración de un seminario

A8. Evaluación y valoración del contenido de un curso

A9. Evaluación del progreso o avance de un proyecto

A10. Análisis del fracaso de ventas de un producto

A11. Evaluación de una estrategia de marketing

A12. Revisión de un informe importante

A13. Evaluación de un programa de servicio del personal

A14. Evaluación de una exposición comercial

A15. Evaluación de un formulario nuevo

Estas conversaciones son más fáciles que muchas de las otras que se describen en este libro. El sólo hecho de revisar actividades que ya han culminado, nos provee, automáticamente, de un conjunto de datos que puede no estar disponible en otro tipo de conversación. Estas conversaciones miran hacia el pasado, evalúan su impacto en el presente y descubren sus implicaciones para el futuro.

Muchas de estas conversaciones constituyen reflexiones sobre un suceso pasado. Algunas personas perciben que tales conversaciones se orientan hacia el pasado y, por ello, son irrelevantes. Pero la dupla suceso más reflexión, siempre otorga una gran oportunidad para aprender. Una breve reflexión de dos minutos luego de una actividad, agrega un valor que supera el tiempo invertido.

En general, las reflexiones sobre eventos deben ser más bien cortas que largas, y se deben realizar rápidamente. Si el grupo ya ha participado en una sesión suficientemente larga, y sospecha que se está preparando otra reunión, podría empezar a retirarse o rehusarse a participar. Si se requiere una reflexión más extensa, el grupo tendría que hacer una pausa y regresar más adelante. Si las personas están muy ansiosas por irse, facilite una conversación de no más de tres minutos, con sólo una pregunta por nivel. Por el contrario, si el grupo parece relajado, podría tomarse más tiempo.

El mejor momento para una conversación de reflexión es inmediatamente después del suceso o del hecho acaecido, ya que la participación dependerá de la memoria inmediata del mismo. Sin embargo, tales reflexiones suelen estar dominadas por las primeras impresiones. De manera que los participantes o se solazan en la grata calidez del suceso o hecho, o empiezan a destrozarlo. Por otro lado, las reflexiones hechas después de un tiempo entregan menos detalle, pero contienen una perspectiva más balanceada, con una mayor concentración a nivel interpretativo. Las conversaciones de evaluación son similares, pero su intención es más pragmática. El resultado de una evaluación es si el ítem evaluado cumple con las exigencias del caso, si satisface los objetivos y la filosofía de la organización. En algunas conversaciones, como, "Evaluación de una estrategia de mercadeo" o el "Análisis un producto que no se vendió bien", la intención es comenzar un proceso, y no tanto terminarlo. Estas conversaciones constituyen un primer paso en que todos los involucrados participan en el análisis o evaluación. Eventualmente, un equipo de trabajo puede tomar las percepciones del grupo, y trabajarlas en cuanto a sus implicaciones específicas.

Algunas de estas conversaciones pueden realizarse en quince a veinte minutos, otras requieren media hora. La conversación, "Revisión de un informe importante", puede tomar hasta dos horas. Si el tiempo es limitado, se puede usar menos preguntas, pero es importante que se haga al menos una pregunta por cada una de las etapas O-R-I-D.

A1. Revisión del año

La Situación

Su organización, departamento o equipo acaba de cerrar el año. Su equipo está listo para afinar los planes para el año siguiente, basado en los resultados del año pasado. Es importante reflexionar sobre la trayectoria del año completo, con todos sus altibajos.

Objetivo Racional

Extraer aprendizajes del año pasado y usarlos para el año siguiente.

Objetivo Experiencial-Vivencial

Apreciar y constatar la trayectoria del año y los aprendizajes del grupo

Sugerencias

Agregue o quite preguntas, según sea apropiado para su grupo. Por ejemplo: Integrantes de un Directorio puede enfocarse en su propio desempeño y funciones; un equipo puede agregar preguntas sobre la forma en que trabajaron juntos.

Otras Aplicaciones

Reflexiones de directorio, departamento, organización o personal por un período específico de tiempo.

LA CONVERSACIÓN

Apertura

Antes de comenzar la planificación del próximo año, sería bueno reflexionar sobre el año pasado. (Revisar datos objetivos que se tengan sobre el año, tal como información financiera, estadísticas de ventas o servicios, datos sobre clientes o personal)

Preguntas de Nivel Objetivo

¿Cuáles han sido para ustedes algunos eventos claves del año pasado*? (Pedir una respuesta por participante, en orden)*
¿En qué grandes proyectos hemos trabajado? ¿Proyectos menores?
¿Qué otros eventos recuerdan – conversaciones importantes o decisiones que tomamos?
¿Hay algún evento para el cual necesitarían más explicaciones?

Preguntas de Nivel Reflexivo

Describan la dinámica del año pasado—¿Cómo fue para nosotros?
¿Podríamos compararlo con un terremoto, o con un oso, una ardilla, un cacto, o qué otra cosa?
¿Cuál fue la gran sorpresa del año?
¿Cuándo se sintieron frustrados?
¿Qué eventos hicieron una gran diferencia para ustedes – cambiaron su forma de pensar o de sentir?
¿Cuáles de los sucesos mencionados habían olvidado?

Preguntas de Nivel Interpretativo

¿Qué aprendimos de las cosas que salieron bien?
¿Qué aprendimos de los momentos difíciles?
Al reflexionar sobre todo esto, ¿cómo describirían lo que hemos logrado el año pasado?

Preguntas de Nivel Decisivo

¿Cómo afectarán nuestras experiencias del año pasado lo que hagamos a lo largo del próximo año?
¿Qué vamos a hacer de otra forma?

Cierre

Esta ha sido una maravillosa reflexión sobre el año pasado. A mí se me han aclarado varios aspectos de nuestra experiencia, y espero que a ustedes también. Voy a documentar estos aprendizajes (y otras partes de la conversación) y les enviaré copia a todos.

A2. Revisión de un taller

La Situación
El grupo acaba de realizar un taller, y el facilitador desea que el grupo reflexione brevemente sobre esta experiencia.

Objetivo Racional
Aclarar el impacto que el taller ha provocado en el grupo.

Objetivo Experiencial-Vivencial
Celebrar el trabajo que han llevado a cabo y hacerles sentir la importancia de esta experiencia.

Sugerencias
Esta reflexión debe ser breve: de unos 10 a 12 minutos, solamente. Si se requiere una reflexión más profunda después de un evento, el grupo debe tomar un receso y volver a ella más adelante.

Otras aplicaciones
Similares interrogantes podrían servir para reflexionar sobre cualquier evento de grupo.

LA CONVERSACIÓN

Apertura
Revisemos nuestra experiencia en el taller.

Preguntas de Nivel Objetivo
¿Qué fue lo que hicimos en este taller?
¿Qué palabras o frases escucharon en los informes de equipos?

Preguntas de Nivel Reflexivo
¿Cuáles fueron para ustedes los puntos álgidos del taller?
¿Cuáles fueron los puntos más débiles?
¿Dónde nos encontramos en algunas dificultades?

Preguntas de Nivel Interpretativo
¿Cuál fue el punto decisivo en el taller?
¿Qué ventaja hemos ganado con este taller?

Preguntas de Nivel Decisivo
¿Cuál sería el próximo paso que nos lleve a implementar lo que hemos acordado en el taller?

Cierre
En este taller hemos dado un paso muy significativo en nuestra trayectoria.

A3. Revisión sobre la presentación ofrecida por un consultor

La Situación

El grupo acaba de terminar de escuchar la presentación de un consultor y el líder del equipo desea llevar a cabo una discusión al respecto. Sabe que especialmente en las presentaciones se entrega tal cantidad de datos que es importante hablar al respecto en profundidad. Todos recuerdan algo de lo que han escuchado y otras que se dan por pérdidas. Sólo si se comparten las observaciones con el grupo se obtendrá el cuadro completo y emergerá una respuesta equilibrada.

Objetivo Racional

Lograr que todos estén en el mismo universo de experiencia compartida frente a la presentación.

Objetivo Experiencial-Vivencial

Descubrir de qué forma la presentación ha motivado al grupo o ha modificado su manera de pensar respecto de lo que es posible.

Sugerencias

Este tipo de reflexión funciona mejor si se lleva a cabo lo antes posible una vez que se ha hecho la presentación.

Otras aplicaciones

Esta conversación también se puede utilizar para reflexionar respecto de un capítulo de un libro.

LA CONVERSACIÓN

Apertura

Démonos unos minutos para reflexionar respecto de la presentación que acabamos de escuchar.

Preguntas de Nivel Objetivo

¿Qué es lo que recuerdan de la presentación?

¿Qué palabras específicas, frases e imágenes permanecen aún en sus mentes?

¿Qué temas se abordaron?

¿En la opinión de ustedes, qué información les pareció más importante?

Preguntas de Nivel Reflexivo

¿En qué momento se sintieron intrigados o se emocionaron con lo que escucharon?

¿En qué momento se distrajeron? ¿Cuándo se sintieron desafiados?

¿En qué momento tuvieron una visión más vívida del presente?

¿Qué punto consideraron más sensato?

¿Cómo se sintieron cuando terminó la presentación?

¿En qué parte de la presentación les surgieron asociaciones o relaciones con sus aspiraciones?

Preguntas de Nivel Interpretativo

¿De qué se trató la presentación?

¿Cuáles son algunos de sus puntos clave?

¿De qué manera se apoyó o tal vez se cuestionó la forma en que trabajamos?

Si tuvieran que cambiarle nombre a la presentación ¿cómo la titularían?

Preguntas de Nivel Decisivo

¿Quién se verá más afectado en su trabajo, por el contenido de esta presentación?

¿Cómo podemos introducir algunas de las propuestas de la presentación en nuestro departamento?

¿Qué se requeriría para lograrlo?

¿Cuáles serían los primeros pasos a seguir?

¿Quién se encargará de ello?

Cierre

Bien, ésta ha sido una conversación muy productiva. Habrán notado con qué rapidez nos hemos desplazado de la teoría a la práctica. Ahora, será muy interesante observar cómo logramos implementar algunas de las ideas que hemos compartido.

A4. Revisión de una planificación

La Situación

Acaban de terminar una larga sesión de planificación. El líder invita al equipo a dedicar unos minutos a reflexionar sobre el evento.

Objetivo Racional

Incorporar el impacto del suceso a sus vidas

Objetivo Experiencial-Vivencial

Extraer del evento aprendizajes para el futuro

Sugerencias

Después de un evento grupal, la reflexión debiera ser breve. Podría hacerse con sólo una pregunta para cada uno de los cuatro niveles.

Otras Aplicaciones

Este tipo de reflexión es fundamental para el aprendizaje en cualquier organización, y puede hacerse al final de casi cualquier actividad común. Como el grupo generalmente está algo cansado, hay que dirigirla de manera liviana.

LA CONVERSACIÓN

Apertura

Cualquier trabajo grupal, como lo es la importante sesión de planificación que acabamos de realizar, incluye un tiempo de preparación, un tiempo de ejecución y un tiempo de reflexión sobre el proceso. A veces, el momento de reflexión es precisamente el más provechoso de un evento. Normalmente todos quieren irse apenas se termina el evento, pero si se quedasen y lo analizaran por unos diez o quince minutos, podrían obtener un beneficio mayor.

Preguntas de Nivel Objetivo

¿Qué recuerdan de esta planificación?

¿Qué pasó en este evento?

Si ustedes fueran reporteros, ¿cómo informarían en una frase lo que sucedió?

Preguntas de Nivel Reflexivo

¿Cuándo se sintieron motivados?

¿En qué momento se sintieron frustrados?

¿Qué es lo que más les sorprendió?

¿En qué momento tuvimos algunas dificultades?

Preguntas de Nivel Interpretativo

¿Cuáles fueron los elementos clave de este proceso?

¿Qué nueva situación ha surgido de esta planificación?

¿Cómo nos ha cambiado esta planificación, a nivel personal?

Preguntas de Nivel Decisivo

¿Qué nombre le darían a este tiempo que estuvimos juntos?

¿Qué pasos sugieren a partir de ahora?

Cierre

Este tipo de reflexión puede agregarle un significado especial a eventos en nuestras vidas. Gracias por permitirnos el tiempo extra para esta reflexión.

A5. Revisión del día con un grupo

La Situación

Cuando un equipo ha estado trabajando en un proyecto especial por un día completo, es posible tomarse unos minutos para reflexionar sobre lo que ha sucedido a lo largo del día. Esta conversación se puede llevar a cabo en dos o en veinte minutos, dependiendo del estado de ánimo del grupo y del tiempo disponible.

Objetivo Racional

Consolidar una comprensión colectiva de lo sucedido a lo largo del día.

Objetivo Experiencial-Vivencial

Celebrar los logros del día.

Sugerencias

Esta conversación se debe realizar rápidamente. El facilitador requerirá el consentimiento del grupo para realizarla. Levántese y diga algo como: "Oigan, ¿por qué no nos tomamos unos dos o tres minutos para reflexionar sobre el día de hoy?", y proceda directamente a la primera interrogante, tal vez pidiéndoles a una o dos personas que inicien la conversación.

Otras aplicaciones

Revisar el día, el mes, el semestre, ya sea individualmente o en grupo.

LA CONVERSACIÓN

Apertura

Bien, ahora que hemos terminado, tomemos algunos minutos para reflexionar sobre nuestro trabajo de hoy.

Preguntas de Nivel Objetivo

¿Qué cosas específicas recordamos del día de hoy: escenas, sucesos, conversaciones?

¿Qué palabras resuenan aún en sus oídos?

¿Qué logramos hacer hoy?

Preguntas de Nivel Reflexivo

¿Qué imagen reflejaría para ustedes el tono emocional del día?

¿Cuál fue el punto álgido de hoy?

¿Cuál fue el momento más débil?

Preguntas de Nivel Interpretativo

¿Qué hemos aprendido de este día?

¿Qué idea clave hemos captado en el día de hoy?

Preguntas de Nivel Decisivo

¿Cómo denominaríamos este día? *(Intente encontrar un título poético que incluya todas las respuestas).*

¿Qué temas inconclusos tendremos que completar mañana?

Cierre

Esta conversación ha sido una buena forma de celebrar el día y de concluir el tiempo que compartimos. Gracias por contribuir con estos minutos extras.

A6. Revisión del pasado de una organización

La Situación

Antes de que un Directorio, un grupo de ejecutivos, o el equipo de un departamento comience una planificación a largo plazo, puede ser útil reflexionar sobre la trayectoria de la organización. Esta conversación le permite al grupo identificar aprendizajes del pasado, y a la vez considerar formas de avanzar hacia el futuro.

Objetivo Racional

Dialogar sobre el pasado para utilizar los aprendizajes anteriores como base del futuro.

Objetivo Experiencial-Vivencial

Lograr que el grupo sienta que es parte de un esquema más amplio, y superar heridas del pasado.

Sugerencias

Al hacer preguntas sobre acontecimientos, eventos, logros e hitos, se podría sugerir que los empleados más antiguos se enfoquen más en los comienzos de la organización, para tener una diversidad de datos de todo el período.

Otras Aplicaciones

Esta conversación se puede utilizar electrónicamente, con algunas adaptaciones, por una nación, una comunidad, una familia o una pareja que esté celebrando un aniversario.

LA CONVERSACIÓN

Apertura

Antes de comenzar nuestra planificación, dediquemos unos minutos a reflexionar sobre el pasado de esta organización. Algunos de ustedes han estado relacionados con ella por muchos años, otros menos, pero todos tenemos recuerdos de los acontecimientos o eventos claves de esta organización.

Preguntas de Nivel Objetivo

¿Qué acontecimientos y logros de esta organización recordamos en los últimos veinte años? (*Nota: El facilitador puede anotarlos en una línea de tiempo, debajo del año en que ocurrió cada evento/ suceso.*)

Preguntas de Nivel Reflexivo y Resonante

¿Cuáles fueron para ustedes los momentos más importantes para esta organización?

¿Qué asocian con estos momentos importantes?

¿Ha habido algunos momentos tristes?

¿Qué recuerdan de esos momentos tristes?

Preguntas de Nivel Interpretativo

Si quisiéramos dividir los últimos 20 años en tres etapas, ¿cómo dividirían éstas etapas?

¿Qué títulos le pondrían a esos tres períodos?

¿Qué hemos aprendido a lo largo de estos 20 años?

Preguntas de Nivel Decisivo

¿Qué nos dice todo esto sobre nuestro presente y hacia dónde tenemos que ir en el futuro?

Cierre

Nuestros logros en el pasado nos predicen un gran futuro.

A7. Evaluación y valoración de un seminario

La Situación
Un grupo de empleados acaba de asistir a un seminario de dos semanas y lo están evaluando.

Objetivo Racional
Ayudar al grupo a identificar los beneficios del curso.

Objetivo Experiencial-Vivencial
Reconocer los desafíos planteados en el curso, y decidirse a usar lo que se ha aprendido.

Sugerencias
A veces, si el grupo se demora en responder alguna pregunta, se puede pedir que todos respondan a la pregunta. Si no recibe respuestas, tendría que reformularla. Si aún no surgen respuestas, podría dirigirla a algunas personas específicas; aunque no es aconsejable usar esta técnica como procedimiento normal.
Es vital tener en claro cuál es la pregunta crítica que requiere respuesta.

Otras Aplicaciones
También se puede usar esta conversación para evaluar un libro o un manual técnico.

LA CONVERSACIÓN

Apertura
Hemos compartido dos días juntos en este seminario. Ahora vamos a tomar un momento para reflexionar sobre nuestra experiencia en el curso. Quisiéramos conversar sobre lo que hemos aprendido y cómo lo podemos aplicar, para luego decidir si este curso sería adecuado para otros miembros del personal.

Preguntas de Nivel Objetivo
¿Por qué asistieron al curso?
¿Cuáles fueron para ustedes los elementos clave del curso?
¿Qué contenidos les llegaron de manera clara y precisa?
¿Qué partes les parecieron confusas?

Preguntas de Nivel Reflexivo y Resonante
¿Qué les gustó o no les gustó del curso?
¿Qué fue para ustedes lo mejor del curso?
¿Hubo alguna parte aburrida?
¿En qué momento sintieron el mayor desafío?
¿En qué momento sintieron un avance importante?

Preguntas de Nivel Interpretativo
¿De qué manera les enriqueció este curso? ¿Y a otros?
¿En qué sentido cumplió con sus expectativas?
¿Cómo van a aplicar lo que aprendieron en el curso?

Preguntas de Nivel Decisivo
¿Qué seguimiento les sería útil para aplicar más eficazmente lo que aprendieron?
¿Quién más debería tomar este curso?

Cierre
Por sus comentarios parece que ésta fue una experiencia de aprendizaje muy povechosa. En base a lo positivo de sus comentarios, voy a recomendar que las personas que ustedes mencionaron también tomen este curso. Muchas gracias.

A8. Evaluación y valoración del contenido de un curso

La Situación

El equipo de redacción de cursos ha terminado el primer borrador de un nuevo curso sobre Atención al Cliente, y se ha citado a una reunión del equipo. Usted está facilitando la conversación.

Objetivo Racional

Aclarar las fortalezas y debilidades del borrador, a modo de base para mejorarlo.

Objetivo Experiencial-Vivencial

Que el equipo de redacción se sienta valorado, y que el resto del equipo se sienta comprometido.

Sugerencias

Hay que tener cuidado con respuestas muy largas. Si alguien comienza a dar un discurso, sugiera que escriba dicha contribución y que se la entregue al equipo de redacción.

Mantenga la conversación a buen ritmo. Tenga presente que las respuestas a las preguntas decisionales son las más valiosas para el equipo.

Otras Aplicaciones

Esta conversación también puede utilizarse para reflexionar sobre un modelo o un plan de acción.

LA CONVERSACIÓN

Apertura

El equipo de redacción ha tomado las pautas de un curso de Atención al Cliente para crear este primer borrador del curso. Dediquémosle algunos minutos para considerar cuidadosamente lo que han creado.

Preguntas de Nivel Objetivo

¿Qué palabras, frases o títulos del texto les llaman más la atención?
¿Qué partes del contenido recuerdan más?
¿Qué otros contenidos tiene el curso?

Preguntas de Nivel Reflexivo y Resonante

¿Qué partes del curso les gustan más?
¿Cuáles son los principales valores que se enfatizan en este curso?
¿Qué contenidos les preocupan?

Preguntas de Nivel Interpretativo

Con los contenidos propuestos, ¿qué aprenderán los participantes?
¿Qué cosas, que no se incluyen, quisieran que los participantes vieran o descubrieran?
¿De qué forma contribuirá este curso a que haya un cambio en los participantes?
¿Qué desafíos tendrán al enseñar este curso?

Preguntas de Nivel Decisivo

¿Qué sugerencias quisieran hacer al equipo de redacción?
¿Qué otros valores incluirían en el curso?
¿Qué otra información agregarían?
¿Qué otros cambios sugerirían?
¿Qué recursos agregarían a la bibliografía?
¿Cuáles de estas sugerencias tienen mayor prioridad?
Una vez consideradas las propuestas del equipo de redacción ¿cuáles serían nuestros próximos pasos?

Cierre

Este ha sido un excelente trabajo colectivo, que realmente aclara los próximos pasos a seguir para determinar los contenidos del curso.

A9. Evaluación del progreso o avance de un proyecto

La Situación
El primer tema de la agenda de la reunión mensual es evaluar el progreso logrado en un proyecto en el que se ha estado trabajando por algunas semanas. Cada unidad ha hecho circular un informe respecto de su trabajo hasta este momento. Todos han tenido tiempo para leer los informes y para compararlos con el plan de trabajo original.

Objetivo Racional
Reflexionar cómo ha estado trabajando el equipo, y decidir qué modificaciones se requerirán para asegurar el éxito.

Objetivo Experiencial-Vivencial
Compartir la responsabilidad por el trabajo hecho y acordar cómo continuar hacia el futuro.

Sugerencias
Es importante que se disponga del tiempo suficiente para responder a las interrogantes del nivel objetivo. Asegúrese de aclarar los datos objetivos. Evite todo tipo de indagación sobre lo que se hizo o se dejó de hacer. Informe al grupo que las conclusiones o revisión de prioridades se discutirán en otra ocasión, a partir de las aclaraciones de la situación actual.

Otras aplicaciones
Esta conversación se puede utilizar también para corregir a mitad del período los planes de acción para un año o para seis meses.

LA CONVERSACIÓN

Apertura
Estamos en un punto crítico de nuestro plan de trabajo para lograr que todos los departamentos hagan uso del nuevo software. Necesitamos reflexionar sobre cuánto hemos progresado hasta ahora. Espero que hayan revisado el plan general y los informes de cada uno de los subgrupos. Quisiéramos reflexionar sobre los logros de este mes para decidir si debemos adaptar el plan para mantener el rumbo del proyecto y cumplir con los plazos dados para su funcionamiento.

Preguntas de Nivel Objetivo
Mientras leían estos informes, ¿qué puntos o declaraciones les llamaron la atención?

¿Qué partes de los informes les quedaron claras? ¿Qué partes no?

Pensando en nuestro trabajo como equipo, ¿qué otra información necesitaríamos compartir?

Si comparamos estos informes con nuestro plan de trabajo ¿en qué pareciera que estamos adelantados con respecto a nuestros plazos? ¿En qué estaríamos atrasados?

Preguntas de Nivel Reflexivo y Resonante
¿Qué sorpresas encontraron en los informes?

¿Qué parte del trabajo ha funcionado bien sin mayor esfuerzo?

¿Qué ha sido más difícil de lo esperado?

¿En qué hemos encontrado tropiezos o turbulencias?

Preguntas de Nivel Interpretativo
¿Cuáles serían las áreas claves o los problemas claves?

¿En qué sentido requeriremos de ayuda extra?

¿Qué tipo de ayuda necesitaremos?

¿En qué sentido se requiere un trabajo en equipo?

¿Qué tendremos que hacer para mantener el rumbo del proyecto o para retomar su rumbo original?

Preguntas de Nivel Decisivo
¿Qué modificaciones recomendamos al plan de trabajo?

¿Qué cambios haremos en la forma de operar?

¿Cuáles serían los próximos pasos a seguir? ¿Quién los llevará a cabo?

Cierre
Esta conversación nos ha permitido ver el cuadro completo y saber qué dirección tomar.

A10. Análisis del fracaso de ventas de un producto

La Situación

Un equipo lleva seis meses desarrollando una nueva variedad de galletas para futuros clientes. Desgraciadamente, el producto no se vende. El equipo está desesperado. La gerencia les ha ordenado volver a la etapa de planificación. El líder del equipo ha decidido tener una conversación para ver si pueden descubrir la fuente del problema. (Puede utilizar el producto que desee).

Objetivo Racional

Intentar analizar qué es lo que está mal y decidir nuevas estrategias para solucionar el problema.

Objetivo Experiencial -Vivencial

Darle al equipo la valentía y la decisión para intentarlo de nuevo.

Sugerencias

No se debería llevar a cabo esta conversación si el líder está en un estado de ánimo resignado y desesperado. El líder tendrá que tener bajo control su ánimo antes de ingresar a la sala. Este tipo de conversación necesita evitar toda sensación de culpabilidad. En cada paso de la conversación se debe poner énfasis en la causa del problema y en lo que tendría que ocurrir para remediar la situación. Una vez que alguien empieza a jugar con la culpabilidad de unos u otros, la creatividad se escapa por la ventana.

Otras aplicaciones

Este tipo de conversación también es útil para analizar el fracaso de los sistemas de una organización.

LA CONVERSACIÓN

Apertura

Bienvenidos de vuelta a nuestro proyecto. Es la primera vez que nos hemos reunido desde que hicimos el estudio de mercado de nuestra galleta. Para mí es estimulante que la gerencia tenga la suficiente fe en el trabajo de este equipo y en este producto como para permitirnos intentarlo nuevamente. ¿Por qué no empezamos este proceso de evaluación con una conversación que nos podría ayudar a obtener un punto de partida para tratar este problema?

Preguntas de Nivel Objetivo

¿Qué ha dicho la gente respecto de esta galleta?
¿Qué dijeron respecto del color? ¿De su sabor?
¿De su envoltorio?
¿Qué comentarios hicieron respecto de los ingredientes de la galleta?
¿Qué otros comentarios hemos escuchado?
¿Cuáles son sus impresiones personales?
¿Qué otros datos o estadísticas tenemos a nuestra disposición a partir del estudio de mercado?

Preguntas de Nivel Reflexivo y Resonante

¿Qué le gusta a la gente de nuestra galleta?
¿Qué es lo que no les gusta?
¿Cuáles son sus propias reacciones o intuición sobre nuestra campaña de mercadeo?

Preguntas de Nivel Interpretativo

¿Cuál parecería ser el problema principal de la galleta?
¿Cuáles son los temas clave de la campaña de mercadeo?
¿Qué conclusiones podemos obtener de nuestras respuestas?

Preguntas de Nivel Decisivo

¿Qué ángulos nuevos necesitamos explorar respecto de la receta o del mercadeo?
¿Cuáles son los pasos a seguir?

Cierre

Siento que hemos cruzado un puente gracias a esta conversación. Creo sentir en todos nosotros que hemos tomado una decisión clave para llegar al fondo de todo esto y poder producir un producto estrella como resultado final.

A11. Evaluación de una campaña de marketing

La Situación
Es hora de evaluar la campaña de mercadeo de la compañía para ver qué cambios podrían ser necesarios.

Objetivo Racional
Recorrer desde las primeras impresiones y reacciones de un grupo sobre la campaña de mercadeo hasta una evaluación profunda con recomendaciones de cambios

Objetivo Experiencial-Vivencial
Fomentar entusiasmo sobre nuevas imágenes de mercadeo

Sugerencias
Es importante mantener la atención en el futuro, ya que es posible que alguien se vuelva bastante defensivo sobre ciertos aspectos de la anterior campaña de mercadeo.

Otras Aplicaciones
Este tipo de conversación es útil en todo tipo de evaluaciones, por ejemplo, la de un producto en desarrollo.

LA CONVERSACIÓN

Apertura
Tenemos frente a nosotros una copia completa de la campaña de mercadeo: los folletos y volantes, las campañas de avisos, los logotipos, catálogos, y las evaluaciones de los clientes. Observen cada ítem por algunos minutos y registren sus impresiones.

Preguntas de Nivel Objetivo
¿Cuáles son los componentes de nuestra estrategia de mercadeo?
¿Cuál es el ítem más antiguo? ¿Cuál es el más reciente?
¿Qué imágenes persisten en sus mentes?
¿Qué palabras o frases les llamaron la atención?
¿Qué colores sobresalen?
¿Qué sonidos escucharon?
¿Qué elementos resaltan?
¿Alguien ha usado esta campaña en su totalidad o alguna de sus partes? ¿Cuándo?
¿Qué resultados se tuvieron?
¿En qué parte de la creación de la campaña estuvieron involucrados?

Preguntas de Nivel Reflexivo y Resonante
¿Qué les parece interesante en esta campaña?
¿Qué elemento les atrajo?
¿Cuál no despierta interés?
¿Qué encuentran poco atractivo?
¿Qué asociaciones o recuerdos tuvieron cuando revisaron los materiales?
¿Cuál sigue siendo la parte más emocionante de esta campaña?
¿Cuál es la parte más aburrida?
¿Hay algunos elementos que parecen añejos?

Preguntas de Nivel Interpretativo
¿Qué logra la campaña?
¿En qué falla?
¿Qué aspectos habría que cambiar?
¿Qué tipo de cambios se necesitan?
Cuando escucharon la primera parte de esta conversación, ¿qué partes de esta campaña pensaron que debiéramos mantener?
¿Qué tendría que eliminarse?

(sigue en la página siguiente)

A11. Evaluación de una estrategia de marketing (continuación)

Tratemos de imaginarnos cómo se vería la nueva campaña.
¿Qué tipo de material deberiamos aumentar?
¿Qué tipo de material deberíamos reducir?
¿Qué colores ven?
¿Qué mensajes quisierámos proyectar?
¿En qué medios queremos verlos?
¿Con qué estilos de letra?
¿Con qué gráficos e imágenes?

Preguntas de Nivel Decisivo

¿Cuáles son los próximos pasos a seguir en el proceso de renovación?
¿Quién podría responsabilizarse en organizar estas impresiones iniciales?
¿Cuándo nos volvemos a reunir?

Cierre

Esta ha sido una conversación estupenda y muy útil. Con esta información podremos armar un pequeño equipo para crear algunos bosquejos y resúmenes de las opciones propuestas, que todos podremos ver antes de entregárselos a los diseñadores.

PUNTOS A TENER EN CUENTA POR LA PERSONA QUE FACILITA O LIDERA LA CONVERSACIÓN

Un buen facilitador debe tener en mente que el método de conversación funciona mejor cuando se valoran las ideas de todos los participantes y se consideran los datos de todo el colectivo. Esto va más allá de ser un principio abstracto, ya que en la práctica, implica una habilidad y una disposición para:
• Escuchar cuidadosamente las palabras de los participantes,
• Aceptar el silencio con comprensión,
• Mantener contacto visual con el que habla, indicando aceptación, y
• Enfocarse en lo que diga cada participante, y no en lo que como facilitador vaya a decir luego.

La otra forma de valorar la contribución de cada participante es estar dispuesto, ocasionalmente, a pedir que se aclare una cierta respuesta para que la intención del participante quede en evidencia.

Igualmente, el facilitador:
• Debe dejar de lado sus opiniones personales respecto a los datos que aporte el grupo,
• Evita reaccionar negativamente ante las ideas de los participantes, y
• Mantiene distancia con los datos generados por el grupo.

Esta actitud neutral incluye, además, la capacidad de aceptar las críticas, riñas y frustraciones del grupo, con una actitud abierta y no defensiva, cuando la energía del grupo es excesiva.

A12. Revisión de un informe importante

La Situación

Usted acaba de recibir un importante informe, que podría tener un impacto significativo sobre su trabajo. Le ha entregado una copia a cada miembro de su equipo, asignándole a cada uno una sección del informe, pidiéndoles que se planteen las siguientes interrogantes para luego compartir en una reunión:

¿Cuáles son los puntos más importantes que se plantean en esta sección?

¿Qué experiencias hemos tenido que se asemejan a las que se describen en el informe?

¿Qué implicaciones tienen para nosotros los contenidos de la sección que han leído?

¿De qué manera necesitamos aclarar lo que dice el autor?

¿Qué interrogantes les plantea el informe?

Objetivo Racional

Comprender lo que realmente dice el informe y cómo se aplicaría en el trabajo de la compañía.

Objetivo Experiencial-Vivencial

Destacar la relevancia del informe para el trabajo del equipo.

Sugerencias

Planifíquese con suficiente tiempo, teniendo en cuenta que esta conversación tomará unas dos horas. El punto más importante es profundizar el entendimiento de la compleja información que se tiene, con el fin de decidir cómo se podría aplicar.

LA CONVERSACIÓN

Apertura

Cada uno de ustedes ha tenido la oportunidad de analizar en profundidad una parte del informe. Para comenzar, les pediríamos que cada uno nos vaya informando sobre la sección que se le ha asignado, y que vaya dando respuesta a la lista de interrogantes que les entregué. Empecemos con Mary y la sección 1.

• *Permita que cada persona presente su informe sobre la parte asignada.*

• *Asegúrese que cada presentación dé cuenta de las interrogantes planteadas.*

• *Solicite preguntas de aclaración para cada sección.*

• *Una vez que se hayan concluido todos los informes, formule las siguientes interrogantes al grupo:*

Preguntas de Nivel Objetivo

¿Qué partes del informe les llamó la atención?

Preguntas de Nivel Reflexivo y Resonante

¿Qué secciones hicieron que pensaran en varios aspectos de nuestro trabajo actual?

¿De qué situaciones se acordaron?

¿Qué contenido del informe les pareció estimulante?

¿Qué información les dejó escépticos o frustrados?

Preguntas de Nivel Interpretativo

¿Qué relaciones captaron entre las diferentes partes del informe?

¿Qué puntos destaca el informe?

¿Qué interrogantes se les plantean frente a esos puntos?

¿Cómo responderíamos a ésas interrogantes?

¿Qué implicaciones tendrían para la forma en que trabajamos?

¿Qué debemos hacer para llegar a una decisión final y proponer modificaciones?

Preguntas de Nivel Decisivo

¿Cuáles serán nuestros pasos a seguir para utilizar este informe?

¿Cómo implementaremos los cambios que hemos sugerido?

Cierre

Esta discusión ha sido muy útil, ya que nos ha permitido considerar a fondo el impacto de este informe. Les agradezco que se prepararan y que nos entregaran sus reflexiones. Procederé a redactar un resumen de las implicaciones y se las entregaré el martes.

A13. Evaluación de un programa de servicio del personal

La Situación

Se han recibido quejas sobre la calidad de un servicio interno del personal. (El servicio puede ser la guardería infantil, la cafetería, los estacionamientos de bicicletas o las duchas de los ciclistas). La gerencia promueve una serie de conversaciones para descubrir cómo hacer más eficiente el servicio.

Objetivo Racional

Entender el problema.

Objetivo Experiencial-Vivencial

Tomar decisiones para resolver el problema.

Sugerencias

Podría ser mejor ampliar esta conversación a un taller completo para analizar problemas y generar soluciones.

El líder de la conversación necesita saber las opciones antes de sostener esta conversación. Si la gerencia pretende discontinuar el servicio debido a los problemas, dicha conversación sólo crearía falsas expectativas.

Otras Aplicaciones

Este tipo de conversación sirve para obtener datos sobre cualquier servicio que no funcione como es debido. También se puede utilizar para revisar una nueva disposición relacionada con el trabajo de su departamento.

LA CONVERSACIÓN

Apertura

Vamos a revisar la eficacia de este servicio. Ha habido algunas quejas al respecto y quisiéramos que nos informaran sobre los antecedentes del problema y lo que se debería hacer. No buscamos culpabilizar a nadie, mas bien perseguimos identificar los problemas estructurales y encontrar forma de solucionarlos.

Preguntas de Nivel Objetivo

Para comenzar, un poco de historia sobre esto. ¿Cuándo se inició este servicio? ¿Alguien lo recuerda?

¿Por qué se inició? Escuchemos a los que estuvieron aquí entonces.

¿Quién usa este servicio, y con qué frecuencia?

¿Quién lo ha usado recientemente? ¿Cómo fue esa experiencia?

¿Qué historias o comentarios han escuchado sobre su funcionamiento?

Preguntas de Nivel Reflexivo y Resonante

¿En qué sentido hay satisfacción entre los usuarios?

¿Con qué estarían descontentos?

¿Cómo caracterizarían el factor irritación?

Preguntas de Nivel Interpretativo

Basándose en lo que han escuchado, ¿cuál sería el problema?

¿Qué tan serio sería?

¿Con qué guardaría relación?

¿Quién podría hacer un resumen de lo que habría que resolver?

Preguntas de Nivel Decisivo

¿Qué habría que hacer para mejorar este servicio?

¿Cuáles serían los primeros pasos a seguir?

Cierre

Esta conversación ha sido muy útil. Con los antecedentes que han aportado no me cabe duda que podremos mejorar la eficacia de este servicio.

A14. Evaluación de una exposición comercial

La Situación

Los miembros de los equipos de mercadeo y de ventas acaban de terminar una exposición comercial. Ahora están en la sala de conferencias de su oficina para reflexionar sobre lo que sucedió, y evaluar el impacto de la exposición.

Objetivo Racional

Lograr una imagen concertada sobre la exposición, estimar su valor para la compañía, y decidir si debieran volver a participar el año siguiente.

Objetivo Experiencial-Vivencial

Sentir que el trabajo hecho es apreciado y su contribución es valorada.

Sugerencias

A veces las personas responden a las preguntas antes que las plantee. Es importante mantenerse al mismo nivel que el grupo, siendo mejor saltarse una pregunta en vez de hacerles responder algo que ya expresaron. El líder de la conversación debe decidir si se deja llevar por el interés del grupo, o si insiste en alguna pregunta específica, antes de proceder.

Otras Aplicaciones

Esta conversación puede usarse para evaluar una presentación, un puesto en un festival, o cualquier otro evento o representación de la compañía.

LA CONVERSACIÓN

Apertura

Me parece que sería útil reflexionar sobre la exposición Casas y Jardines del Futuro, ya que le dedicamos mucho tiempo, dinero y energía. Quisiéramos ver qué hemos aprendido, cómo le fue a nuestra empresa, y determinar si valdría la pena participar de nuevo el próximo año. Algunos de ustedes tienen datos muy específicos que compartir, pero en general todos tenemos impresiones que debiéramos conocer.

Preguntas de Nivel Objetivo

¿Qué escenas recuerdan de la exposición? ¿Qué la hizo memorable? ¿Qué exhibimos nosotros?
¿Qué compraron y se llevaron los visitantes?
¿Qué les interesó? ¿Qué productos o servicios provocaron más preguntas?
¿Cuáles pasaron desapercibidos? ¿Cuántos contactos hicimos?
¿Cuántos pedidos recibimos? ¿De qué valor?
¿Cuánta venta tuvimos?

Preguntas de Nivel Reflexivo y Resonante

¿Qué les significó este evento a nivel personal?
¿Qué les sorprendió de la reacción del público hacia nuestros productos?
¿Qué les pareció triste?
¿Qué fue lo que les faltó durante la exposición?

Preguntas de Nivel Interpretativo

¿Qué hizo esta exposición para nuestra organización?
¿Qué nuevas oportunidades encontramos?
¿Qué no hizo esta exposición para nuestra organización?
Si participáramos nuevamente, ¿qué haríamos diferente?

Preguntas de Nivel Decisivo

Sopesando lo positivo y lo negativo de nuestra presencia en esta exposición, ¿cómo evaluarían nuestra participación?
¿Qué recomendarían respecto a nuestra posible participación el próximo año?

Cierre

Esta conversación ha sido reveladora. Siempre resulta provechoso escuchar lo que estamos pensando. Esta conversación nos ayudará a desarrollar una estrategia para la exposición del próximo año. Muchas gracias.

A15. Evaluación de un formulario nuevo

La Situación
Acaban de comenzar a usar un nuevo formulario en su departamento, y desea evaluar su diseño y eficacia.

Objetivo Racional
Obtener las reacciones de los empleados hacia el nuevo formulario.

Objetivo Experiencial-Vivencial
Que los empleados vean que sus comentarios cuentan, y que se aprecian.

Sugerencias
Es esencial que todos tengan a la mano una copia del formulario, y que se obtengan suficientes datos objetivos antes de avanzar hacia el nivel reflexivo.
Haga hablar a los más callados: "Alicia, qué piensas de esta pregunta." (Repite la pregunta.)
Cuidado con el síndrome de la participación no comprometida. Si el grupo ha generado suficientes datos para sugerir que el formulario no sirve, debe estar dispuesto a tomar en serio esta recomendación, diciéndoles: "Bien, veo que hay serias dudas sobre la utilidad de este formulario. Llevaré esta información a la gerencia y sugeriré que lo rehagan por completo."

Otras Aplicaciones
Evaluar un nuevo equipo, en demostración.

LA CONVERSACIÓN

Apertura
Ha habido muchos comentarios, incluso algunas reacciones bastante fuertes a favor y en contra de este formulario. Pensé que sería útil tener una conversación para compartir nuestras opiniones sobre las ventajas y desventajas de este nuevo formulario. ¿Qué les parece?

Preguntas de Nivel Objetivo
¿Qué es lo primero que observan en este formulario?
¿Cuáles son algunos de los ítems claves que contiene?

Preguntas de Nivel Reflexivas
¿Qué les gusta o disgusta del formulario?

Preguntas de Nivel Interpretativo
¿Cómo se compara con el formulario anterior?
¿Cuáles son sus fortalezas y debilidades?
¿Cómo cambiará la forma en que trabajamos?

Preguntas de Nivel Decisivo
¿Qué podemos hacer para que el formulario se use correctamente?

Cierre
Bien, sigamos evaluando esto. Estoy interesado en oír cualquier reflexión adicional que tengan sobre el formulario a medida que sigamos usándolo.

Conversaciones destinadas a temas de planificación y preparación en el entorno laboral

Haz las cosas antes de que sucedan.
Enderézalas antes de que se enreden.

Lao Tzu: *Lao Te Ching*

En el campo de la observación, la suerte favorece sólo a la mente preparada.

Louis Pasteur

La preparación y la planificación son funciones de importancia en cualquier lugar de trabajo. Cada acción y cada modificación de programa deben planificarse con la debida preparación. La calidad del producto, programa o acontecimiento, a menudo depende de la preparación y planificación que se les ha dedicado. La conversación enfocada puede ayudar a canalizar las actitudes de un grupo respecto a algún tema específico. Nuestra hipótesis es que aquellos que organizan la planificación desean maximizar la participación del grupo. Sin embargo, cuando las personas se reúnen para preparar o planificar algo, sus ideas están a menudo dispersas. Mary se pregunta si sus niños llegaron bien a la escuela. José piensa en su nuevo auto deportivo. Lucila conversa con Cati sobre el espectáculo artístico que vieron. Otros miran por la ventana o desearían estar jugando al golf. Lo primero que debe hacer un líder es enfocar las mentes de todos los participantes hacia una sola tarea, para que todos estén dentro de un mismo marco mental. El intentar comenzar de inmediato a planificar podría ser como hacer partir un auto en pleno invierno, ya que no sería suficiente acelerar con fuerza para iniciar la marcha del coche. Por ello, se requerirá de una conversación enfocada para colocar el tema a tratar sobre el tapete y verlo desde varios ángulos. Ello servirá para que el grupo piense en todas las tareas, tanto individuales como de grupo, relacionadas con la preparación y la planificación del tema a tratar. Este método predispone gradualmente a las personas a enfrentar el trabajo que tendrán que realizar. Crea un contexto en el cual todos los participantes están en el mismo terreno.

Una conversación enfocada permitirá al grupo ir concentrándose en el tema a dialogar y a la vez, desarrollar un compromiso y relación con la temática. Igualmente, permitirá que los participantes en la sesión de planificación o preparación del acontecimiento o evento comiencen a elaborar ideas, preguntas, dudas tanto a nivel racional, como a nivel intuitivo.

Esta sección incluye 18 conversaciones de preparación y planificación:

      B1. Enfocar a un grupo antes realizar un taller

      B2. Introducir un nuevo tema a un programa de capacitación o formación

      B3. Preparar una breve presentación

      B4. Obtener datos para la reseña de un libro

      B5. Preparar a un grupo para redactar un informe

      B6. Elegir un símbolo y un lema para una campaña

      B7. Organizar un grupo de estudios

      B8. Preparar la agenda para una reunión

      B9. Organizar un grupo de servicio interno

      B10. Organizar una fiesta para el personal

      B11. Diseñar un folleto

      B12. Elaborar un presupuesto

      B13. Reorganizar el espacio de la oficina

      B14. Visualizar una nueva decoración

      B15. Seleccionar el o los temas para la próxima conferencia

      B16. Diseñar un manual de servicio al cliente

      B17. Iniciar una planificación de mercadeo

      B18. Preparar una presentación estratégica para introducir un producto nuevo

Cuando se trata de planificar, es importante que se entiendan los límites de la herramienta a utilizar. Una buena conversación enfocada puede servir para planificar una fiesta del personal siempre y cuando al final se dedique el tiempo necesario para asignar tareas específicas. Sin embargo, una conversación, por positiva que sea, no sirve para la compleja tarea de planificar a largo plazo. Para este objetivo se requieren otras herramientas, por ejemplo, la planificación estratégica. La conversación enfocada puede servir como parte de un proceso más prolongado y elaborado, por ejemplo, para revisar el progreso logrado en relación con la planificación estratégica al cabo de tres meses, o para evaluar la fabricación de un producto.

Debido a que muchas de estas conversaciones tienen como objetivo el reunir datos para diseñar algo, o para hacer recomendaciones, es importante que alguien se responsabilice para tomar apuntes, de manera precisa y detallada. Estos apuntes se pueden imprimir y distribuir entre los participantes, de manera que todos trabajen en base a la misma información. Más adelante, en los pasos que sigan a la conversación, probablemente habrá necesidad de referirse, más de una vez, a esos apuntes.

B1. Enfocar a un grupo antes de realizar un taller

La Situación

Antes de comenzar un taller para la resolución de problemas, el líder necesita enfocar al grupo en el problema y sus antecedentes.

Objetivo Racional

Lograr que todos aúnen sus pensamientos, conversando sobre el origen y causas del problema.

Objetivo Experiencial-Vivencial

Enfocar el pensamiento colectivo en el contexto de la conversación.

Sugerencias

La mejor forma de lograrlo es guiar la conversación de manera que la última pregunta sea la pregunta focal del taller, para que la transición de la conversación al taller se haga de forma lógica. No formule más de dos o tres preguntas a nivel decisivo, puesto que el taller tratará "¿Qué necesitamos hacer?"

Esta conversación no funciona cuando la temática causa demasiada ansiedad o emotividad entre los participantes. En ese caso, es preferible proceder directamente al taller, a través del cual, el uso de tarjetas y la estructura del método tienden a calmar las ansiedades.

Otras Aplicaciones

Este tipo de conversación también puede servir para presentar a los miembros de un nuevo equipo, y para aclarar los supuestos o expectativas de cada uno sobre el tema en cuestión.

LA CONVERSACIÓN

Apertura

Bien, finalmente hemos decidido analizar todos juntos este problema y decidir qué se requiere para resolverlo. La pregunta de enfoque de nuestro taller es "¿Qué podemos hacer para resolver este problema?". Para contestar esta pregunta de forma cabal, dediquemos unos minutos para estudiar cómo surgió el problema. Revisemos cómo hemos llegado a este punto.

Preguntas de Nivel Objetivo

¿Cuáles serían algunos hechos que nos llevaron a este problema?
¿Qué más sabemos sobre el trasfondo de este problema?

Preguntas de Nivel Reflexivo y Resonante

¿Qué ha sido lo más frustrante de todo esto?
¿Cómo los ha afectado a nivel personal?
¿Cómo se ha visto afectado todo nuestro trabajo?

Preguntas de Nivel Interpretativo

Si esta situación no se resuelve, ¿qué posibles efectos tendría sobre nuestra organización y en nuestros clientes?
¿Qué otras repercusiones habría?
¿Cuáles son algunas de las raíces de este asunto?

Preguntas de Nivel Decisivo

¿Qué podemos hacer para resolver el problema?

Cierre

Bien, este ha sido un buen comienzo. En éste contexto, retomemos la última pregunta como enfoque central de nuestro taller.

B2. Introducir un nuevo tema a un programa de capacitación o formación

La Situación

Los partícipes de un programa de formación /capacitación intensiva están dispuestos a enfrentar un nuevo tema. Una conversación introduce la nueva sesión.

Objetivo Racional

Conectar el nuevo tema con su experiencia anterior.

Objetivo Experiencial-Vivencial

Motivar positivamente al grupo a enfrentar al desafío y las posibilidades inherentes al tema.

Sugerencias

Si el grupo no parece estimulado por las interrogantes reflexivas referidas a un color, o a un animal, podría ser útil entablar un contexto más creativo: "La siguiente pregunta les podrá parecer algo tonta tal vez, pero trátenla como si fuera un experimento y usen su imaginación para darle respuesta". De esta manera las respuestas nos darían más información de la que podríamos imaginar. Las metáforas son poderosas.

Otras aplicaciones

Esta conversación es útil cada vez que un equipo se enfrenta a nuevos procedimientos, a una nueva tecnología o a nuevas temáticas para su capacitación /formación.

LA CONVERSACIÓN

Apertura

Bien, hoy vamos a presentar un tema nuevo. *(Nómbrelo)*. Conversemos un poco sobre esto. Todos tenemos alguna experiencia al respecto.

Preguntas de Nivel Objetivo

¿Cuál fue su primera experiencia en esta temática?
Cuando piensan en esto ¿qué imágenes surgen en sus mentes?
¿Cuáles serían algunas cosas que ya conocemos sobre esto?

Preguntas de Nivel Reflexivo y Resonante

¿Qué emociones asocian con este tema?
¿Qué experiencias han tenido en relación con el tema?
¿Qué color asocian con él?
¿Qué animal les recuerda?
¿Qué aspectos les gustan?
¿Qué es lo que no les gusta?
¿Qué es lo que consideran más desafiante?

Preguntas de Nivel Interpretativo

¿Por qué es tan importante este tema?
¿De qué manera les afectará? ¿En su trabajo?
¿En otros aspectos de su vida?
¿Qué preguntas tienen respecto a esta temática?

Preguntas de Nivel Decisivo

¿Cómo podemos apoyarnos mutuamente para aprender más sobre este tema?

Cierre

Compartiendo nuestros entendimientos, hemos dado un primer paso para comprender mejor el tema.

B3. Preparar una breve presentación

La Situación

Su cliente le ha concedido quince minutos para hacer una presentación con transparencias sobre los productos que ofrece su compañía. Se está preparando solo, en su pieza del hotel, pensando cómo va a interactuar con este cliente. Esta conversación es consigo mismo.

Objetivo Racional

Transmitir la información y el entusiasmo por los productos que ofrece.

Objetivo Experiencial-Vivencial

Convencer a sus clientes sobre las ventajas de sus productos, para que los compren.

Sugerencias

Este formato sirve sólo para presentaciones breves, en caso de no disponer de tiempo adicional para escribirla y ensayarla.

Otras aplicaciones

Este tipo de conversación le puede ayudar también a redactar un informe, un editorial o una propuesta rápida.

LA CONVERSACIÓN

Apertura

Para preparar esta presentación me plantearé algunas interrogantes. Usaré las respuestas en una presentación que motive a mi audiencia.

Preguntas de Nivel Objetivo

¿Qué detalles específicos necesito compartir respecto del producto: datos, gráficos e historia; sus especificaciones usos y beneficios?

Preguntas Nivel Reflexivo y Resonante

¿Por qué me entusiasma tanto este producto y por qué lo considero tan interesante?

Preguntas de Nivel Interpretativo

¿Qué aspectos del producto puedo resaltar para que el cliente aprecie claramente sus ventajas?

¿Cómo les puede ayudar a resolver sus necesidades?

Preguntas de Nivel Decisivo

¿Qué alternativas tendrán en respuesta a mi presentación?

¿Cuáles de estas opciones serían óptimas como resultado de esta presentación?

¿En qué orden deberían ir para que fluyan de la mejor manera?

Cierre

Me veo avanzando paso a paso, a lo largo de mi presentación, hacia un final exitoso.

B4. Obtener datos para la reseña de un libro

La Situación

Un grupo de estudios ha analizado una obra importante, y quisieran darla a conocer. Con este fin, programaron publicar la reseña del libro en el boletín corporativo y están recolectando datos para la reseña.

Objetivo Racional

Aclarar de qué trata el libro y qué es lo que dice.

Objetivo Experiencial-Vivencial

Observar el impacto de este libro para el lector y para la organización.

Sugerencias

Desplace cualquier crítica del libro hasta que termine de formular las preguntas del nivel interpretativo. Si alguien comienza a decir lo que no le gusta del libro, diga: "Ya tendremos oportunidad de expresar esas opiniones, más adelante en la conversación". Siempre es importante que primero se aclare lo que dice el libro, cuáles son sus argumentos, y de qué manera se relaciona cada cual con la obra, antes de hacer los juicios de valor o críticas sobre el libro.

Otras Aplicaciones

Este formato de conversación puede ayudar a obtener datos para redactar diversos textos, tales como avisos, noticias para un boletín, etc.

LA CONVERSACIÓN

Apertura

Propongo que tengamos una conversación inicial para reflexionar sobre el libro, para ver qué es lo que queremos enfatizar en la reseña. Noté que durante nuestro estudio algunos tomaron notas, y otros hicieron unos mapas mentales fantásticos. Dediquemos unos diez minutos para revisarlos. Y si no han tomado ningún tipo de notas, simplemente revisen el primer y último párrafo de todos los capítulos que puedan. Vamos a grabar la conversación para futura referencia y Ricardo tomará notas por escrito.

Preguntas de Nivel Objetivo

¿Qué palabras o frases resalta el autor?

¿Qué argumentos presenta el autor?

¿Qué capítulo o capítulos contienen la esencia de lo que el autor está diciendo?

Preguntas de Nivel Reflexivo y Resonante

¿Qué les ha impactado de lo leído, a nivel personal?

¿En qué momentos se han sentido ofendidos por lo expresado por el autor? ¿Por qué?

¿Qué parte de la lectura ha sido la más interesante?

Preguntas de Nivel Interpretativo

¿Dentro de qué marco general deberíamos considerar este libro?

¿Qué aspectos del lugar de trabajo cuestiona el autor?

¿Qué recomienda? ¿Qué creen que le falta a este libro?

Entonces, ¿qué debiéramos enfatizar en nuestra reseña?

Preguntas de Decisión

Supongan que la reseña tiene cinco párrafos. ¿Quién se atreve a decirnos cuál sería el tema de cada párrafo?

¿Alguien más quiere intentarlo? ¿Cuáles serían los cinco párrafos? ¿Otra sugerencia más?

¿Quienes quisieran formar un grupo de dos o tres personas para redactar el primer borrador de la reseña, y así revisarlo en nuestra próxima reunión?

¿Qué sugerencias quisiéramos darle al grupo?

Cierre

Considerando lo que hemos conversado, hemos de poder crear una reseña que tenga impacto en los lectores y en nuestra organización.

B5. Preparar a un grupo para redactar un informe

La Situación
Un pequeño equipo está preparando su informe trimestral para presentarlo a gerentes e inversionistas. El equipo discute lo que van a incluir y lo que van a resaltar.

Objetivo Racional
Aclarar el contexto del informe, sus temas principales y los antecedentes clave.

Objetivo Experiencial-Vivencial
Sentirse satisfechos de haber redactado un informe de calidad.

Sugerencias
Asegúrese que el nivel objetivo contenga los cuatro niveles de interrogantes que aluden directamente al tema del informe. Hay una serie de preguntas de nivel objetivo que servirán para llegar a la médula del informe. Las preguntas de interpretación serán importantes ya que le revelarán la mejor forma de ofrecer todos los datos. Consiga dos personas que tomen buenos apuntes, o use una cinta para grabar, ya que mientras elabore el informe necesitará referirse repetidamente al consenso de esta conversación. En el nivel de interpretación utilice una pizarra o tarjetas para crear una imagen visual del informe que va emergiendo.
Esta conversación será larga y compleja. Las interrogantes de nivel objetivo podrían constituir una conversación por sí solas y el nivel de interpretación se podría convertir en un taller.

LA CONVERSACIÓN

Apertura
Comencemos por pensar en voz alta sobre lo que quisiéramos incluir en este informe y sobre los puntos que quisiéramos resaltar. Me he puesto de acuerdo con Jaime y Ana para que tomen notas mientras participan también en la conversación.

Preguntas de Nivel Objetivo
¿De qué se trata este informe?
¿Quiénes lo leerán?
¿Cómo lo utilizarán?
¿Cuáles serían algunas de las actividades clave que hemos realizado, sobre las cuales deberíamos informar?
¿Qué elementos del contenido de este informe son singulares?
¿Cuáles serían los aprendizajes más importantes?
¿Con quiénes necesitaríamos entrevistarnos antes de escribir el informe?

Preguntas de Nivel Reflexivo y Resonante
¿Qué necesitan saber nuestros lectores con respecto al proyecto sobre el cual estamos informando?
¿Qué partes serán más fáciles de escribir?
¿Qué partes serán más difíciles de escribir?
¿Qué desafío enfrentamos al escribir este informe?

Preguntas de Nivel Interpretativo
¿Cuáles serían los puntos principales que necesitamos incluir en el informe?
¿En qué secuencia los presentaremos?
¿Alguien se atreve a sugerir una línea narrativa que una las cinco áreas en una larga frase?
¿Alguien más podría intentarlo de otra manera?
Una vez más, ¿alguna otra persona?
De acuerdo con lo que acaban de escuchar, ¿cuál parecería ser la intención estratégica de este informe?

Preguntas de Nivel Decisivo
¿Qué estilo de presentación vamos a utilizar?
¿Qué imagen artística deseamos: fotografías, citas, gráficos, etc...?
¿Qué se imaginan que podría ponerse en la tapa?
¿Para cuándo pensamos que podríamos tenerlo listo?

(sigue en la página siguiente)

B5. Preparar a un grupo para redactar un informe (continuación)

Otras aplicaciones
Esta forma de trabajo puede servir para generar cualquier documento complejo, o la producción de un guión de publicidad o un video de capacitación /formación.

¿Cuáles serían los próximos pasos a seguir o tareas por realizar?

Cierre
Esta ha sido una larga conversación, pero nos ha permitido organizarnos. Creo que ahora estamos listos para comenzar, de inmediato, a trabajar en el informe.

PUNTOS DE LA CONVERSACIÓN A TENER EN CUENTA

Respetar a los participantes

El respeto a los participantes es una de las claves de un diálogo genuino. El facilitador/a debe tener confianza en la capacidad inherente de las personas para comprender y responder creativamente frente a su propia situación, y presupone que cada persona es una fuente de ideas, habilidades y sabiduría. Esta confianza le permite aceptar todos los razonamientos como una contribución genuina al proceso.

Escuchar activamente

Al escuchar activamente a cada persona, le estamos comunicando nuestro respeto. Si la persona que facilita repite un comentario tal cual fue dicho, está respetando la contribución específica al proceso y a la persona que la formuló. Escuchar es prestar atención, activamente, mirando a la persona mientras habla, o tomando apuntes u observando que algunos participantes no se han expresado por algún tiempo. Los apuntes permiten documentar las ideas para una discusión posterior. No hay nada más desalentador para la participación que un facilitador/a que no considera a las personas o que cambia sus pensamientos cuando los anota. Igualmente, el facilitador/a que intenta "empujar el proceso" sin prestar la más mínima atención a las personas, puede que respete el producto pero no a los individuos y sus contribuciones.

El estilo de servicio

El estilo de la persona que facilita no es como el de un gurú, un dignatario importante o una super estrella. La mejor imagen operativa básica es la de un sirviente, en el sentido de una persona que facilita a que los miembros del grupo compartan su propia sabiduría con los demás. Con esta finalidad, todo lo que haga el facilitador/a estará dirigido al propósito último de ayudar a los individuos y al grupo a desempeñarse de la mejor manera posible, de manera de que todos juntos den lo mejor de sí para solucionar el problema que tengan entre manos.

B6. Elegir un símbolo y un lema para una campaña

La Situación
Una pequeña empresa de servicios está a punto de iniciar una campaña de recaudación de dinero de cinco meses de duración y necesita crear un símbolo y un lema que sean motivadores.

Objetivo Racional
Desarrollar opciones de símbolos y lemas con significado para la organización y para aquellos que la apoyan.

Objetivo Experiencial-Vivencial
Divertirse y estimular la creatividad para cumplir con la tarea.

Sugerencias
Traten de divertirse en el nivel reflexivo, contando chistes, poniéndose sombreros o lo que sea necesario para que todos se relajen, suspendan juicios y permitan que fluyan las ideas y las imágenes.

Otras aplicaciones
Esta conversación puede servir para aunar esfuerzos en crear símbolos y lemas para departamentos, para campañas del departamento de relaciones públicas o específicas como: el mes de la seguridad, el mes del ahorro, etc.

LA CONVERSACIÓN

Apertura
Aunque ninguno de nosotros sea artista o escritor, probablemente tenemos buenas ideas para elaborar lemas y símbolos. Los símbolos y los lemas pueden ser altamente motivadores. Si logramos desarrollar algo que realmente llegue a las personas, tendremos una batalla casi ganada.

Preguntas de Nivel Objetivo
¿Qué lemas especialmente memorables han conocido?
¿Qué figuras gráficas acompañaban a esos lemas?
¿Qué actividades tendremos durante esta campaña?
¿Cuál es nuestra meta final?

Preguntas de Nivel Reflexivo y Resonante
¿Qué parte de esta campaña anticipan con expectación?
¿Qué parte será entretenida? ¿Qué parte será un desafío?
¿Cómo nos sentiremos al inicio de la campaña? ¿Y cuando esté en su punto álgido? ¿Y justo antes de que finalice?
¿Cuáles serían los resultados más gratificantes de una campaña exitosa?
¿Cómo se vería eso en una fotografía?
Ahora, en relación a estas imágenes, ¿qué lemas de la televisión, de carteles o dibujos recuerdan?

Preguntas de Nivel Interpretativo
¿Qué necesitarán decirse a sí mismos para mantener su nivel de motivación?
¿Qué imagen tendrán en su mente al iniciar cada día, para que les ayude a seguir adelante?
Tómense un minuto para esbozar un símbolo en papel y luego muéstrenlo.

Preguntas de Nivel Decisivo
¿Cuál de estas ideas podríamos convertir en un buen lema o símbolo?
¿Cómo podríamos hacerlo más poderoso e impactante?
¿Cuál será el próximo paso a seguir en la producción final del símbolo y el lema?

Cierre
Tal vez alguno de nosotros podría dibujar un símbolo que refleje la emoción que sentimos frente a lo que vamos a hacer. Seguramente recordaremos esto por muchos años más, luego de finalizar la campaña.

B7. Organizar un grupo de estudio

La Situación

Quienes trabajan en organizaciones a veces necesitan crear un grupo de estudio para mantenerse al tanto de los cambios y avances en sus profesiones y tener una instancia de apoyo. Los empleados interesados en esta iniciativa tienen su primera reunión para acordar un plan de estudio.

Objetivo Racional

Enfocar los objetivos y contenidos de un grupo de estudios en el trabajo.

Objetivo Experiencial-Vivencial

Estimular el aprendizaje grupal y el compromiso de organizar el grupo.

Sugerencias

Esta conversación persigue lograr un consenso de los participantes para formar un grupo de estudio; la próxima reunión será más práctica para decidir el programa de estudio, los horarios y las tareas. Esto también podría tratarse en un taller.

Otras Aplicaciones

Este enfoque también serviría para generar la agenda de cualquier grupo de interés, por ejemplo un grupo de mujeres o de hombres.

LA CONVERSACIÓN

Apertura

Desde hace algún tiempo, muchos de nosotros hemos venido conversando sobre la necesidad de ayudarnos mutuamente para mantenernos al día en nuestra profesión, con sus cambios de filosofía, valores, tecnologías y destrezas. Hoy quisiéramos dar el primer paso para iniciar un grupo de estudio, mediante una conversación que nos permita enfocar la intención y el contenido de nuestro estudio. Hemos conversado también con la gerencia, y ellos han apoyado la idea. Entonces, hablemos sobre lo que quisiéramos organizar.

Preguntas a Nivel Objetivo

¿Qué eventos o situaciones recientes les han hecho pensar que necesitan actualizarse, o que necesitan estudiar?

¿De qué manera les sería útil estudiar con un grupo de compañera/o de trabajos?

¿Qué ideas tienen para este grupo de estudio en acción?

¿Qué quisiéramos que suceda?

Preguntas de Nivel Reflexivo y Resonante

¿Qué ventajas tendría un grupo de este tipo?

¿Qué posibles desventajas habría? ¿Quién de los aquí presentes ha tenido experiencia en organizar un grupo de este tipo?

Preguntas de Nivel Interpretativo

¿Qué necesidades de estudio sentimos como las más urgentes?

¿Qué temas quisiéramos cubrir?

¿Qué medios quisiéramos usar? ¿Qué métodos quisiéramos emplear?

Preguntas de Nivel Decisivo

¿Cuando quisiéramos comenzar? ¿Dónde podríamos reunirnos?

¿Cuándo quisiéramos reunirnos? ¿Antes del trabajo, a la hora de almuerzo, después del trabajo, en una de nuestras casas?

¿Quién podría organizar todo esto y crear un modelo con sugerencias de los contenidos que podríamos analizar?

¿Cuándo podemos reunirnos nuevamente para analizar el currículum y tomar decisiones finales, con asignaciones de libros y líderes de estudio?

Cierre

Bien, esta ha sido una muy buena conversación que nos ha ayudado a iniciar el proyecto. Quedo a la espera de la próxima reunión.

B8. Preparar la agenda para una reunión

La Situación
Como líder de un equipo pequeño le toca preparar la agenda de la reunión mensual del personal.

Objetivo Racional
Crear una agenda que permita tratar todos los temas que han surgido, y otros asuntos.

Objetivo Experiencial-Vivencial
Calmar la ansiedad y crear expectativas para la reunión.

Sugerencia.
Este formato se puede utilizar para planificar una reunión del personal. La primera pregunta de nivel objetivo puede requerir que se haga una encuesta a los partícipantes o que se converse con diferentes personas para obtener un listado de puntos a tratar. La duración de la reunión es un factor importante. Una reunión corta puede tratar varios temas breves, o un solo asunto con unos pocos anuncios importantes. Una reunión más prolongada, requerirá de una preparación más cuidadosa.
Es aconsejable ir haciendo una lista de los temas en un papelógrafo, a medida que surgen, de modo que todos tengan una sola lista.

Otras aplicaciones
Este formato se puede utilizar en varios tipos de reuniones: comunitarias, sociales, etc.

LA CONVERSACIÓN

Apertura
Necesitamos construir una agenda para la reunión del personal que tendremos pronto. Se trata de un listado de asuntos que necesitamos tratar.

Preguntas Nivel Objetivo
¿Qué temas quedaron pendientes en la última reunión?
¿Qué otros temas hemos de incluir?

Preguntas de Nivel Reflexivo y Resonante
¿Qué temas les parece que podremos tratar más fácilmente?
¿Cuáles les parecen más difíciles de abordar?

Preguntas de Nivel Interpretativo
¿Cuáles de estos temas debieran tener prioridad en esta reunión?
¿Cuáles se podrían tratar de otra forma o en otro momento?
¿En qué orden tratamos los temas para poder continuar con el resto?
¿Cuánto tiempo necesitaremos, aproximadamente, para tratar cada asunto?

Preguntas de Nivel Decisivo
¿De qué manera sería mejor organizar esta agenda para asegurarnos que cumpliremos con las tareas necesarias?
¿Quién va a liderar esta reunión?

Cierre
Bien, hemos cubierto mucho terreno para llegar a unas buenas decisiones. Me parece que ya es la hora del almuerzo, comida o cena.

B9. Organizar un grupo de servicio interno

La Situación

La gente que trabaja en empresas a menudo siente la necesidad de crear una organización voluntaria formal o informal, ya sea un sindicato, un foro, una guardería infantil interna, un comité de apoyo o un grupo de trabajo que se preocupe de las necesidades específicas del personal. En este caso, el personal de la corporación MNO se reúne para iniciar una guardería infantil dentro de la corporación.

Objetivo Racional

Dar los primeros pasos para establecer este grupo de trabajo.

Objetivo Experiencial-Vivencial.

Generar entusiasmo y compromiso para iniciar el grupo.

Sugerencias

Esta conversación ha sido diseñada específicamente para una reunión preliminar. No sería adecuada para una segunda reunión, la que tendría que dedicarse a la recopilación de información y a la planificación – procesos que serán más eficientes si se utiliza la libre y espontánea asociación de personas, ideas y la organización de datos.

Otras aplicaciones

Esta conversación se puede utilizar en las reuniones iniciales para organizar una caja de ahorros, un gremio de aprendices, un programa de conferencias, o cualquier otro tema que ayude a las personas en su trabajo y en sus vidas.

LA CONVERSACIÓN

Apertura

Queremos conversar sobre la idea de contar con una guardería infantil en la organización. La gerencia está abierta a la idea y está dispuesta a considerar los ajustes presupuestarios u otros cambios que recomendemos. Iniciemos la conversación.

Preguntas de Nivel Objetivo

Dediquemos algunos minutos a revisar cómo hemos llegado a este punto.

¿Cuáles serían algunos de los problemas del personal que apuntan hacia la necesidad de tener una guardería?

¿Qué queremos que suceda?

¿Quién tuvo esta idea, en primera instancia?

¿Sabemos de alguien más que se interese en este proyecto?

Preguntas de Nivel Reflexivo -Resonante

¿Cómo visualizan el resultado de nuestros esfuerzos?

¿Qué ventajas nos daría el contar con este grupo?

¿Qué posibles desventajas habría?

¿Quién de los aquí presentes tiene experiencia en esto?

Preguntas de Nivel Interpretativo

¿Qué otros tipos de reacciones podemos esperar de los demás?

¿Qué significará esto para nosotros?

¿Qué podría cambiar?

¿Por qué se interesan en este grupo?

¿Cuál es la finalidad de este grupo? (*Esta pregunta puede requerir sólo una o dos respuestas*).

Preguntas de Nivel de Decisión

¿Cómo podríamos lograr más apoyo de los demás?

¿Qué pasos debemos seguir para lograr que esto despegue?

¿Quién deberá implementar estas acciones?

¿Cuándo podríamos reunirnos? ¿Dónde?

¿Quién más debería estar presente en nuestra próxima reunión?

Cierre

Bien, esta ha sido una muy buena conversación y un buen comienzo para esta iniciativa. Gracias a todos por asistir. Por favor considérense invitados a nuestra próxima reunión, y traigan a sus compañera/o de trabajos.

B10. Organizar una fiesta para el personal

La Situación
La gerencia ha designado un equipo para organizar la fiesta de navidad del personal.

Objetivo Racional
Crear algunas imágenes iniciales para la fiesta.

Objetivo Experiencial-Vivencial
Anticipar la alegría.

Sugerencias
Si hubiese suficiente tiempo para preparar la fiesta, esta conversación puede recopilar impresiones, por ser la primera de varias. En ese caso, la conversación terminaría una vez que se respondiera la primera pregunta del Nivel Decisivo, y se pediría a los participantes que pensaran más sobre el contenido de la celebración para traer sugerencias para la próxima reunión.
Si se tuviese un tiempo muy limitado, entonces al final de esta conversación deberían estar definidas las imágenes de base, y tener distribuidas las tareas.

Otras Aplicaciones
Esta conversación puede usarse para planificar fiestas del colegio, festivales de temporada, fiestas de año nuevo y otras celebraciones.

LA CONVERSACIÓN

Apertura
Conversemos un poco sobre el tipo de fiesta del personal que quisiéramos tener a fines de año.

Preguntas de Nivel Objetivo
¿Para quiénes es esta fiesta?
¿Para qué fecha?
¿Qué sabemos sobre el presupuesto que disponemos para esto?
¿Qué recursos tenemos ya para esta fiesta?
¿Dónde podríamos hacerla?

Preguntas de Nivel Reflexivo y Resonante
¿Qué tipo de ambiente deseamos para la fiesta?
¿Qué tipo de colores, comida y decoración ayudarían a crear ese ambiente?

Preguntas de Nivel Interpretativo
¿Qué queremos que suceda durante la fiesta?
¿Qué tipo de experiencia queremos que tengan los participantes? ¿Al principio? ¿En la mitad? ¿Al final?
¿Con qué tipo de actividades lograríamos ese efecto?
¿Qué roles necesitamos?

Preguntas de Decisión
Armemos un escenario para esta fiesta: piénsenlo por un minuto y que alguien describa cómo ve el proceso de la fiesta desde el comienzo hasta el final. ¿Qué partes consideraría? ¿Qué sucedería en cada parte?
Ahora otra persona: ¿qué alegraría la fiesta? ¿Alguien más? Los oigo decir que la fiesta tendría tres partes principales: 1 ___, 2 ___ y 3 ___.
¿Es así? Bien.
Entonces, ¿cómo comenzamos la fiesta? ¿Cómo termina?
¿Qué preparativos tendremos que hacer antes de volver a reunirnos?
¿Qué tenemos que verificar con la gerencia?
¿Cómo nos vamos a distribuir las responsabilidades?
¿Cuándo nos volvemos a juntar?

Cierre
Bien, hemos avanzando bastante. ¡Realmente, somos súper creativos! Esto va a ser muy entretenido.

B11. Diseñar un folleto

La Situación
Cuatro personas están conversando sobre la creación de un folleto sencillo y de bajo costo para su negocio.

Objetivo Racional
Generar un diálogo que estimule la creación de un borrador del folleto para ponerlo a consideración del equipo.

Objetivo Experiencial-Vivencial
Sentirse parte de un proyecto común.

Sugerencias
Los diseñadores gráficos dicen que la clave para un folleto bien diseñado es lograr acuerdos sobre el mensaje principal del folleto y sobre la sensación que se quiere proyectar.

Otras Aplicaciones
Esto puede servir para crear otros materiales de publicidad, como un letrero, un estribillo o un comercial de un minuto.

LA CONVERSACIÓN

Apertura
Dediquemos un tiempo para considerar cómo quisiéramos que sea este folleto.

Preguntas de Nivel Objetivo
¿A quiénes va dirigido el folleto?
¿Qué queremos que contenga?
¿Cuáles serían algunos puntos específicos que quisieran incluir?
¿Cómo se va a distribuir?

Preguntas de Nivel Reflexivo y Resonante
¿Qué folletos han visto y les ha gustado?
¿Qué fue lo que les gustó más?
¿Cuál fue vuestra primera reacción al verlos?

Preguntas de Nivel Interpretativo
¿Qué estamos tratando de comunicar con el folleto?
¿Cuál es el mensaje principal que estamos tratando de transmitir?
¿Qué estilo queremos que tenga el folleto?

Preguntas de Nivel Decisivo
De los puntos que ya hemos mencionado, ¿cuáles deben destacarse?
¿Qué presentación, u orden de los puntos, serán mejores para enfatizar el mensaje?
¿Cuáles serían los pasos a seguir?

Cierre
Me parece que tenemos suficiente material para que Juan pueda continuar con el diseño gráfico.

B12. Elaborar un presupuesto

La Situación

Se está elaborando el presupuesto para el próximo año. A cada equipo o departamento se les pidió que prepararan su propio presupuesto en base a sus objetivos y plan de trabajo.

Ahora hay que relacionar el presupuesto con los planes de trabajo y objetivos para el año de los equipos.

Tendría que anotar los supuestos que hicieron para el presupuesto y compararlos con los ingresos y gastos del año anterior.

Objetivo Racional

Consensuar el presupuesto y los criterios para los cambios que se recomienden.

Objetivo Experiencial-Vivencial

Crear confianza en el presupuesto y satisfacción en el equipo porque se han escuchado sus inquietudes.

Sugerencias

Puede que se necesiten preguntas adicionales para asegurar que hay acuerdo en los criterios, o en otros aspectos del nivel interpretativo.

Otras Aplicaciones

Se puede usar una creación de escenarios para llegar a consensos en el nivel interpretativo.

LA CONVERSACIÓN

Apertura

A cada uno de ustedes se les pidió que prepararan un presupuesto para el próximo año en función de los objetivos y planes de trabajo de su equipo. He resumido esa información en un cuadro por departamento, el cual tienen delante de ustedes. Nuestro objetivo de hoy es que entendamos la base de cada presupuesto, los asuntos que debemos ver para completar el presupuesto, y los valores y criterios que vamos a usar para reconciliar los mismos. Actualmente estamos __% sobre/bajo nuestra meta en cuanto a gastos, y ___% sobre/bajo la meta en cuanto a ingresos.

Preguntas de Nivel Objetivo

Quisiéramos que cada equipo explique su presupuesto, y nos muestre cómo se relaciona con los objetivos del año. Haremos preguntas de clarificación al final de cada informe de equipo.

Preguntas de Nivel Reflexivo y Resonante

¿Qué proyecciones o supuestos les sorprendieron mientras escuchaban estos presupuestos iniciales? ¿Qué información les preocupó?

Preguntas Nivel Interpretativo

¿Qué preguntas surgen al mirar estos presupuestos? *(Sólo preguntas – la discusion se dará más adelante.)*

¿Qué cosa querrían cuestionar respecto de los supuestos? *(Tomar nota de las respuestas.)*

¿En qué aspecto consideran que tendríamos que cambiar nuestros supuestos para aumentar los ingresos o bajar los gastos?

¿Dónde tendríamos que ajustar los presupuestos hacia arriba o abajo para asegurar que el equipo contará con los recursos adecuados?

Al escuchar esta conversación, ¿bajo qué criterios estamos haciendo nuestras recomendaciones?

¿Qué otras consideraciones debemos tener presente al hacer cambios?

Preguntas de Nivel Decisivo

¿Qué recomendaciones estamos haciendo?

¿Cuáles serían los próximos pasos a seguir?

Cierre

Voy a hacer los cambios que hemos recomendado. Y si necesitásemos cambios adicionales, crearé un modelo en base a los criterios que hemos acordado. Volveremos a reunirnos sobre esto dentro de dos semanas.

B13. Reorganizar el espacio de la oficina

La Situación

Su equipo ha sido asignado a un nuevo espacio del edificio, y se le ha concedido permiso para diseñar el espacio como lo deseen. Antes de mudarse, el equipo necesita ponerse de acuerdo con un plan para organizar el espacio.

Objetivo Racional

Tener en claro los valores del equipo para diseñar el espacio.

Objetivo Experiencial-Vivencial

Estimular el entusiasmo del equipo por el espacio de la oficina y por el trabajo.

Sugerencias

El líder de la conversación necesitará tomar buenos apuntes, o pedirle a alguien que tome notas. Si bien las preguntas del nivel objetivo se formularán de acuerdo con lo que los participantes puedan visualizar, siguen siendo preguntas objetivas.

Otras aplicaciones

Este tipo de conversación se puede servir para otras tareas de diseño, como sería el formato de presentación de un informe anual o el diseño de un stand para una exposición.

LA CONVERSACIÓN

Apertura

Vamos a tener un espacio totalmente nuevo y podremos diseñarlo tal como nos parezca.

Pensemos ahora en el espacio en que nos gustaría estar. Y vayamos a visitar nuestra nueva área de trabajo.

Preguntas de Nivel Objetivo

(Llegando al lugar) Imagínense que ya nos hemos mudado a este lugar, y que lo hemos arreglado de la forma en que queremos.

Cuando alguien entre, ¿qué verán?

¿Cómo será la iluminación?

¿Qué decorado visualizan?

¿Qué señales observan?

Preguntas de Nivel Reflexivo y Resonante

¿Qué estado de ánimo evoca este lugar?

Si observan la totalidad del espacio, ¿qué les llama la atención?

Preguntas de Nivel Interpretativo

¿Qué distintos usos le daremos al espacio, por ejemplo, cuál será el espacio para atención del público, cuál, el espacio de entrenamiento, y qué áreas serán semiprivadas?

Haga esta pregunta para cada tipo de espacio:

¿Qué sensación les causa este espacio?

¿Qué sucede aquí?

¿Cómo distribuirían este espacio?

¿Cuáles serían los valores más importantes en el diseño de este espacio?

Preguntas de Nivel Decisivo

¿Quién desearía formar parte de un pequeño grupo de trabajo que se dedique a generar sugerencias específicas para decorar para cada sala?

Cierre

Siempre me sorprende la creatividad de este grupo. Compartiré con el arquitecto los resultados de esta reunión, cuando me reúna con él la próxima semana.

B14. Visualizar una nueva decoración

La Situación
Hay un consenso general en torno a que el ambiente de oficina está un tanto añejo y que debiéramos actualizarlo. Se asignó un pequeño grupo de trabajo para consultar con cada uno de los equipos o departamentos, para obtener sus ideas.

Objetivo Racional
Tener alguna idea de cómo podría verse la nueva decoración.

Objetivo Experiencial-Vivencial
Estimular la imaginación del grupo y comenzar a construir un consenso sobre la apariencia de la nueva decoración.

Sugerencias
Aún cuando las preguntas objetivas serán acerca de lo que nos imaginamos, siguen siendo

Preguntas de Nivel Objetivo
Esta conversación persigue combinar respuestas del hemisferio izquierdo con los del derecho. Por lo que debe facilitarse con suavidad. Una conversación con mano firme inhibirá las respuestas más intuitivas. El líder debe afirmar todas las respuestas que se reciban.

Otras Aplicaciones
Planificar el diseño de una conferencia, seminario o celebración.

LA CONVERSACIÓN

Apertura
Somos el equipo asignado para conversar con cada departamento sobre la nueva decoración de la oficina. Estamos seguros que ustedes tendrán muchas ideas sobre lo que podríamos hacer en este espacio. Ahora, cierren sus ojos, y traten de imaginar cómo les gustaría ver el espacio en que trabajan. Sin abrir los ojos, descríbanme su imagen mental.

Preguntas de Nivel Objetivo
¿Qué es lo que se imaginan?
¿Qué colores?
¿Qué formas?
¿Qué sonidos?
¿Qué imágenes?
¿Qué escenas hay en la pared?
¿Cuál es el color o colores de la pintura?
¿Qué más ven o sienten?

Preguntas de Nivel Reflexivo y Resonante
Ahora abran sus ojos. ¿Qué tal se siente el espacio que hemos descrito?
¿En qué se diferencia con la forma en que lo sienten ahora?
¿Qué hace que lo sientan de otra manera?
¿Qué frustraciones se han desvanecido con la decoración que ahora describen? La nueva decoración, ¿cómo estimula su imaginación?
¿Cómo facilita el trabajo? ¿Qué es lo que logra ese efecto?

Preguntas de Nivel Interpretativo
¿Qué les ha dicho el grupo sobre el nuevo esquema decorativo?
¿Qué es lo que quisiéramos cambiar?
¿Qué es lo que no queremos cambiar?

Preguntas de Nivel Decisivo
¿Qué recomendaciones serias nos han dado sobre el decorado propuesto?
¿Qué es lo que no debería tener?
¿Qué elemento/s debería tener la nueva?

Cierre
¡Qué estupenda conversación! Vamos a combinar estas sugerencias con las de los otros equipos, y se los presentaremos a la gerencia. Gracias por sus ideas y su tiempo.

B15. Seleccionar los temas para la próxima conferencia

La Situación
Dirige un grupo encargado de planificar la conferencia anual de la organización.

Objetivo Racional
Identificar el mejor tema para la conferencia.

Objetivo Experiencial-Vivencial
Estimular entusiasmo, motivación y espíritu de equipo.

Sugerencias
Hay que considerar todas las instrucciones o indicaciones previas en el diseño de la conferencia. El grupo debe contar con un mandato claro. En el Nivel de Decisión, el facilitador debe cuidar que la conversación avance hacia la selección. Esto puede implicar combinar ideas al mismo tiempo que se eligen opciones. Es un proceso un tanto desordenado pero productivo. La creación de un título es la corona de la conversación. Brinda forma poética al consenso. El título de la conferencia debe comunicar no sólo el tema a tratar, sino también aspectos como la naturaleza de la experiencia, la urgencia de tratar ciertos temas y sus potenciales beneficios.

Otras Aplicaciones
Este enfoque también puede servir en la selección de una temática para una revista o un boletín.

LA CONVERSACIÓN

Apertura
Nos han asignado la responsabilidad de planificar la conferencia anual. En esta conversación vamos a proceder a seleccionar la temática más apropiada para la conferencia de este año.

Preguntas de Nivel Objetivo
¿Qué planes están ya establecidos?
¿Quién quisiéramos (o esperamos) que participe en esta conferencia?
¿Qué temas se están discutiendo?
¿Cuáles son las actuales preocupaciones en estas áreas?

Preguntas de Nivel Reflexivo y Resonante
En conferencias anteriores, ¿qué temas han tenido éxito entre los participantes?
¿Qué temas se evitaron?
¿Qué beneficios han tenido las conferencias anteriores?
¿Cuáles son los temas de mayor actualidad y cuáles no lo son?

Preguntas de Nivel Interpretativo
¿Qué desean, esperan o necesitan lograr en esta conferencia?
De lo que han oído de esta conversación, ¿cuáles temas parecen ser los más apropiados? Me gustaría tener un listado corto de 3 a 5 temas con los que podríamos trabajar. ¿Podríamos hacer nuestros propios listados cortos? Así luego podríamos compartir algunos. *(Esperar un par de minutos.)*
Veamos la lista de Miguel. *(Anota respuestas en un papelógrafo)*
Veamos la lista de dos o tres personas más. *(Agrega a la lista anterior)*
Observen esta lista, ¿de la información y discusión de cuál temática podrán beneficiarse los participantes?
¿Cuáles de estas temáticas van a comprometer a los participantes a desarrollar un pensamiento realmente creativo e innovador?

Preguntas de Nivel Decisivo
En base a esta conversación, ¿qué sugieren como la temática central de esta conferencia?
¿Qué título recomiendan para la conferencia?
¿Qué próximos pasos, tareas y reuniones necesitaremos para avanzar?

Cierre
Gracias por sus aportes. La próxima semana seguiremos trabajando en las actividades relacionadas con el tema, y confirmaremos nuestro plan inicial con ustedes.

B16. Diseñar un manual de servicio al cliente

La Situación
Debido al gran aumento de llamadas telefónicas, fax e internet con clientes, el departamento de Atención al Cliente se ha visto sobrepasado en su capacidad de respuesta. Se han recibido quejas respecto a mensajes sin responder, y se necesita un nuevo procedimiento, que podría detallarse en un manual de atención al cliente con respuestas rápidas. El supervisor ha llamado a una reunión del departamento y dirige la conversación inicial para obtener ideas.

Objetivo Racional
Obtener retroalimentación de parte del personal para esclarecer la situación y dar las respuestas necesarias. Es decir, qué se debe incluir en el manual.

Objetivo Experiencial-Vivencial
Reducir las tensiones que afectan al servicio de atención al cliente y lograr un uso eficiente del personal.

Sugerencias
Asegúrese de designar a alguien que tome notas.

Otras aplicaciones
Esta conversación también es útil cuando se necesite escribir otros manuales de procedimiento.

LA CONVERSACIÓN

Apertura
Los he reunido durante este alargado descanso a la hora del almuerzo, para obtener de ustedes algunas ideas en temas de comunicación del departamento y respecto de lo que se necesitaría incluir en el nuevo manual de atención al cliente. Gracias por disponer de este tiempo para este fin.

Preguntas de Nivel Objetivo
¿Qué experiencia reciente en el servicio de atención al cliente les indica que necesitamos un nuevo manual?

¿Qué nuevas situaciones enfrentamos en dicho servicio?

¿Qué aspectos de la situación hacen que cada vez sea más difícil responder rápidamente a las necesidades de los clientes?

Preguntas de Nivel Reflexivo
¿Qué consideran sorprendente en cuanto a la demanda por atención al cliente?

¿Dónde les ha causado mayor problema?

¿Qué consideran fascinante respecto de los nuevos desafíos?

Preguntas de Nivel Interpretativo
¿Qué nuevos procesos se necesitan?

¿Qué no está contemplado en el manual antiguo?

¿Qué nuevos capítulos o títulos se necesitan en este nuevo manual?

Preguntas de Nivel Decisivo
¿Quién de nosotros ha tenido experiencia en escribir procedimientos para cualquiera de estos procesos, o creen que debiéramos contratar a un escritor técnico para este trabajo?

¿Quién más debería integrar este equipo?

¿Cuándo nos podríamos reunir?

Cierre
Gracias, nuevamente, por disponer de este tiempo para nuestra conversación. Creo que podremos mejorar nuestra capacidad de atender a los clientes. Vamos a contratar a algunos empleados temporales para que reemplacen al grupo de trabajo por el tiempo que sea necesario, mientras escriben el nuevo manual.

B17. Iniciar una planificación de mercadeo

La Situación

El equipo de mercadeo está en un retiro para crear el plan de mercadeo para los próximos tres años. En una conversación inicial el equipo reflexiona sobre el proceso de los tres años anteriores.

Objetivo Racional

Explorar cómo los éxitos y fracasos del mercadeo en el pasado pueden servir de plataforma de despegue para el futuro.

Objetivo Experiencial-Vivencial

Sostener el trabajo de los últimos tres años, y celebrar los aprendizajes logrados.

Sugerencias

Las preguntas sobre aprendizajes, nivel interpretativo, pueden llevar a respuestas un tanto vagas. Es necesario concretar las respuestas lo más posible. Si un participante responde, "Aprendí a trabajar en equipo", habría que preguntar "Específicamente, ¿qué aprendiste?", "¿Qué sabes ahora sobre el trabajo en equipo?" o "¿Qué situación o experiencia catalizó ese nuevo aprendizaje?".

Otras Aplicaciones

Este tipo de conversación puede servir para reflexionar sobre cualquier esfuerzo realizado en un período de tiempo, como reuniones trimestrales de ventas o la planificación estratégica anual.

LA CONVERSACIÓN

Apertura

Tenemos la misión de alcanzar el punto Z al cabo de tres años. Dedicaremos este fin de semana a planificar cómo lo lograremos. Pero antes reflexionaremos sobre los tres años pasados, para celebrar nuestro trabajo en equipo y analizar qué es lo que hicimos bien, y qué podemos aprender de nuestros errores.

Preguntas de Nivel Objetivo

¿Qué eventos recuerdan de nuestro trabajo de los últimos tres años?

¿Quiénes fueron algunas personas y clientes con los que trabajamos?

¿Cuál fue nuestra acción más osada?

¿Qué éxitos importantes tuvimos durante los últimos tres años?

¿Qué resultó exitoso aunque pensásemos que fallaría?

Preguntas de Nivel Reflexivo y Resonante

¿Qué fue lo más entretenido?

¿Cuando estuvimos más entusiasmados?

¿Cuando sentimos el peso de nuestro trabajo?

¿Sobre qué asuntos?

¿Qué fue lo que más nos fascinó?

Preguntas de Nivel Interpretativo

¿Qué funcionó bien? ¿Por qué funcionó bien?

¿Qué no funcionó tan bien? ¿Por qué no?

¿Qué aprendimos sobre el proceso de mercadeo en estos tres años?

¿Qué aprendimos sobre las tendencias de mercadeo?

¿Qué aprendimos sobre el trabajo en equipo?

Preguntas de Nivel Decisivo

En base a esta conversación, ¿qué temas serán un desafío para nuestra planificación?

¿Cuáles áreas de mercadeo requerirán nuestra mayor creatividad?

¿Qué nuevos desafíos vamos a enfrentar?

¿Cuáles serían uno o dos rompecabezas o misterios que tendremos que descifrar durante esta planificación?

Cierre

Esta fue una conversación muy dinámica, que nos ha preparado para comenzar con nuestra planificación.

B18. Preparar una presentación para introducir un producto

La Situación
Un equipo ha estado preparando un producto piloto por largo tiempo. Han obtenido lo que ellos piensan que es un producto excelente y quieren que la organización recompense sus esfuerzos. Presentarán el producto a un comité de gerencia en una reunión la semana próxima. En este momento, el equipo planifica cómo responder a las interrogantes y objeciones que les puedan plantear.

Objetivo Racional
Identificar posibles objeciones y anticiparse a las indagatorias que el comité de gerencia probablemente les formulará.

Objetivo Experiencial-Vivencial
Equipar al grupo con el discernimiento, la confianza y la seguridad que requiere, para hacer una excelente presentación, a raíz de haber sido capaces de "leer las mentes" del comité.

Sugerencias
La clave de esta conversación está en las preguntas reflexivas. En este caso, las interrogantes objetivas son sólo una forma de precalentamiento. Hay que asegurar que haya dos personas que tomen notas de la conversación. Si estas notas se hacen en tarjetas, se les podrá organizar fácilmente y agruparlas para darles respuesta en la segunda parte de la reunión.

Otras aplicaciones
Esta conversación también serviría para preparar una oferta de contrato en una licitación.

LA CONVERSACIÓN

Apertura
El próximo lunes presentaremos nuestro producto frente al comité de gerencia. Naturalmente, quisiéramos introducirlo en el mercado, después de todo el trabajo que hemos desplegado este último año. Si vamos a hacer una presentación impecable, tendremos que pensar con antelación cuáles podrían ser las interrogantes, objeciones y críticas que planteará el comité respecto del producto. De esta manera, podremos contemplar entre nosotros las posibles interrogantes y objeciones del comité, y pensar en respuestas. Una vez que hayamos decidido cómo enfrentar las posibles objeciones, podremos trabajar en grupos pequeños para escribir nuestro informe. Luego, discutiremos cómo desplegaremos el plan, para dejarlos verdaderamente sorprendidos.

Preguntas de Nivel Objetivo
Primero, revisemos entre nosotros las características de nuestro producto.
¿Qué ideas e innovaciones presenta el diseño?
¿Qué efecto tiene este producto?
¿Para qué sirve el producto y para qué no?
¿Qué materiales lo componen?
¿Qué limitaciones hemos superado?
¿En qué se diferencia nuestro producto de los de la competencia?
¿Qué datos tenemos de su mercado?
¿Qué márgenes de ganancia anticipamos?

Preguntas de Nivel Reflexivo y Resonante
Pónganse en el lugar del comité de gerencia.
¿Qué estarán pensando cuando develemos el producto?
Mientras conversamos, por favor, dos de ustedes tomen apuntes.
¿Qué recuerdos les surgirán? (¿Será éste como aquel limón que presentamos en 1985?)
¿Qué interrogantes específicas nos formularán?
¿Qué objeciones específicas podrían plantear?
¿Qué obstáculos intentarán ponernos para desarrollar el producto?
Ahora, vamos a un nivel más profundo. ¿Qué otras interrogantes, objeciones u obstáculos más sutiles podrían ponernos?
Retrocedamos a las objeciones que acabamos de escuchar.
¿Cuáles les pusieron los nervios de punta, o señalaron un punto vulnerable?

(sigue en la página siguiente)

B18. Preparar una presentación para introducir un producto (continuación)

Preguntas de Nivel Interpretativo
¿Cuáles de las interrogantes, objeciones u obstáculos que hemos escuchado hasta ahora requieren respuestas más cuidadosas? ¿Cuáles tendrán una respuesta fácil?
¿Qué tendremos que hacer durante los días que nos quedan para organizar y responder a todos estos asuntos?

Preguntas de Nivel Decisivo
¿Qué sugerencias tienen para enfrentarnos a este desafío?

Cierre
Bien, hemos obtenido más ideas de las que esperábamos, y eso significa que estaremos tanto mejor preparados, y en una posición realmente aventajada. Por ahora, necesitamos un receso y luego nos reuniremos nuevamente para desarrollar un plan, de manera que todas las interrogantes anticipadas tengan una respuesta adecuada en nuestra presentación.

Conversaciones para capacitar y orientar

Nuestras organizaciones tradicionales están diseñadas para cubrir los primeros tres niveles de la jerarquía de Maslow de las necesidades humanas, esto es: alimento, abrigo y pertenencia... Las dificultades en la dirección continuarán hasta que las organizaciones comiencen a enfrentar las necesidades de orden superior, como lo son: el auto-respeto y la auto-realización.

Bill O'Brien, ex presidente de Hanover Insurance citado en la obra de Senge:
The Fifth Discipline

Muchas personas usan las palabras "capacitar" y "orientar" en forma intercambiable. En algunas organizaciones estas funciones se perciben como profesiones que desarrollan sólo los especialistas. Pero casi todos, sea cual sea su posición, tienen algún rol en la capacitación y/o formación de otros. Cuando esa función está reconocida y apoyada, y la puede ejercer cualquiera dentro de la organización, entonces la capacitación o formación puede ser valiosísima en la mantención de una fuerza de trabajo efectiva.

John Dalla Costa describe la orientación como mucho más que un buen consejo:

Orientar... implica dirigir a otros hacia el potencial que ya poseen en sí mismos y, a la vez, elevar su conciencia en torno a las inter-conexiones y obligaciones que todos compartimos... Los orientadores deben poseer las habilidades que están transmitiendo. La relación no es de control... sino de compartir una pasión, un respeto y profundo afecto por el espíritu creativo. (Dalla Costa, John: Working Wisdom, pág. 167).

La intención en muchas de las conversaciones que aparecen en esta sección es servir de alternativa a la práctica de citar a un empleado a la oficina y condenarlo por sus errores. Por supuesto, siempre encontraremos empleados y gerentes que no den indicios de querer mejorar. Las discusiones con ese tipo de personas generalmente nos obligan a tener que resolver infracciones y a aclarar opciones. Pero una gran mayoría de situaciones guardan relación con el desarrollo vocacional más que con la disciplina, y el crecimiento personal es un desafío compartido tanto por el personal como por la gerencia. En la cita de Bill O'Brien que aparece más arriba, las directivas autoritarias promueven obediencia a cambio de seguridad, la que está a un nivel más bajo en la escala de necesidades de Maslow que el estimular el aprendizaje en un ambiente de respeto. En ése caso, las conversaciones enfocadas pueden servir como un instrumento para elevar el nivel de responsabilidad.

Esta sección contiene doce conversaciones para situaciones comunes en las tareas de orientación, capacitación o formación:

C1. Orientar a un compañera/o de trabajo
C2. Analizar una descripción de funciones
C3. Retroalimentar a un instructor
C4. Apelar a la responsabilidad de un empleado
C5. Analizar la pauta de conducta para empleados
C6. Reflexionar sobre una situación difícil
C7. Orientar a un empleado en crisis familiar que afecta su trabajo, No. 1
C8. Orientar a un empleado en crisis familiar que afecta su trabajo, No. 2
C9. Hacer seguimiento de un trabajador nuevo
C10. Resolver un antiguo malentendido
C11. Responder a una queja personal
C12. Tranquilizar a un cliente disgustado

En las conversaciones de capacitación o formación, el líder debe dejar que las preguntas hagan el trabajo. El énfasis se pone en averiguar la causa del problema de manera objetiva y en cómo debe de solucionarse.

En muchas de estas conversaciones es útil establecer desde el principio que la conversación no es una "cacería de brujas". No busca encontrar culpables, sino que intenta identificar soluciones estructurales frente a dificultades. En cuanto alguien inicia el juego de la culpabilidad, la concentración se desvía del tema y de lo que se podría hacer para solucionar el problema.

En muchos casos, la oportunidad de explicar su situación y de ser escuchados les da a los involucrados la suficiente claridad para seguir adelante. Esto sería una capacitación o formación indirecta. Si algún compañero de trabajo no tiene mayores reservas para hablar sobre sus preocupaciones personales, se podrá avanzar, más o menos rápido, a los niveles de interpretación y de decisión. Por supuesto que antes de discutir soluciones, será necesario escuchar a alguien hasta que se sienta satisfecho.

En conversaciones de capacitación o formación, es importante establecer el ambiente adecuado y utilizar un estilo imparcial. Si el líder desea inculpar o corregir a un compañero/a de trabajo, sin realmente escucharlo, nunca logrará una comprensión mutua. El que dirige debe dejar sus emociones en la puerta, o posponer la discusión, para que no se comprometa la objetividad.

Como líder de una capacitación o formación y orientación, tendrá que pensar cuidadosamente en el lugar en donde se realizará. Deberá decidir si prefiere un ambiente informal, ejemplo sofá; o un ambiente más formal, con una mesa. La oficina de los participantes o la suya son también una buena posibilidad. Debe considerar el impacto que causa cualquiera de los ambientes posibles. El citarlos en la oficina del líder podría interpretarse como que están en graves problemas, lo que depende de su forma de pensar y de la situación en que se encuentren.

Durante la conversación manténgase alerta a sus propias reacciones internas. Si siente deseos de reaccionar o de justificarse, contrólese mentalmente. Es más importante que su compañera/o de trabajo se sienta escuchado primero. Más adelante habrá tiempo para que usted exponga su versión de los hechos. Siempre es más fácil enfrentar el tema de persona a persona.

En la mayoría de estas conversaciones, la persona que facilita o lidera tendrá que elegir las interrogantes que sean más adecuadas a la situación en cada nivel. No sería productivo que un empleado sintiese que la conversación es una forma de inquisición o un interrogatorio. Es importantísimo establecer claramente por qué se va a llevar a cabo la conversación. Algunos podrían pensar que usted está espiando su trabajo. Otros podrían pensar que los está interrogando para buscar excusas con el fin de despedirlos. Otros, en cambio podrían estar muy bien dispuestos para contar lo que hacen.

Estas conversaciones pueden sugerir un modelo inicial para entrenar o formar y guiar, pero también podrían ser prototipo del tipo de conversaciones que se llevan a cabo todo el tiempo en una organización constituida por asociados. Algunas conversaciones tratan temas que se conversan entre pares, tales como "Reacción ante una acción ofensiva" o "Solucionar un malentendido de larga duración". Para tomar la decisión de iniciar estas conversaciones se requiere coraje, pero los resultados pueden recompensarles.

C1. Orientar a un compañera/o de trabajo

La Situación

Todos a veces necesitamos apoyo en nuestro trabajo, pero, ya sea no lo sabemos, o no nos gusta pedir ayuda. Esta conversación indirecta es para con un compañera/o de trabajo que se ha ido a trabajar en un proyecto conjunto con otro equipo, y está enfrentando dificultades. El proyecto conjunto no va bien.

Objetivo Racional

Hacer preguntas útiles para aclarar la situación y ver cómo se podría ayudar

Objetivo Experiencial-Vivencial

Que su compañera/o de trabajo sienta que puede hablar con franqueza, y que puede pedir ayuda cuando la necesite.

Sugerencias

Para algunos, el solo hecho de poder compartir sus inquietudes es suficiente para que puedan seguir adelante. Esto sería una orientación muy indirecta. Si el compañera/o de trabajo acepta recibir ayuda y conversar sobre sus problemas, puede hablarle mucho más directo, e ir rápidamente a los niveles interpretativo y decisional.
Inicie siempre la conversación bajo el supuesto que su compañera/o de trabajo no necesita orientación, y espere a que él o ella le hable sobre sus frustraciones o dificultades.

Otras Aplicaciones

Este tipo de conversación orientadora es similar a una resolución de problemas en cualquier situación.

LA CONVERSACIÓN

Apertura

Recuerdo que me contaste el otro día que ibas a trabajar en el proyecto junto con el equipo de comunicaciones. Me gustaría mucho saber qué tal te va. ¿Podrías ponerme al día sobre eso?

Preguntas de Nivel Objetivo

¿Cuál es tu función?
¿Quién más está ahí?
¿Qué hacen?
¿Cómo usan tus habilidades y tu tiempo?
¿Cómo desafíos tiene el puesto?

Preguntas de Nivel Reflexivo y Resonante

¿Cuál es el ánimo en el proyecto? ¿Hay entusiasmo?
¿O frustración?
¿A qué se debe eso?

Preguntas de Nivel Interpretativo

¿Qué cambio se necesita?
¿Qué contribuirá a que el proyecto avance?
¿Cómo podrías ayudarles?
¿Qué otras cosas podrían intentar?

Preguntas de Nivel Decisivo

¿Qué recursos crees que necesitarían?
¿Y luego, qué harás?
¿Cómo puedo ayudarte?

Cierre

Tienes un problema muy interesante, y si hay alguna forma en que pueda ayudarte, por favor dímelo. Tal vez sería útil que hablases con *(nombre)*.

C2. Analizar una descripción de cargo

La Situación

El supervisor del departamento de contabilidad ha notado que varios miembros del personal están cobrando muchas horas extra por realizar trabajos que no están directamente relacionados con su labor específica, y ha decidido hablar con cada uno de ellos. En el mejor de los casos, las conversaciones lograrán una distribución más racional del trabajo y de las responsabilidades.

Objetivo Racional

Aclarar las tareas de cada cual y trabajar en conjunto para lograr una mejor distribución de responsabilidades, conversando frente a frente.

Objetivo Experiencial-Vivencial

Lograr que el empleado se sienta reconocido y apoyado por el equipo.

Sugerencias

Algunos involucrados podrán asumir una actitud muy defensiva frente a estas interrogantes, y otros estarán dispuestos a hablar de lo que hacen. Por lo mismo, es de gran importancia explicar abiertamente por qué se les formulan las interrogantes. Cuando se aclara el rol de cada persona, a veces no es necesario llegar a las interrogantes de decisión, ya que tal vez no se requiera tomar ningún tipo de decisión.

Otras aplicaciones

Con ciertas modificaciones en algunos niveles, esta conversación podría servir para evaluar a los empleados durante su primer año de ejercicio.

LA CONVERSACIÓN

Apertura

Me ha llamado la atención que usted deba trabajar muchas horas extraordinarias para realizar sus tareas. ¿Estaría dispuesto a responder a algunas preguntas que me permitan comprender claramente cuáles son sus funciones?

Preguntas de Nivel Objetivo

¿De qué tareas es usted responsable?

¿Cuáles le toman el mayor tiempo?

¿Qué tareas realiza de los que dependen otras personas?

¿Qué tareas realiza de las que nadie se entera?

Preguntas de Nivel Reflexivo - Resonante

¿Qué es lo que disfruta hacer?

¿Qué parte de su trabajo parece ser muy pesado?

¿En qué sentido siente que no se le reconoce?

¿Qué se le ocurre que se necesita en relación a esto?

Preguntas de Nivel Interpretativo

¿Cómo explicaría la importancia que tiene su trabajo?

¿Cómo describiría el papel que juega en su departamento?

¿Qué se dice a sí mismo respecto de la importancia de su rol?

¿Qué tareas siente que son inapropiadas para usted o para este departamento?

Preguntas de Nivel Decisivo

¿Cuál diría que es la descripción real de su trabajo?

¿Cómo podríamos apoyarlo en su rol?

Cierre

Esta conversación me ha ayudado a comprender y apreciar su trabajo y también a pensar en cómo podemos apoyarlo. Muchas gracias. Discutiré los recargos de trabajo con los compañeros y veremos cómo podríamos distribuir mejor algunas tareas o tal vez cómo reevaluar la descripción de su trabajo.

C3. Retroalimentar a los instructores

La Situación

La gerencia de una firma dedicada a la capacitación/ formación ha recibido formularios con evaluaciones negativas de un curso facilitado por dos miembros de su personal. Los comentarios eran lo suficientemente serios como para requerir que se tomen medidas. La gerencia necesita que los instructores sepan que se han formulado serias quejas, pero quiere que los instructores aprendan de la situación y que se les pueda volver a contratar en el futuro.

Objetivo Racional

Compartir las quejas con los instructores, ver cómo reaccionan y discutir con ellos la forma en que se podría haber llevado el curso de otra manera.

Objetivo Experiencial-Vivencial

Que los facilitadores acepten su responsabilidad, se sientan respaldados, y perciban la crítica como una oportunidad para aprender y crecer.

Sugerencias

Las preguntas de nivel reflexivo dan a los instructores la oportunidad de aceptar que no todo resultó bien en el curso y de relatar su versión del problema. Si el reconocimiento no es espontáneo, habría que hacer más preguntas de nivel reflexivo, hasta que surja dicho reconocimiento, sin el cual, no se logrará un aprendizaje.

Otras aplicaciones

Este tipo de conversación también se puede utilizar para retroalimentar al personal en temas sensibles.

LA CONVERSACIÓN

Apertura

¿Qué tal? Me alegro que estuvieran disponibles para asistir a esta reunión. Hemos recibido algunos comentarios negativos respecto del último curso que ambos dieron. Quisiera que analizáramos las evaluaciones y que discutiéramos lo que sucedió, para que veamos cómo se podría haber manejado la situación de otra manera. Ahí tienen las fotocopias de los comentarios de los participantes.

Preguntas de Nivel Objetivo

Mientras leen los comentarios, ¿qué críticas se dan respecto del curso y de la forma en que lo llevaron?

Preguntas de Nivel Reflexivo y Resonante

¿Cuál es su primera reacción frente a esos comentarios?
¿Qué eventos específicos o situaciones durante el curso podrían haber producido estos comentarios?
¿Cómo se sintieron después del curso?
¿Qué reflexiones tienen respecto a lo que sucedió?

Preguntas de Nivel Interpretativo

¿Cuáles de estas críticas son claras y dan en el blanco?
¿Cuáles son injustas? ¿Quieren agregar algo?
¿Qué ganaron los participantes de este curso?
¿Qué podemos aprender de todo esto?
¿Qué lecciones podemos rescatar de esta experiencia?

Preguntas de Nivel Decisivo

¿Qué podrían hacer de otra manera la próxima vez que den el curso?

Cierre

Esta conversación me ha ayudado a apreciar más lo que hacen y en cómo puedo a apoyarlos. Todos cometemos errores y tomamos decisiones equivocadas. Lo peor sería no aprender de ellos. Esta conversación nos ha permitido aprovechar este curso como una experiencia de aprendizaje real. Gracias por haberlo compartido honestamente. Es un gusto continuar nuestra asociación.

C4. Apelar a la responsabilidad de un empleado

La Situación

Un supervisor ha diseñado esta conversación al notar que un empleado no está trabajando de manera eficiente y constantemente no cumple con los plazos asignados.

Objetivo Racional

Hacerle saber al empleado la seriedad de su conducta, escuchar su punto de vista y decidir qué acciones tomar frente a esta situación.

Objetivo Experiencial-Vivencial

Que el empleado se comprometa a cambiar y que asuma su responsabilidad.

Sugerencias

Puede que esta conversación deba realizarse en dos partes. Primero se trataría de una conversación para aclarar los hechos, para descubrir cuál es la situación. En una segunda conversación, el supervisor podría darle a conocer al empleado las guías de trabajo, y discutirlas con él para obtener su compromiso de cumplir con los requerimientos de su trabajo.

Otras aplicaciones

Otra alternativa sería finalizar esta conversación con la última de las interrogantes de interpretación, y entregar recomendaciones diseñadas especialmente para este empleado. Se le solicita que lea las guías cuidadosamente. Al cabo de una semana, el gerente podría tener una nueva conversación para obtener el parecer del empleado frente a las recomendaciones. (Ver Conversación C5).

LA CONVERSACIÓN

Apertura

Me preocupa que no cumpla los plazos asignados y he recibido algunas quejas en cuanto a la calidad de su trabajo. Quisiera comprender la causa de esta situación para que podamos solucionarla.

Preguntas de Nivel Objetivo

¿Qué me podría decir en cuanto a lo que ha estado sucediendo con su trabajo?

¿Qué plazos no ha podido cumplir?

¿Qué éxitos ha tenido últimamente?

¿Qué ha sucedido, desde su punto de vista?

Preguntas de Nivel Reflexivo y Resonante

¿Cómo se siente respecto de su trabajo?

¿Qué ha sido lo más difícil para usted?

¿Cuándo ha sentido presión o frustración?

Preguntas de Nivel Interpretativo

¿Cuáles diría usted que son los temas que subyacen a estas dificultades?

¿Ha notado que hay otras personas que también tienen que lidiar con este tipo de problemas?

¿Qué medidas podríamos tomar para que pudiera terminar su trabajo a tiempo?

Preguntas de Nivel Decisivo

¿Qué podríamos hacer usted y yo para asegurarnos de su eficiencia en el trabajo?

¿Cuál sería la primera acción a tomar?

Cierre

Espero que estas acciones funcionen. Gracias. Si empieza a tener dificultades de nuevo, por favor venga a verme y veremos qué podemos hacer.

C5. Analizar una pauta de conducta con un empleado

La Situación

Un empleado trabaja por debajo del nivel exigido y constantemente no cumple los plazos. Después de una serie de conversaciones con él, el supervisor diseña un dossier de guías de trabajo para asegurar la calidad que se requiere. El empleado ha tenido algunos días para estudiar estas normas. El supervisor sostiene esta conversación a modo de obtener retroalimentación del empleado y su aprobación de las guías.

Objetivo Racional

Contestar cualquier interrogante que surja de las guías de trabajo, y aclarar de qué manera el empleado debe modificar su conducta para mejorar su desempeño.

Objetivo Experiencial

El empleado se enterará de las expectativas de trabajo y se comprometerá a asumir la responsabilidad de cumplirlas.

Sugerencias

Usted desea la participación activa del empleado cuando revise y piense sobre las guías. Si sugiere cambios, éstos se podrán considerar posteriormente. Las guías propuestas deberán ser tratadas como un experimento que permita probar si tanto el empleado como el supervisor pueden o no proceder acorde.

Otras aplicaciones

Esta conversación puede ser la segunda parte de "Apelar a la responsabilidad de un empleado" (Conversación C4).

LA CONVERSACIÓN

Apertura

En nuestra última conversación, surgió la opinión de que gran parte del problema era la poca claridad respecto de lo que se esperaba de usted. Por eso diseñé las guías de trabajo que le entregué la semana pasada. En ése momento ambos pensamos que sería útil conversarlas juntos. Aquí tiene otra copia de las guías para que las discutamos.

Preguntas de Nivel Objetivo

¿Qué palabras o frases le llamaron la atención?
En su opinión, ¿qué se destaca en las guías?
¿Cuáles son claras?
¿Cuáles no son tan claras?

Preguntas de Nivel Reflexivo y Resonante

¿Qué pautas le parecen más útiles?
¿Cuáles le provocan problemas?
¿Cuáles le parecen más difíciles? ¿Por qué?
¿Qué partes de la pauta parecen fáciles?

Preguntas de Nivel Interpretativo

¿Qué mensaje piensa que contienen estas guías?
¿Qué debe cambiar para responder a las expectativas?
¿Qué valores percibe en estas guías?
Entre estas guías, ¿existe alguna que no estaría de acuerdo? ¿Por qué?

Preguntas de Nivel Decisivo

¿Qué cambios necesitaríamos hacer a estas guías para que sean útiles?
¿Qué tipo de estructura de apoyo podría servirle?
¿Cuándo podríamos reunirnos nuevamente para ver cómo va funcionando?

Cierre

Bueno, me parece que hemos recorrido un largo camino en esta conversación. Gracias. Por favor, venga a verme si tuviese cualquier duda.

C6. Reflexionar sobre una situación complicada

La Situación

Dos miembros de su personal han acudido a usted - como gerente- en forma separada a darle cuenta de una disputa que han tenido y le han pedido que intervenga. Usted se ha tomado algún tiempo para considerar su respuesta. Por lo tanto esta es una conversación que usted, como supervisor, sostiene consigo mismo.

Objetivo Racional

Observar, juzgar y sopesar la situación de modo de que usted pueda decidir su respuesta.

Objetivo Experiencial-Vivencial

Armarse de coraje para intervenir de una manera constructiva y no defensiva.

Sugerencias

Una deliberación mental puede desviarse fácilmente y convertirse en un círculo vicioso. Tome apuntes de sus propias respuestas ante las interrogantes para mantener la concentración. Luego las podrá eliminar.

Otras aplicaciones

Este tipo de conversación reflexiva puede ser muy útil cuando hay que tomar decisiones complicadas.

LA CONVERSACIÓN

Apertura

Necesito terminar de darle tantas vueltas al asunto, y pensar en esto paso a paso.

Objetivo de Nivel Racional

¿Cuáles son los hechos que conozco respecto de esta situación?
¿Cuál es la historia relevante?
¿Qué me ha dicho cada una de las personas?

Objetivo de Nivel Reflexivo

¿Cuál es mi respuesta espontánea al problema?
¿Qué me atemoriza de todo esto?

Preguntas de Nivel Interpretativo

¿Qué opciones tengo?
¿Cuáles son las ventajas y desventajas de cada opción?
¿Qué valores claves hay que tener en cuenta?

Preguntas de Nivel Decisivo

¿Qué voy a hacer?
¿Qué necesito verificar?
¿Cómo se los diré?
¿Cuál será mi primer paso?

Cierre

No importa lo doloroso que pueda ser todo esto, debo gestionarlo con imparcialidad y de manera justa.

C7. Orientar a un empleado en una crisis familiar que afecta a su trabajo, No. 1

La Situación

Se va a reunir con un empleado que tiene un familiar que requiere cuidado permanente, aunque en forma intermitente, en momentos inesperados e irregulares.

Objetivo Racional

Considerar formas alternativas de trabajo, de manera que el empleado pueda continuar trabajando y a la vez pueda responder en caso de una emergencia familiar, y asegurarse de que él esté al tanto de los servicios de ayuda disponibles, tanto a través del trabajo como externos.

Objetivo de Experiencia-Vivencial

Que el empleado se sienta apoyado en sus esfuerzos para cumplir tanto con su trabajo como con sus responsabilidades familiares.

Sugerencias

Este es un diálogo en que ambas personas entregan información. Si se relaja la tensión, el empleado será capaz de hacerse cargo de más de lo esperado o de volver al trabajo más rápidamente.

Podrá formular interrogantes que obtengan información y alternativas. El empleado podría realizar algunas labores de trabajo desde su hogar, o controlar los asuntos del hogar desde el trabajo. No haga presunciones de ninguno de los dos casos antes de iniciar la conversación. Deberá tener claras las políticas de su organización para manejar situaciones como ésta.

LA CONVERSACIÓN

Apertura

Quisiera que conversáramos respecto de la situación de su madre. Tengo entendido que ella va a necesitar cuidado en numerosas ocasiones que no se pueden predecir. Quisiera que consideráramos formas alternativas en que usted pueda llevar a cabo su trabajo y a la vez sea capaz de responder eficientemente frente a las necesidades de su madre, a medida que éstas surjan. Por de pronto, quiero que usted sepa que deseamos ayudarlo, como sea posible. *(A estas alturas, usted necesita aclarar la política de la compañía para enfrentar este tipo de situaciones).* De manera que analicemos la situación y busquemos soluciones.

Preguntas de Nivel Objetivo

¿Cuál es la situación real?
(Consiga detalles de la enfermedad y del tipo de situaciones que usted podrá manejar o ante las cuales podrá responder).
¿Qué apoyo recibe habitualmente de parte de otros miembros de la familia o de amigos?
¿Qué otro tipo de apoyo ha empezado a utilizar o está pensando en utilizar?

Preguntas de Nivel Reflexivo y Resonante

¿Ha tenido que responder a este tipo de situaciones antes?
¿Sabe de otras personas que han estado en situaciones semejantes?
¿Cómo lo está enfrentando usted?
¿Cuál es la parte más difícil de sobrellevar?
¿Qué parte es más fácil?

Preguntas de Nivel Interpretativo

¿Cuáles serían las mayores tensiones o puntos de preocupación en estos momentos?
¿Qué le preocupa a largo plazo?
Mientras se adapta a esta nueva realidad en el corto plazo, ¿cómo piensa que ella podría afectar a su trabajo?
¿Qué cambios podríamos hacer para adaptarnos a esas necesidades?
¿De qué manera afectarán su trabajo en el largo plazo?
¿Qué alternativas necesitamos considerar en relación con las interrogantes de más largo plazo?
¿Qué servicios de ayuda comunitaria conoce que lo puedan ayudar en el largo plazo?

(sigue en la página siguiente)

C7. Orientar a un empleado en una crisis familiar que afecta a su trabajo, No. 1

Otras aplicaciones
Este tipo de conversación puede utilizarse fácilmente para discutir con los empleados sobre alguna inhabilidad temporal.

Preguntas de Nivel Decisivo
¿Qué pasos hemos de dar en el siguiente par de semanas?
¿Cómo los llevaremos a cabo?
¿Cuándo podríamos conversar de nuevo?

Cierre
Resumamos. Hemos acordado… (*Enumere las medidas que han decidido tomar y quién se encargará de llevarlas a cabo*). También estamos de acuerdo en reunirnos nuevamente el…. Si la situación cambia, hágamelo saber y veremos la forma de enfrentarla.

PUNTOS QUE DEBE RECORDAR EL LÍDER DE LA CONVERSACIÓN

Incluya a toda la sala en la primera pregunta.

Habitualmente es útil hacer que cada participante responda a la primera pregunta. Esto funciona como rompehielos para todas las personas presentes. Formule una pregunta sencilla para que nadie tenga dificultades en responderla. Si la interrogante inicial es, "mientras leían este informe, ¿qué les llamó la atención?", diga algo como "ante la primera pregunta, empecemos con Ralph y sigamos alrededor de la mesa. Ralph, ¿qué comentarios le llamaron la atención?" (Una vez que Ralph haya respondido, mire a la persona que le sigue y espere su respuesta). Las respuestas deberían fluir fácilmente, una tras otra, y deberían ser breves. Desanime a quien quiera subirse al estrado o hacer un discurso. Dígales que la discusión de las respuestas y las recomendaciones se harán más tarde. Si sospecha que algunos se mantienen en silencio por temor a cometer algún error, puede decir: "no hay respuestas erróneas en esta conversación".

Confíe que el grupo que tiene es el correcto.

Si el facilitador no tiene confianza en el grupo, se notará de manera muy sutil. Por ejemplo, el líder aceptará respuestas de prueba y no cuestionará las respuestas abstractas; la persona que facilita aceptará ciegamente todas las respuestas que obtenga, ya que de todas maneras no harán ninguna diferencia. O, el facilitador pasará rápidamente todas las etapas, intentando terminar luego para poder irse a conversar con "personas más inteligentes", que le den mejores respuestas. Cualquier grupo sabe cuándo están jugando con ellos o le faltan el respeto. Esas personas jamás volverán a confiar en el facilitador.

El facilitador debe creer en el grupo, aunque se le haga difícil. Para ayudarle en esto, una facilitadora inventó un mantra que recitaba siempre antes de empezar: "éste es el grupo correcto para tratar este tema en este momento. Este grupo posee la sabiduría que se requiere para responder a las interrogantes y a los temas que enfrentan. El grupo está en el lugar preciso, luchando con los temas precisos". Lo consideró de gran utilidad.

C8. Orientar a un empleado en una crisis familiar que afecta a su trabajo, No. 2

La Situación

Esta conversación podrá variar si se trata de una crisis de corto plazo (una muerte en la familia o un problema serio de salud también de corto plazo), o una crisis de largo plazo (un padre con Alzheimer, que tiende a perderse o un miembro de la familia con una enfermedad terminal). Este ejemplo sirve para una situación de corto plazo.

Está reunido con una empleada cuyo esposo ha sido internado sorpresivamente en un hospital debido a un ataque cardíaco y se está considerando una cirugía mayor.

Objetivo Racional

Definir qué cambios se podrían implementar en el trabajo para apoyar al que sufre la crisis familiar, o para disminuir la tensión y compartir con la empleada más información respecto de los servicios disponibles, ya sea a través del trabajo o en otra instancia.

Objetivo Experiencial-Vivencial

Que la empleada se sienta apoyada y que sepa que la crisis no hará peligrar su trabajo.

Sugerencias

Cuando un miembro del personal enfrenta una emergencia, a menudo se pone inmediatamente en el peor de los escenarios: que tendrá que abandonar su trabajo para enfrentarla. Usted querrá obtener la mayor información objetiva respecto de la situación y respecto de la capacidad de la empleada para

LA CONVERSACIÓN

Apertura

¿Podríamos conversar de la situación de su esposo? Tengo entendido que está bastante enfermo y que usted necesita pasar más tiempo con su familia. Me gustaría saber cómo podríamos apoyarla en estos momentos difíciles. Antes que nada, quiero que sepa que esperamos poder ayudarla en lo que nos sea posible, para que pueda darle a su familia el cuidado y ocupación que necesitan. (*Este es el momento de aclarar la política de la compañía o la forma en que ésta enfrenta este tipo de situaciones*).

Preguntas de Nivel Objetivo

Hablemos de su situación. ¿Qué enfermedad sufre su esposo?
¿Cuánto tiempo necesitará para recuperarse?
¿Qué apoyo tiene usted de otros miembros de su familia?

Preguntas de Nivel Reflexivo

¿Le ha tocado enfrentar una situación como esta en otra oportunidad?
¿Qué es lo más difícil de manejar?

Preguntas de Nivel Interpretativo

¿Cuáles son las mayores tensiones o preocupaciones por las que está pasando en éste momento?
¿Qué le preocupan en el largo plazo?
Mientras se adapta en el corto plazo a esta nueva realidad, ¿cómo cree que esto afectará a su trabajo?
¿Qué responsabilidades podría cubrir otra persona, en el corto plazo, qué le aliviaría un poco su tensión?
¿Qué alternativas ha considerado para resolver las interrogantes que se le plantean a largo plazo?
¿Qué servicios de ayuda comunitaria conoce que podrían ayudarla con estos problemas de largo plazo?

Preguntas de Nivel Decisivo

¿Qué pasos deberíamos dar la próxima semana o en un par de semanas?
¿Cómo podríamos implementarlos?
¿Cuándo podríamos conversar nuevamente?

(*sigue en la página siguiente*)

C8. Orientar a un empleado en una crisis familiar que afecta a su trabajo, No. 2

enfrentarla, así podrá ofrecerle otras posibilidades y darle otras opciones que le permitan mantenerse en el puesto y manejar la emergencia.

A través de la conversación, la empleada y el supervisor han iniciado un proceso entablando una suerte de sociedad frente a la emergencia. Pero seguramente se requerirán varias reuniones. El supervisor necesita mantenerse al tanto de la situación y así seguir los avances del proceso. Las soluciones tipo parche no respetan a la empleada ni a su situación.

Otras aplicaciones
Este tipo de conversación se puede adaptar a un empleado que ha sufrido un accidente grave o una enfermedad.

Cierre
Resumamos lo que hemos acordado. Hagamos una lista de acciones que usted ha decidido y anotemos quién se encargará de ellas. *(Haga una lista)*. También hemos acordado reunirnos nuevamente el.... *(Establezca una fecha)*. Si la situación llegara a cambiar, infórmeme cuanto antes y trataremos de encontrar la forma de responder a las nuevas circunstancias.

PUNTOS QUE DEBE RECORDAR LA PERSONA QUE FACILITA O LIDERA LA CONVERSACIÓN.

La responsabilidad del facilitador

Hay una diferencia entre seguir un plan para una conversación y asumir la responsabilidad total de cómo ésta se desenvuelve. Un líder que simplemente lee una lista de interrogantes ya preparadas, no le hace ningún favor al grupo. A nadie le gusta que le traten como a un robot.

El líder debe hacer algo más que seguir un plan con piloto automático. La clave de un diálogo eficiente es el proceso de dar y recibir, entre preguntas y respuestas. En medio de la conversación, podría darse cuenta que las preguntas no se ajustan a la situación. Puede que haya muy pocas interrogantes de un cierto nivel, lo que impediría una reflexión adecuada. El tono de las preguntas podría ser demasiado formal para el estado de ánimo del grupo. En tales casos, deberá pensar un poco para inventar nuevas interrogantes, u omitir algunas o reformularlas. Generalmente esto significa interpretar las respuestas tal como se dan, y crear nuevas interrogantes en el momento preciso, para que el grupo pueda indagar más profundamente en búsqueda de un significado.

C9. Orientar a un trabajador nuevo

La Situación

Cuando un empleado nuevo ya lleva algún tiempo trabajando, en la mitad o cerca del final del período de prueba, suele ser útil que el supervisor tenga una conversación guiada, para conocer la opinión del empleado sobre el trabajo, y ver cómo podría incrementar su eficiencia.

Objetivo Racional

Ver cómo le está yendo al empleado en el trabajo.

Objetivo Experiencial-Vivencial

Constatar sus primeras experiencias y desafíos, y ayudarle a manejar dificultades.

Sugerencias

A medida que esta conversación avance, deberá seleccionar sólo las preguntas más relevantes en cada nivel. Si no, el empleado puede percibir la conversación como una avalancha de preguntas.

Otras Aplicaciones

Puede sostenerse una conversación similar, con preguntas levemente diferentes, con los empleados del primer año cada tres meses, para 'verificar señales', ver cómo les va y lo que podrían necesitar. Con una cierta adaptación, un profesor también podría usarla para conversar con un alumno/a.

LA CONVERSACIÓN

Apertura

Parte de mis responsabilidades laborales como supervisor es dedicar algo de tiempo con cada empleado nuevo, para saber cómo les va y asegurarme que reciban el apoyo que necesiten. Entonces, por favor dígame lo que piensa sobre su trabajo, y puede que ambos terminemos aprendiendo algo nuevo.

Preguntas de Nivel Objetivo

¿Qué trabajo ha estado haciendo desde que comenzó con nosotros?
¿Con quiénes ha trabajado y qué rol ha desempeñado con ellos?

Preguntas de Nivel Reflexivo y Resonante

¿Qué le ha gustado? ¿Qué otra cosa? ¿Por qué?
¿Qué no le ha gustado tanto? ¿Por qué ?
¿Se siente orgulloso de algo que ha hecho?
¿Qué le gusta de trabajar aquí?
¿Qué encuentra difícil?
¿Cuándo ha sentido que no se le da suficiente reconocimiento?

Preguntas de Nivel Interpretativo

¿Qué ha aprendido sobre el trabajo mismo?
¿Hay algo a lo que cuesta encontrarle el sentido?
¿Qué ha aprendido sobre sí mismo mientras trabaja?

Preguntas de Nivel Decisivo

¿Cuáles son sus objetivos de trabajo para los próximos meses?
¿Qué ayuda específica le sería útil para lograr esas metas?
¿A quién piensa que puede acudir si necesita ayuda o consejo?
¿Le gustaría tener este tipo de conversación más a menudo o no mucho?

Cierre

Gracias por su tiempo y reflexiones. Esta ha sido una conversación muy útil. No dude en llamarme cuando tenga alguna necesidad.

C10. Resolver un antiguo malentendido

La Situación

Hace más de un año la compañía hizo un ejercicio que pretendía ser una capacitación en contra del racismo. Sin embargo, la sesión dio origen a un grave malentendido entre algunos miembros de dos grupos étnicos en la oficina. Desde entonces, se han sentido confundidos y heridos, sin saber cómo salir de esta situación.

Objetivo Racional

Lograr un entendimiento mutuo del problema

Objetivo Experiencial-Vivencial

Sanar las heridas y crear una nueva estrategia.

Sugerencias

Este tipo de conversación requiere de gran flexibilidad. Es muy difícil seguir exactamente el esquema planeado de antemano. Prepare una gran variedad de preguntas para tratar de anticipar diferentes tipos de respuestas.

Otras Aplicaciones

Este tipo de conversación puede ayudar a disuadir tensiones entre equipos o departamentos, u otras situaciones de conflictos latentes.

LA CONVERSACIÓN

Apertura

Los llamé a esta reunión porque he tenido serias dudas en cuanto a cómo superar los malentendidos que hemos tenido en la oficina. Temía que mis esfuerzos por ayudar se interpretaran de forma equivocada. Estamos enfocando un tema muy sensible. Primero, debemos establecer algunas reglas básicas. Vamos a usar un proceso que consiste en una progresión natural de preguntas. Ahora, y esto es importante – si no estuviesen de acuerdo con lo que alguien diga, escuchen primero. Vamos a dejar que cada persona hable, sin interrumpirla. Vamos a juntar todas las perspectivas posibles sobre cada situación. Lo que obtendremos no será exactamente lo que cada persona piensa, pero sí incorporará la sabiduría cada uno. ¿Qué otras reglas básicas necesitamos para participar?

Preguntas de Nivel Objetivo

¿Cuándo fue que percibieron que las cosas iban mal?
¿Qué estaba sucediendo?
¿Cuáles fueron las palabras que se dijeron? Obtengamos respuestas del mayor número de perspectivas posible. Puede que hayamos escuchado diferentes cosas.

Preguntas de Nivel Reflexivo y Resonante

¿Qué parte de esta situación les molestó más?
¿Qué les molestó menos?
¿Qué experiencias del pasado les hizo recordar?
¿Cómo reaccionan ahora?
¿Qué les sorprende sobre las reacciones de los involucrados? ¿Por qué?

Preguntas de Nivel Interpretativo

¿Qué creen que está al fondo de todo esto?
¿Qué es lo que realmente quisieron decir?
¿Qué pensaron que otros quisieron decir? ¿Por qué?
¿Qué pueden aprender de todo esto?

Preguntas de Nivel Decisivo

¿Qué debemos hacer para resolver esta situación?
¿Cuáles serían nuestros próximos pasos? ¿Qué es lo que hará cada persona?

Cierre

Es normal tener malentendidos. Por eso mismo, es muy importante analizarlos, hasta asumir responsabilidades para resolverlos.

C11. Responder a una queja personal

La Situación

Alguien en la oficina ha escrito una carta al jefe, enumerando el por qué lo odia. El jefe le ha entregado una copia de la carta, y usted decide conversar con la persona que la escribió.

Objetivo Racional

Aclarar el por qué ha sucedido esto.

Objetivo Experiencial-Vivencial.

Sanar las heridas.

Sugerencias

Es verdaderamente muy difícil tener esta conversación y permanecer imparcial. Podría imaginarse a sí mismo como un facilitador externo y escribir las interrogantes en una tabla o en un papel. Sin embargo, necesitará de un acuerdo previo para utilizar este método para mantener objetividad.

Otras aplicaciones

Esta conversación se puede utilizar en otros conflictos cara a cara, por ejemplo una reconciliación después de una riña seria.

LA CONVERSACION

Apertura

El jefe me acaba de mostrar esta carta que usted ha escrito sobre mí. ¿Podemos conversarlo entre nosotros? Estoy realmente resentido y quisiera comprender que es lo que está mal.

Preguntas de Nivel Objetivo

Aquí tengo una copia de la carta. ¿Realmente la escribió usted? ¿Qué lo impulsó a hacerlo?

Preguntas de Nivel Reflexivo y Resonante

¿Cómo se sentía cuando escribió esto? ¿Cómo cree usted que me sentí yo al leerlo?

Preguntas de Nivel Interpretativo

¿Qué quería obtener? ¿Cuál es el problema base de todo esto, que ambos necesitamos resolver?

Preguntas de Nivel Decisivo

¿Qué deberíamos hacer de otra manera a partir de ahora?

Cierre

Escribamos las decisiones que hemos tomado y firmémoslas, los dos.

C12. Tranquilizar a un cliente disgustado

La Situación
Un cliente está furioso por el servicio de su compañía y está descargando sus quejas contra usted.

Objetivo Racional
Calmar al cliente, descubrir cuál es el problema y solucionarlo a su entera satisfacción.

Objetivo Experiencial-Vivencial
Lograr que el cliente sienta que sus quejas han sido escuchadas y solucionadas.

Sugerencias
El primer paso es tratar de calmar al cliente, reconociendo que está enojado, que usted desea escuchar sus argumentos y trabajar con él en la búsqueda de soluciones. Una vez que comprenda esto, podrá empezar con la primera pregunta de nivel objetivo, lo que a menudo tiene un efecto tranquilizante.

Otras aplicaciones
Este tipo de conversación se puede utilizar también internamente en una organización para tratar las quejas de un empleado descontento.

LA CONVERSACIÓN

Apertura
Puedo observar que usted está muy enojado. Quisiera comprender cuál es el problema para solucionarlo a su entera satisfacción.

Preguntas de Nivel Objetivo
Por favor, cuénteme: ¿qué pasó?

Preguntas de Nivel Reflexivo y Resonante
¿Qué dificultades le ha ocasionado este problema?

Preguntas de Nivel Interpretativo
En este momento, ¿qué desea que hagamos para solucionar el problema?

Preguntas de Nivel Decisivo
Bien. Entiendo que usted desea que nosotros hagamos A____, B____, ¿estoy en lo correcto?
¿Qué pasos desearía que diéramos primero? ¿Y luego?
¿Estamos en el camino correcto?
¿Hay alguna otra cosa que necesitemos hacer?

Cierre
Le estoy muy agradecido por habernos informado de esta situación. Haremos todo lo que podamos para solucionarlo de la manera más satisfactoria para usted.

Conversaciones para interpretar información

En esta era fecunda, en su hora oscura, llueve del cielo una lluvia meteórica de datos. . . que yacen sin cuestionar, sin combinar. Sabiduría suficiente para extirpar nuestro mal se hilvana cada día, mas no existe telar para trenzarlo en un tejido.

Edna St. Vincent Millay: *Huntsman, What Quarry?*

El lector encontrará las siguientes conversaciones en esta sección:

D12. Reflexionar sobre una reunión caótica

D13. Considerar el impacto de nuevos reglamentos sobre un producto

D14. Reflexionar sobre una propuesta de reorganización departamental

La cita de Edna St. Vincent Millay es especialmente idónea en esta década en que cada día nos inundan "lluvias de datos". Añoramos contar con alguien que pueda filtrar los datos, trenzarlos en un gran tejido de conocimiento y sabiduría. Esta es la función de interpretar, que nos permite entender lo que está sucediendo, más que reaccionar como acto reflejo. La función interpretativa agrega significado a lo que estamos oyendo o leyendo.

Algunas de las conversaciones de esta sección no parecen calzar, inicialmente, con el lugar de trabajo, por ejemplo, "Interpretar un cuento". ¿Acaso los cuentos no pertenecen al ámbito escolar? Sería una lástima limitar el uso de los cuentos sólo a las escuelas y a los niños, porque el efecto que éstos provocan en los adultos puede ser también muy poderoso. Imagínese al líder de un equipo cuyo grupo ha caído en un estado de desesperación por no poder finalizar un trabajo difícil. El líder se devana el cerebro buscando alguna forma de sacarlos de su estado, y recuerda un cuento que leyó alguna vez en uno de los libros de Joseph Campbell. Decide contárselo a su equipo y tener una conversación con ellos para reflexionar sobre el cuento. El equipo recibe el mensaje, percibe las formas de aplicarlo y vuelve silenciosamente al trabajo, con su motivación renovada. Un cuento puede ayudar a un equipo a salir de un punto complicado. El cuento citado en el Apéndice D, tiene una estructura mítica, es una metáfora de la experiencia de vida. Cuentos como esos pueden tener un efecto poderoso.

De la misma forma, las tendencias o conversaciones respecto de las noticias diarias parecerían ser del dominio de los Científicos Sociales. Sin embargo, imagínese a un equipo de mercadeo buscando una nueva estrategia. El líder del equipo ve algo en el diario de la mañana que le ilumina respecto de los cambios del mercado. Lo recorta, lo copia, lo reparte entre su equipo y luego inicia una conversación enfocada sobre el tema que aparece en el texto: es una gran forma de empezar la mañana y de tener al equipo al día respecto del mercado.

Una conversación sobre de las noticias se puede llevar a cabo en cualquier momento del año y garantizará que el trabajo se percibirá en un nuevo contexto. Dos o tres veces al año es seguro que la embestida de la historia nos atacará con "hechos de asombro colectivo", como la exploración de Marte, el bombardeo en Oklahoma, o un "milagro" en la comunidad local.

Incluimos la conversación sobre una película en esta sección, porque a veces ocurre que las personas van a ver una película juntas después del trabajo. ¿Por qué no reunirse después y conversar de la película? El efecto que produce la comprensión mutua es invalorable.

El resto de las conversaciones de esta sección pertenecen claramente, al ámbito de las organizaciones. A pesar de que la tarea fundamental de estas conversaciones es interpretar distintos tipos de datos, siempre es importante dar al nivel objetivo e interpretativo la importancia que requieren.

D1. Interpretar un cuento

La Situación
Muchos piensan que los cuentos son para niños. Esta líder de equipo sabe que no es así. Su grupo perdió un importante contrato y estaba con el ánimo por el suelo. Ella se preguntaba cómo cambiar la actitud del grupo, cuando se encontró con un cuento que se relacionaba indirectamente con su situación, y decidió que el equipo debe oírlo.

Objetivo Racional
Entender el significado simbólico (la moraleja) del cuento.

Objetivo Experiencial-Vivencial
Impulsar al equipo a enfrentarse a su propia situación al reflexionar sobre el cuento.

Sugerencias
Es importante leer el cuento lo más expresivamente posible. Para lograrlo, será necesario leerlo varias veces. Funciona mejor si no se revela la fuente del cuento hasta el final.

Otras Aplicaciones
Adaptando las preguntas específicas, esta conversación puede usarse para extraer lecciones de casi cualquier cuento o mito, para el trabajo, en el colegio o en la casa.

LA CONVERSACIÓN
El cuento: "El Príncipe Cinco Armas" *(ver Apéndice D)*, u otro cuento motivador.

Apertura
Tengo un cuento para ustedes. Lo encontré el otro día, y decidí que teníamos que compartirlo. Algunos creen que los cuentos son sólo para niños. Yo creo que cuentos como éste son para todos. El cuento se llama "El Príncipe Cinco Armas". Pónganse cómodos y dejen que les llegue. Creo que tiene algo que decir sobre nuestra situación.

Preguntas de Nivel Objetivo
¿Qué palabras o frases resaltaron para ustedes?
¿Cuáles fueron las líneas de diálogo?
¿Quiénes son los dos personajes principales?
¿Qué pasa en el cuento? ¿Qué pasa primero? ¿Y después? ¿Y después? *(Sigue hasta haber obtenido el recuento de las principales partes de la historia)*

Preguntas de Nivel Reflexivo y Resonante
¿Qué han podido asociar con el cuento?
¿En qué momento se sorprendieron?
¿Cómo se sintieron al final del cuento?

Preguntas de Nivel Interpretativo
¿Qué significado tiene el cuento para ustedes?
¿Qué parte de sus vidas ven reflejadas en este cuento?

Preguntas de Nivel Decisivo
Si ustedes estuvieran presenciando la escena final del cuento, ¿qué habrían dicho?
¿De qué manera nos llama este cuento?
¿Qué nos está llamando a hacer? ¿A ser? ¿A conocer?

Cierre
Los cuentos pueden ser entretenidos, pero también pueden ayudarnos a entender nuestra propia vida en formas sorprendentes y fascinantes.

D2. Compartir un ensayo

La Situación
Un miembro del equipo encuentra un artículo realmente interesante en el diario, que se refiere al proyecto en que trabaja el grupo. Lo recorta, hace copias y quiere que el equipo lo discuta. Después de ponerse de acuerdo con el líder del grupo, él guía la siguiente conversación.

Objetivo Racional
Permitir que el equipo escuche el artículo.

Objetivo Experiencial-Vivencial
Que lo apliquen a su situación.

Sugerencias
Para mayor eficiencia, cada miembro del equipo debiera tener una copia del artículo, a modo de referencia. Siempre hay un cierto riesgo al decidir si se permitirá que el grupo completo participe en la lectura del cuento, o que lo haga el líder (que ha tenido más tiempo para prepararlo). Si la lectura es dramática o poética, es mejor que sea el líder quien lo lea.

Otras aplicaciones
Este tipo de conversación se puede utilizar después de invitar a los miembros del equipo a escribir ensayos de una página sobre a asuntos de largo plazo, para luego leerlos en voz alta y discutirlos.

LA CONVERSACIÓN

Apertura
Hace poco me encontré con este artículo y pensé que podría interesarles. Escuchemos lo que dice y luego conversaremos al respecto. *(Reparta las copias).*

Preguntas de Nivel Objetivo
¿Qué palabras, líneas o frases recuerdan?
¿Qué palabras les impactaron?

Preguntas de Nivel Reflexivo
¿Qué imágenes les surgieron mientras se desarrollaba el artículo?
¿En qué parte empezaron realmente a poner atención?
¿Qué sintieron mientras escuchaban?
¿Con qué parte de la lectura se identificaron más?
¿Qué parte de la lectura se excedió del límite de lo "aceptable"?

Preguntas de Nivel Interpretativo
¿Qué es lo que ocurre en este artículo?
¿Cuál es el mensaje del artículo?
¿Qué significado tiene para nuestro trabajo?

Preguntas de Nivel Decisivo
¿Quiénes creen que debieran escuchar esto? ¿Por qué?
¿Qué sugiere el artículo que deberíamos modificar?
¿Qué título le pondrían a estas páginas?

Cierre
Una muy buena conversación. Aprecio enormemente la oportunidad de compartir nuestras apreciaciones respecto de este trabajo.

D3. Conversar sobre un video de capacitación/formación

La Situación

El grupo acaba de ver un video de entrenamiento. La líder desea que ellos reflexionen respecto de lo que sintieron y aprendieron del video. Ella creó esta conversación antes de la reunión y ha informado al grupo que habrá una conversación una vez finalizada la proyección.

Objetivo Racional

Comprender el contenido del video.

Objetivo Experiencial-Vivencial

Conducir al grupo desde sus primeras impresiones hacia un verdadero diálogo sobre la relevancia que el video tendría en su trabajo.

Sugerencias

Si el video es complejo, podría desear dedicarle más tiempo a los niveles de interpretación y de decisión. Esto significaría crear dos o tres preguntas adicionales. Siempre es importante que la conversación no sobrepase el plazo de tiempo estipulado. Si el grupo está realmente enfocado en la discusión y se requiere que se prolongue, obtenga el permiso del grupo para continuar.

Otras aplicaciones

Este tipo de conversación sirve para cualquier presentación con distintos medios de comunicación como videos de promoción o la presentación de una estrategia de mercadeo.

LA CONVERSACIÓN

Preguntas de Nivel Objetivo

¿Qué imágenes del video permanecen aún en su retina?
¿Qué palabras o frases les llamaron la atención?
¿Qué colores vieron en el video? ¿Qué sonidos escucharon?
¿Qué escenas les cautivaron?
¿Quiénes eran los personajes?

Preguntas de Nivel Reflexivo y Resonante

¿Qué parte del video les intrigó más?
¿En qué parte se sintieron involucrados?
¿Qué parte les pareció lenta?
¿Qué otros hechos o experiencias asociaron con partes de este video?

Preguntas de Nivel Interpretativo

¿Cuáles fueron algunos de los puntos clave?
¿Qué imágenes cambiaron al ver el video?
¿Qué les pareció que era realmente importante?
¿Qué nueva información les ofreció?

Preguntas de Nivel Decisivo

¿En qué puntos específicos les fue útil el video?
¿Qué partes les habría gustado ver en más detalle?
¿Qué título le pondrían al video?

Cierre

Bien, es muy provechoso compartir impresiones e ideas después de estas sesiones de capacitación. Tomémonos un descanso y reunámonos nuevamente a las once.

D4. Conversar sobre una película

La Situación
Para un evento social de la oficina un grupo va a ver una película, y luego planean comentarla, mientras se toman unos tragos.

Objetivo Racional
Escuchar las experiencias individuales de la película

Objetivo Experiencial-Vivencial
Divertirse analizando el significado de la película.

Sugerencias
Puede poner en contexto la pregunta "¿Con quién realmente se identificaron..." diciendo algo como, "Hay una escuela de psicología que dice que nuestra primera respuesta a esta pregunta nunca es nuestra verdadera respuesta." La pregunta, "¿Qué parte de su vida ven reflejada en la película?" es la clave para toda la conversación. Si sólo logra respuestas superficiales a esta pregunta, probablemente tendrá que hacer una ronda uno a uno, pero hágalo con una actitud casual, para que no parezca que está castigando al grupo por su falta de interés.

Otras Aplicaciones
Una conversación similar se puede usar después que un grupo ha ido a una obra de teatro, ballet o un concierto de la orquesta sinfónica. Las preguntas tendrían que reflejar la particularidad de la experiencia – palabras, movimientos o sonidos.

LA CONVERSACIÓN

Apertura
Ustedes y yo sabemos como son las conversaciones típicas sobre una película: "Me gustó. ¿Te gustó a ti?" "No, no me gustó para nada. Odio a esa actriz." Esas son frases significativas sobre la película, pero una buena conversación puede ir mucho más allá de gustos y disgustos. Entonces, para esta conversación, pónganse cómodos, saboreen algunos entremeses y dejen que les vuelva el recuerdo de toda la película.

Preguntas de Nivel Objetivo
¿Qué escenas recuerdan?
¿Escenas exteriores? ¿Escenas interiores?
¿Qué objetos recuerdan?
¿Qué sonidos de la película recuerdan?
¿Cuáles son los personajes principales?
¿Cuáles fueron algunas líneas del diálogo?
¿Qué cosas de la película les parecieron símbolos?

Preguntas de Nivel Reflexivo
¿Qué les gusto?
¿Qué les molestó?
¿Qué emociones vieron en la pantalla?
¿En qué parte se sintieron emocionados?
¿Cuál fue su estado de ánimo al final de la película?
¿Con quién se identificaron?
¿Con quien realmente se identificaron y con que no querían identificarse?

Preguntas de Nivel Interpretativo
¿Cuál era la lucha del protagonista?
¿Cómo manejó esa lucha?
¿De qué se trataba realmente la película?

Preguntas de Nivel Decisivo
¿Qué título le darían a esta película?
¿Qué parte de sus vidas vieron reflejada en la película?

Cierre
¡Bien, esta fue una doña película! ¿No es interesante como una película puede llevarnos a conversar sobre nuestras vidas?

D5. Evaluar tendencias sociales

La Situación
Un equipo de gerencia ha decidido empezar el nuevo año (o año fiscal) con una conversación sobre tendencias en el mercado y en la sociedad.

Objetivo Racional
Compartir percepciones sobre las tendencias emergentes en estos tiempos, su impacto en las vidas de las personas y en el lugar de trabajo.

Objetivo Experiencial-Vivencia
Ver cómo podríamos responder a las tendencias en forma creativa.

Sugerencias
Para la primera pregunta, necesitará dos o tres eventos bajo la manga para usar como ejemplos. Mientras más específicos y concretos sean, mejor, ya que los participantes probablemente se guiarán por sus ejemplos cuando llegue el momento de responder las preguntas.

Otras Aplicaciones
Podría tener conversaciones similares sobre tendencias en el trabajo, tendencias en el mercado, en servicios al cliente, en la producción, en software, etc.

LA CONVERSACIÓN

Apertura
Algunos investigadores sostienen que las tendencias surgen desde la base hacia arriba, y que tienen su origen en California, en British Columbia u otros centros clave de tendencias, y luego avanzan hacia el este. Pero yo creo que ustedes verán que se mueven de abajo hacia arriba, de arriba hacia abajo y del centro hacia fuera, y que tienden a originarse en Porcupino del Sur o en cualquier otra parte. Para descubrir tendencias, no sólo miramos las encuestas demográficas; también observamos los eventos económicos, sociales y políticos.

Si una tendencia es una "dirección" o una secuencia de sucesos o hechos, entonces un solo suceso o evento no marca una tendencia. Necesitamos al menos dos puntos para dibujar una dirección, al menos dos sucesos para formar una secuencia. Por eso, en un principio no sabrán si están presenciando una tendencia.

Supongan que leen en el diario que el 85% de los graduados de enseñanza media que postularon a trabajos con empresas locales no aprobaron un examen de habilidades básicas. Eso es un hecho, pero no es una tendencia. Un año más tarde, leen que el 90% falló el mismo test. Ese empieza a parecer una tendencia. Entonces conversemos sobre las tendencias que hemos encontrado.

Preguntas de Nivel Objetivo
¿Cuáles han sido algunos eventos clave que hemos escuchado en las noticias durante el último año o dos?
¿Qué cosas están ocurriendo en su vecindario?

Preguntas de Nivel Reflexivo y Resonante
¿De qué se habla a la hora del café o durante la cena?
¿De qué se preocupa la gente en estos días?
¿Qué sucede en la sociedad que provoca crisis en las personas: niños, trabajadores, ancianos, etc.?
¿Qué les da esperanza?

Preguntas de Nivel Interpretativo
En lo que se ha dicho, ¿dónde escucharon que esté emergiendo una dirección?
¿Qué nombre le pondríamos a esa dirección?
¿Alguien más ha escuchado una dirección en lo que se ha dicho?
¿Qué nombre le pondrían a esa tendencia?

(sigue en la página siguiente)

D5. Evaluar tendencias sociales (continuación)

Elijan una de esas tendencias y digan cómo está cambiando la economía, o la situación política, o la cultura en este continente. ¿Alguien más ha escuchado una dirección más? ¿Cómo la llamaría?

Elija una de estas tendencias y diga cómo esta cambiando la economía o la situación política, o la cultura de este continente. Alguien más. Y alguien más.

PUNTOS QUE HA DE RECORDAR LA PERSONA QUE LIDERA O FACILITA LA CONVERSACIÓN

Celebre el trabajo del grupo

A todos nos gusta el reconocimiento y la afirmación. Afirmar la contribución de alguien es una buena forma de estimular su participación. Use cada oportunidad que tenga para apoyar la participación positiva. Reciba y reconozca las ideas individuales a medida que se dan. Cuando un grupo pequeño hace un informe es apropiado estimular un aplauso. Piense en maneras de celebrar los logros del grupo. Al final de la sesión, permita al grupo reflexionar sobre su progreso y celebre su trabajo.

D6. Conversar sobre las noticias

La Situación
Un equipo del consejo de directores decide comenzar su reunión con una conversación sobre las noticias mundiales.

Objetivo Racional
Establecer un contexto para el trabajo o la planificación de la organización.

Objetivo Experiencial-Vivencial
Simbolizar la capacidad de la organización de responder a las exigencias de los tiempos en que está viviendo.

Sugerencias
Esté preparado para recorrer toda la mesa con la primera pregunta, si fuera necesario. Es importante tomar apuntes, para leerles los hechos que le han dado a conocer. Es importante elegir un hecho noticioso lo suficientemente complejo para permitirles conversarlo durante toda la sesión. (Evite titulares sensacionalistas).

Otras aplicaciones
Vea "Evaluar Tendencias Sociales".

LA CONVERSACIÓN

Apertura
Conversemos unos minutos de lo que ha estado sucediendo en el mundo, a modo de ponerle contexto a nuestro trabajo en conjunto. Hablemos de las noticias. Cuando hablo de "noticias" no me refiero, necesariamente, a un tema noticioso. Cada día los medios nos presentan su dosis de noticias, pero pocas de éstas son realmente hechos novedosos, o nuevos. La mayoría de los sucesos noticiosos son los mismos temas eternos que se repiten una y otra vez, tanto así que algunos dicen que los "noticieros" realmente debieran llamarse "repetidores". Sin embargo, algunos hechos noticiosos indican que algo básico ha cambiado, y que quizás nosotros también tengamos que cambiar. Entonces, compartamos algunas cosas que hemos escuchado y que sugieren que algo realmente nuevo está sucediendo.

Preguntas de Nivel Objetivo
Bien, ¿cuáles son algunos hechos noticiosos que les han impactado durante las últimas semanas? *(Tome apuntes)* Les voy a leer la lista de hechos noticiosos que acabamos de compartir y les invito a elegir uno en el que estemos de acuerdo que es de gran impacto. *(Lea la lista)*
¿Cuál de estos hechos fue tan dramático que nos impactó a todos? *(Reciba dos o tres respuestas. Elija uno que sea novedad y lo suficientemente compleja como para poder llevar a cabo una buena conversación.)*
Bien ¿quién nos podría contar algo más sobre este hecho?

Preguntas de Nivel Reflexivo y Resonante
¿Cómo nos ha afectado este hecho?

Preguntas de Nivel Interpretativo
¿Cuál es el mensaje de este hecho para nuestra época?
¿Qué imágenes antiguas cuestiona este hecho?
¿Cuál es la nueva imagen que nos exige?

Preguntas de Nivel Decisivo
¿De qué manera este hecho y su mensaje nos exigen adoptar una nueva perspectiva o actuar de otra manera?

Cierre
Los hechos de la historia permanentemente sacuden nuestras imágenes del mundo e intentan modificar nuestro sentido de lo que es la vida.

D7. Ponderar cambios organizacionales

La Situación

Las organizaciones y las corporaciones son mundos sociales en los que el cambio es constante. Estar al día en lo que está cambiando y en lo que está sucediendo es importante si la organización ha de mantener su actualidad. Docenas de revistas, publicaciones y programas de televisión hacen llegar estas novedades a un público cada vez más numeroso. Una conversación respecto de lo que está sucediendo en el ámbito de las organizaciones, puede constituir una valiosa preparación para planificar o para reuniones administrativas.

Objetivo Racional

Aclarar los cambios que están ocurriendo en las organizaciones y en el mundo de los negocios y comercio.

Objetivo Experiencial-Vivencial

Determinar cuáles de estos cambios son relevantes para el trabajo de la organización, a la luz de nuestra misión, filosofía y valores.

Sugerencias

El líder deberá anotar las respuestas a la primera interrogante, para poder referirse a ellas cuando llegue el momento de decidir cuáles discutir.

Otras aplicaciones

Otras conversaciones similares que tratan sobre los cambios que se están llevando a cabo en el estilo de la administración o en la cultura de las organizaciones.

LA CONVERSACIÓN

Apertura

A modo de introducción de nuestra planificación sería útil que conversáramos sobre lo que está ocurriendo hoy en día en las corporaciones y en las organizaciones. Ya que esto nos afecta tanto a nosotros como a nuestro trabajo directa o indirectamente, el mantenerse al día en cuanto a estos cambios y decidir intencionalmente cómo afectan a nuestra organización es lo que debe hacerse a menudo en "la organización que aprende".

Preguntas de Nivel Objetivo

¿Qué titulares han leído recientemente que se relacionan con nuestra organización?

¿Qué artículos o ensayos de esta área les han llamado la atención?

¿Qué hechos describían?

¿De qué cambios se han enterado?

¿Qué otras cosas les han llamado la atención?

Preguntas de Nivel Reflexivo y Resonante

¿Cuáles de estos cambios les espantaron o les chocaron?

¿Cuáles les parecieron que eran buenas noticias?

¿Cuáles les hicieron pensar: "¡Me gustaría que intentáramos eso!"?

Preguntas de Nivel Interpretativo

En estos informes, ¿qué les pareció realmente nuevo y significativo? (*Tome apuntes y léaselos luego al grupo*).

¿Qué efectos tendrán estos cambios en toda la sociedad?

¿En qué podrían afectar a nuestra organización?

¿Cuáles de los cambios o las novedades que hemos informado calzan con nuestra misión y nuestra filosofía? y ¿cuáles no?

Preguntas de Nivel Decisivo

¿Qué desarrollos en esta área necesitamos estar observando?

¿A qué nuevas formas de respuesta organizacional nos impulsan estos cambios?

¿Qué necesitaremos hacer para que nuestra organización absorba o rechace los cambios que están sucediendo?

Cierre

Lo que está sucediendo en el mundo de las organizaciones es parte del contexto en el que debemos estar al día como una "organización que aprende", para mantenernos a tono con lo que está sucediendo en el mundo.

D8. Evaluar una oferta de venta

La Situación
Una firma le ha enviado un video respecto de uno de sus productos más novedosos. Usted reúne a un grupo de compañera/os del trabajo para verlo. Luego les solicita que se queden unos minutos para discutirlo.

Objetivo Racional
Analizar opiniones del producto.

Objetivo Experiencial-Vivencial
Decidir si recomendarán la compra del producto.

Sugerencias
Antes de la conversación, el líder del equipo debe recabar toda la información disponible para que le ayude a responder a las interrogantes que no ha cubierto el video.

Otras aplicaciones
Conversaciones similares pueden ser útiles para revisar licitaciones y presentaciones de posibles sub-contratistas.

LA CONVERSACIÓN

Apertura
Un representante de la Corporación OPQ nos ha dejado este video. Muestra su línea de equipos de oficina, para que decidamos si es lo que necesitamos. Quisiera tener una respuesta para el próximo Martes. Veamos el video y luego conversaremos al respecto.

Preguntas de Nivel Objetivo
¿Qué escenas recuerdan del video?
¿Qué palabras o frases que recuerdan?
¿Cómo se llama el producto que acabamos de ver?
¿Qué les llamó la atención?
¿Qué es lo que hace?
¿Cómo lo hace?
¿Qué es lo que no hace?
¿Qué información recibimos respecto de los costos de compra y operativos?
¿Qué otros datos objetivos nos ha dado el video sobre el producto?

Preguntas de Nivel Reflexivo y Resonante
¿Qué les sorprendió del producto?
¿Qué les gustó de la presentación?
¿Qué no les gustó de la presentación?
¿En qué momento se sintieron intranquilos?

Preguntas de Nivel Interpretativo
¿Qué ventajas nos traería el adquirir este producto?
¿Cómo podríamos utilizarlo?
¿En qué nos ayudaría?
¿Cuáles serían las desventajas?

Preguntas de Nivel Decisivo
¿Tenemos algunas preguntas que formular antes de recomendarlo?
¿Qué recomiendan que hagamos?

Cierre
Llevaré ésta recomendación al comité de administración.
Realmente agradezco el tiempo que han tomado para ver el video y entregar su contribución. Muchas gracias.

D9. Adaptar los servicios a las necesidades del cliente

La Situación
Alguien le ha llamado por teléfono para hablarle respecto de sus servicios de consultoría. Usted entabla con ella una conversación para comprender sus necesidades como cliente.

Objetivo Racional
Comprender en detalle por qué este potencial cliente está considerando utilizar sus servicios, incluyendo una posible agenda oculta.

Objetivo Experiencial-Vivencial
Lograr que este potencial cliente confíe en que usted la toma en serio y que la puede ayudar.

Sugerencias
Es importante que los participantes hablen de cómo han manejado situaciones similares en el pasado. Así usted podrá poner el acento en las cosas nuevas y no sólo recrear lo que ya conoce que existe.

Otras aplicaciones
Este tipo de conversación es útil en una gran variedad de situaciones que incluyen manejo de problemas, ventas o diagnóstico de sistemas.

LA CONVERSACIÓN

Apertura
Gracias por llamar. ¿En qué podría ayudarla? Bien, suena interesante. ¿Podría hacerle algunas preguntas antes de darle mis sugerencias?

Preguntas de Nivel Objetivo
¿Me podría facilitar algunos detalles respecto del asunto que desea tratar?
¿Quién(es) se ven más afectado(s) por este problema?

Preguntas de Nivel Reflexivo y Resonante
¿Qué experiencias similares ha tenido en el pasado?
¿Cómo ha manejado este tipo de situaciones?
¿Cómo se sintieron las involucrados con el resultado de la gestión?
¿Qué pensó usted de ello?
¿Qué es lo que más le preocupa en este momento?

Preguntas de Nivel Interpretativo
¿Qué tipo de estrategia le gustaría tomar esta vez?
¿Cuál es el resultado que busca?
¿Qué implicaciones a futuro tendría ése resultado?
¿Quién más se vería afectado por esta decisión?
¿Quiénes se verían comprometidos en la toma de la decisión?

Preguntas de Nivel Decisivo
Si tuviera que resumir lo que usted necesita, ¿qué me diría?

Cierre
Definitivamente tengo algunas ideas sobre el tema. Podemos conversarlas de inmediato, o acordar otro momento para conversar, como usted prefiera.

D10. Interpretar una auditoria de sistemas

La Situación
Después de la auditoria anual de sistemas, a todos los departamentos se les envía una serie de recomendaciones de control de calidad. Su equipo debe entender las recomendaciones y los cambios que éstas requieren.

Objetivo Racional
Entender las recomendaciones y los cambios que implican.

Objetivo Experiencial-Vivencial
Permitirle al grupo aceptar las recomendaciones, viendo tanto los límites como las posibilidades que involucran, y seguir adelante con su trabajo sin sentirse como víctimas.

Sugerencias
Si ve que a nivel reflexivo la tarea está hecha con las primeras tres preguntas, considere la posibilidad de saltarse todas o las mayoría de las restantes y avance al nivel siguiente. Las preguntas son herramientas para que el grupo profundice, no son como cuentas en un rosario a usar una tras otra.

Otras Aplicaciones
La misma conversación puede ayudar a reflexionar sobre cualquier documento que afecte al grupo, como proyectos legales pendientes en el congreso, informes o artículos de prensa.

LA CONVERSACIÓN

Apertura
Revisar recomendaciones de auditoría puede ser una experiencia muy inquietante. La forma en que gestionemos las recomendaciones es muy importante. Comencemos con los hechos objetivos, y veamos cuáles son las recomendaciones.

Preguntas de Nivel Objetivo
Al mirar el documento, ¿qué recomendaciones concretas se hacen? ¿Qué otras?
¿Hay algunas que hemos ignorado?
¿Dónde les gustaría tener más información?

Preguntas de Nivel Reflexivo y Resonante
Si fueran a colorear estos puntos, ¿cuáles subrayarían en rojo – para peligro?
¿Cuáles en verde –para proseguir?
¿Cuáles en gris – para aclaración?
¿Dónde se sorprendieron?
¿A cuáles les damos la bienvenida?
¿Cuáles les generan dudas?
¿Cuáles reconocen que son necesarias, pero no les gustan?

Preguntas de Nivel Interpretativo
Intenten leer la mente de los auditores que formularon estos puntos. ¿Por qué harían esas recomendaciones?
¿Cuáles tendrán el mayor impacto?
¿El menor impacto?
¿Qué diferencia harán en la organización en general?
¿Para las personas en esta sala?

Preguntas de Nivel Decisivo
¿Qué tenemos que hacer respecto de estas recomendaciones?
¿Cuál va a ser nuestro primer paso?
¿Qué nombre le darían a este grupo de recomendaciones?

Cierre
Creo que entre todos nos hemos ayudado a apreciar lo que está en este documento y lo que significa para nosotros. Estamos empezando a usar nuestra imaginación en cómo trabajar con estas nuevas normas.

D11. Analizar el funcionamiento del presupuesto

La Situación
En su rol de gerente, se ha sentado a conversar con el contador para revisar las entradas del último trimestre, en relación con la preparación del presupuesto para la reunión que llevará a cabo el comité de finanzas. En el diálogo, se distribuirán las respuestas de las pregunta. Ambos se comportarán como entrevistado y entrevistador.

Objetivo Racional
Evaluar la situación financiera actual a la luz del presupuesto del año, con el fin de examinar el aspecto entradas/gastos y compartir ideas en cuanto al último trimestre.

Objetivo Experiencial-Vivencial
Captar una visión realista de las expectativas del presupuesto.

Sugerencias
Además de las cifras del presupuesto, sería conveniente contar con una lista de factores críticos de éxito o supuestos sobre el mismo.

Otras Aplicaciones
Esta conversación también podría utilizarse con un equipo que se ocupa del presupuesto de ingresos de su departamento o con un equipo administrativo o un comité financiero.

LA CONVERSACIÓN

Apertura
Veamos las cantidades que tenemos aquí y comparémoslas con el presupuesto que habíamos proyectado.

Preguntas de Nivel Objetivo
Si miramos a las entradas globales, ¿qué cantidades llaman la atención?
¿Cuáles son las mayores variaciones de ingresos: hacia arriba o hacia abajo?
¿Cuáles son las mayores variaciones en los gastos?
¿Qué cantidades están justo en lo que deben estar?
¿Qué estimaciones deberíamos revisar?

Preguntas de Nivel Reflexivo y Resonante
¿Qué cifras nos agradan?
¿Cuáles nos preocupan?
¿Cuáles nos sorprenden?
Durante este trimestre, ¿cuándo estuvimos preocupados?
¿Cuándo experimentamos logros en nuestro cuadro financiero?

Preguntas de Nivel Interpretativo
Ahora veamos las cifras de ingresos que estén altas.
¿Qué factores llevaron a que estén altas?
Ahora veamos las cifras de entradas más bajas.
¿Qué factores influyeron para que estén así de bajas?
Ahora los gastos.
¿Qué hizo que subieran?
¿Qué sucedió con éste que está bajo?
En relación con todo el trimestre, ¿cómo creemos que lo hemos hecho?
¿Qué nos dice esto respecto a la salud de la operación total?

Preguntas de Nivel Decisivo
¿Cuáles son las implicaciones de esta información?
¿Qué modificaciones necesitaremos hacer el próximo trimestre?
¿Qué acciones podrían provocar una gran diferencia si las empezamos a implementar de inmediato?

Cierre
Usaremos estos apuntes en nuestro informe al comité de finanzas.

D12. Reflexionar respecto de una reunión caótica

La Situación

El administrador de turno acaba de tener una reunión con el personal para tratar la campaña de calidad total. Algunos empleados fueron evasivos al momento de responder a las interrogantes, otros se rieron a carcajadas aunque se negaron a explicar qué les provocaba tanta risa. El administrador ha decidido citar a algunos miembros del personal para el día siguiente, con el fin de discutir lo que está sucediendo.

Objetivo Racional

Llegar al fondo de lo que realmente está sucediendo.

Objetivo Experiencial-Vivencial

Honrar lo que sucedió en la reunión anterior, y decidir qué temas se deben tratar.

Sugerencias

El líder debe reflejar el estado de perplejidad en que está el grupo. Necesita decirles que tiene curiosidad más que un disgusto; quiere satisfacer su propia curiosidad, y supone que el grupo quiere lo mismo.

Otras aplicaciones

Una conversación similar es útil cuando una sesión de planificación se sale totalmente de curso, o si una serie de rumores envenenan el ambiente de la oficina.

LA CONVERSACIÓN

Apertura

Decidí citarlos a reunión hoy en la mañana para que conversemos sobre la reunión de ayer en la tarde. Les prometo que anoche no pude dormir tratando de explicarme lo que allí había sucedido. La única manera en que logré conciliar el sueño fue tomar la decisión de que algunos de nosotros necesitábamos reunirnos nuevamente hoy en la mañana y conversar al respecto. Empecemos con el nivel objetivo. Imaginen que estuvieran repasando un video o cinta de audio de la reunión de ayer.

Preguntas de Nivel Objetivo

¿Qué temas discutimos en la reunión de ayer en la tarde?
¿Qué cosas se dijeron?
¿Qué más vieron o escucharon en la reunión: gestos, conversaciones paralelas, carcajadas, risitas, etc...?

Preguntas de Nivel Reflexivo y Resonante

¿Qué les sorprendió de las reacciones que se vieron?
¿En qué momento de la reunión se sintieron irritados o perturbados?
¿Qué hizo que se sintieran de esa forma?

Preguntas de Nivel Interpretativo

¿Qué se logró en la reunión?
¿Qué es lo que no se logró?
¿Qué es lo que realmente sucedió en la reunión? Quisiera escuchar al menos tres interpretaciones distintas. Piensen por un minuto. Escuchemos lo que tienen que decir.
¿Qué realmente ocurrió allí?
Otra persona: ¿Qué ocurrió? Otra persona.
Alguien que no haya hablado todavía: ¿que han escuchado de sus tres compañera/o de trabajo?
Alguien resuma, por favor, lo que se ha escuchado.

Preguntas de Nivel Decisivo

¿Qué necesitamos hacer respecto de esta situación?
¿Cuáles serían nuestros tres primeros pasos?

Cierre

Bien, tal vez no hemos llegado realmente al fondo de todo esto, pero algo hemos avanzado. Agradezco mucho el tiempo que se han tomado. Haré que se copien los apuntes de esta reunión y se los dejaré en sus buzones.

D13. Considerar el impacto de nuevos reglamentos del gobierno para un producto

La Situación

El gobierno acaba de emitir nuevos reglamentos sobre niveles de aceptación en un producto. Un equipo de gerentes, diseñadores y fabricantes se ha reunido para considerar el impacto de las nuevas reglas sobre su producto.

Objetivo Racional

Esclarecer lo que dicen los nuevos reglamentos, determinar cómo van a afectar el producto de la compañía y discernir los primeros pasos para operar dentro de las nuevas normas

Objetivo Experiencial-Vivencial

Procesar las primeras reacciones de temor, desaliento o enojo, para llegar a un estado de aceptación y de acción.

Sugerencias

No espere que esta conversación logre un plan de acción acabado. Lo que la conversación sí puede hacer es comenzar el proceso de ajustar el producto a los nuevos reglamentos, con el aporte de los involucrados. La próxima parte del proceso requerirá algunos informes, probablemente de tipo técnico.

Otras Aplicaciones

Esta conversación también se puede usar para determinar el impacto en un producto de las tendencias del mercado.

LA CONVERSACIÓN

Apertura

Gracias por venir con tan poco aviso. Pensé que sería mejor enterarnos de este asunto lo antes posible para ver cómo afecta a nuestro producto y decidir cómo gestionar los posibles cambios que se requieran. Cada uno tiene en frente una copia de los nuevos reglamentos. Por favor léanlos en los próximos 20 minutos para entenderlos. Pueden anotar sus comentarios en el papel, para referencia posterior.

Preguntas de Nivel Objetivo

(Después del tiempo suficiente) Bien, volvamos a juntarnos como grupo. ¿Qué reglamentos vieron que podrían incidir en nuestro producto?
¿Qué otras reglamentos marcaron?

Preguntas de Nivel Reflexivo y Resonante

¿Qué los descorazonó? ¿Por qué?
¿Dónde vieron nuevas oportunidades en estos reglamentos?
¿Quisieran añadir algo más?

Preguntas de Nivel Interpretativo

¿Cuál es la mayor preocupación en torno a estos reglamentos?
¿Cuáles son los puntos específicos que afectan a nuestro producto?
¿Qué tendremos que hacer de manera diferente?
¿Qué tipo de investigación y desarrollo necesitaremos?
¿Qué significa esto en las próximas semanas o meses?

Preguntas de Nivel Decisivo

¿Cuáles son los primeros pasos a tomar para enfrentar todo esto?
¿Cuándo tendríamos que volver a reunirnos?
¿Qué necesitamos tener para entonces?
¿Qué tareas debemos realizar?
¿Quién será responsable de preparar los puntos específicos para la próxima reunión?

Cierre

Bien, esto ha sido útil. Tenemos que pedir algunos informes técnicos a los ingenieros, pero pareciera ser que esto es algo que podemos manejar sin mayores problemas. Gracias por su tiempo. Nos vemos de nuevo todos el … *(fecha de la próxima reunión)*.

D14. Reflexionar sobre una propuesta de reorganización departamental

La Situación
Un departamento de su empresa necesita reestructurarse para ofrecer nuevos servicios. Un grupo ha creado una propuesta. Es el momento para que el resto del departamento la vea dé su opinión, para lo cual el departamento se divide en grupos de siete u ocho. Cada grupo realiza la siguiente conversación.

Objetivo Racional
Discernir los puntos de consenso, y los temas que deben estudiarse

Objetivo Experiencial-Vivencial
Sentirse escuchado en profundidad acerca de una propuesta que afecta a la empresa.

Sugerencias
Puede ser difícil mantener el enfoque en las preguntas del nivel objetivo. Mantenga a la gente enfocada en lo que realmente dice la propuesta. Cuando la propuesta afecta el trabajo de las personas, el nivel reflexivo es clave. Asegúrese de preguntar tanto por reacciones positivas como negativas. Eso les ayudará a ir más allá de quejas superficiales. En el Nivel de Decisión existe el riesgo que la gente haga sugerencias que sólo protegen sus puestos de trabajo. Podría agregar preguntas para promover la responsabilidad colectiva por el tema en su totalidad.

Otras Aplicaciones
Una conversación similar puede usarse para gestionar compras y fusiones corporativas, o enfrentar reducciones de presupuesto.

LA CONVERSACIÓN

Apertura
Todos hemos oído sobre esta propuesta y nos hemos preguntado cómo nos podría afectar. Ahora tenemos la oportunidad de hacer sugerencias sobre la mejor manera de manejar nuestras nuevas tareas. Dediquen unos minutos a leer la propuesta, y luego conversemos.

Preguntas de Nivel Objetivo
Al mirar la propuesta, ¿qué palabras o frases les llaman la atención?
¿Cuáles son los principales títulos?
¿Cuáles son algunas de las principales ideas de la propuesta?
¿Qué otras cosas se están proponiendo?

Preguntas de Nivel Reflexivo
¿Qué les entusiasma de la propuesta?
¿Qué les incomoda o les preocupa?
¿Qué les presenta la mayor dificultad?

Preguntas de Nivel Interpretativo
¿Qué nuevas funciones podrían requerirse en el departamento descrito aquí?
¿Qué ventajas ven en esto?
¿Qué oportunidades traería esta propuesta para este departamento? ¿Para los empleados?
¿Qué valores ven que están incorporados en esta propuesta?
¿Qué valores no plantea?

Preguntas de Nivel Decisivo
¿Cuáles son las principales áreas en que quisieran ver más detalle?
¿Qué recomendarían?
¿En qué parte de esto estarían dispuestos a colaborar?

Cierre
Esta ha sido una conversación dinámica. Tenemos algunas ideas muy creativas. Entregaremos los apuntes de la conversación al equipo de la propuesta, el que nos presentará una nueva propuesta cuando esté lista. Si ustedes tienen recomendaciones adicionales, por favor escríbanlas, y pásenmelas a mí.

Conversaciones para la toma de decisiones

Está en la naturaleza de una idea el ser comunicada, redactada, expresada, realizada. La idea es como el césped. Anhela la luz, le encanta la gente, prospera con la fertilización cruzada, crece mejor cuando es pisada.

Ursula Le Guin

La clave de muchas conversaciones dirigidas hacia la toma de decisiones es ayudar al grupo a aclarar los valores que crearán el esquema básico para tomarlas. Al hacerlo, el grupo ha creado un timón común para guiarlo hacia una decisión. Este capítulo incluye las siguientes conversaciones:

E1. Ayudar a un compañera/o de trabajo a pensar una decisión.

E2. Asignar trabajos a un equipo.

E3. Decidir prioridades de trabajo.

E4. Discutir la reacción del personal ante un documento de estrategia.

E5. Desestancar un bloqueo en las decisiones de un grupo.

E6. Decidir sobre la estrategia de una exposición comercial.

E7. Reenfocar la misión de un equipo.

E8. Implementar una nueva política de Directorio.

E9. Decidir las prioridades de un programa.

E10. Desarrollar los marcos de referencia para evaluar un gran proyecto.

E11. Planificar el presupuesto anual.

E12. Manejar temas del ambiente de trabajo.

E13. Modificar el protocolo de la oficina.

Estas conversaciones ayudan a los grupos a llegar a un consenso en cuanto a lo que se necesita hacer. La toma de decisiones está relacionada con las funciones de observar, juzgar, sopesar, decidir y actuar. Los grupos se pueden estancar en muchas de las etapas de la toma de decisiones, como pueden ser: obtener muchos más datos de los que se necesitan o tomarse demasiado tiempo en juzgar o sopesarlos, de manera que las decisiones se siguen postergando. Ocurre también que algunos grupos llevan a cabo estos procesos de manera ejemplar: toman una decisión pero no la implementan. Las personas que facilitan grupos y equipos de trabajo necesitan estar conscientes de estas posibilidades, especialmente si se trata de decisiones que comprometen las vidas de todos aquellos que están en la sala.

Cuando el tema es muy amplio o complejo, se requerirá de más de una conversación: por ejemplo, si un pequeño grupo de trabajo es capaz de llevar a cabo un trabajo sumamente especializado con personas particulares y presentan una recomendación al grupo. Por ejemplo, en la conversación "Desarrollar los marcos de Referencia...", la conversación en sí misma no podría lograr esos puntos. Lo que se logra es develar lo que se necesita para hacer el trabajo. Asimismo, la conversación "Decidir las Prioridades de un Programa", es un monstruo de conversación, sumamente compleja. No la utilice al inicio de su proyecto. Más tarde, cuando podría ser útil, prepárela cuidadosamente.

Estas conversaciones pueden tornarse bastante acaloradas. El líder tendrá que intervenir activamente para evitar discusiones. Si se permiten las discusiones y el líder de la conversación deja pasar una descalificación a la contribución de una persona, el resto se sentirá muy inseguro. De ahí, el grupo no participará abiertamente. El facilitador debe ser totalmente neutral (valorando cada respuesta como si fuera de suma importancia), y a la vez tendrá que proteger activamente el proceso del grupo. En ocasiones los participantes realmente desean continuar sintiendo sus heridas y descargando culpabilidades, en lugar de asumir la responsabilidad de la situación. Este deseo puede conducirles a dejar de participar o a intentar sabotear el proceso. En estos casos, el líder de la discusión debe ser respetuoso pero firme. Es de vital importancia que el grupo logre llegar a algún nivel de decisión, aunque ésta sea sólo la decisión de terminar el proceso con posterioridad.

E1. Ayudar a un compañera/o de trabajo a pensar respecto de una decisión

La Situación
Un compañera/o de trabajo le ha informado de una difícil elección que está enfrentando. No sabe qué hacer, está muy afligido y parece desear que otra persona tome la decisión por él. Quisiera que le ayudara.

Objetivo Racional
Ayudarle a pensar su problema, paso a paso.

Objetivo Experiencial-Vivencial
Lograr que su compañera/o de trabajo se sienta capaz de sopesar las opciones y llegar a su propia decisión.

Sugerencias
Esto no es tan sencillo como parece, pues tomar una decisión arriesgada puede ser extraordinariamente difícil. La conversación será más bien un ejercicio de recolección de datos y de perspectivas. Es poco probable que surja de ella una verdadera decisión. Seguramente el compañera/o de trabajo estará buscando empatía, comprensión y sopesar las consecuencias de su decisión, y usted decidirá hasta dónde puede apoyarlo. Probablemente querrá formular preguntas menos formales y más coloquiales, en una conversación cara a cara. Por ejemplo, en el nivel objetivo: "¿cuéntame lo que está sucediendo?...Ah, ya veo. Pero no entiendo esto...¿Quieres decir que eso ocurrió?... Bien, por lo que te he escuchado, los factores a sopesar serían... ¿Se me ha olvidado algo?"

LA CONVERSACIÓN

Apertura
Conversemos, Jorge, dispongo de algún tiempo ahora. ¿Vamos a la cafetería y veamos si podemos hablar sobre el tema?

Preguntas de Nivel Objetivo
¿Qué datos debes considerar para tomar una decisión?
¿Cómo describirías el problema y la situación?
¿Cuáles serían los distintos aspectos del problema?

Preguntas de Nivel Reflexivo y Resonante
¿Qué exigencias y presiones tienes que enfrentar debido a esto?
¿Qué hace que la decisión sea tan difícil?
¿Cómo te sientes en esta situación?

Preguntas de Nivel Interpretativo
¿Cuáles son tus opciones para responder a esta situación?
¿Qué valores deseas defender al tomar tu decisión?
Veamos la primera opción. ¿Qué ventajas tiene?
¿Cuál es la parte negativa?
Veamos la segunda opción. ¿Qué ventaja tendría?
¿Cuáles serían las desventajas?
¿Qué opción te gustaría explorar más detenidamente?
Veamos ésta opción, ¿lograría responder a la situación?
¿Qué perspectivas de éxito presenta? ¿Sería una forma eficiente de responder ante esta situación?

Preguntas de Nivel Decisivo
¿Qué impacto tendría sobre esta decisión sobre tu vida?
¿Para qué consecuencias debes prepararte?
¿Cuáles serían los primeros pasos a dar para llevarla a cabo?

Cierre
Esta elección ha sido muy difícil de tomar. Probablemente no vas a estar seguro de que has tomado "la decisión correcta". Sólo sabes que se necesitaba una elección auténtica, has examinado las opciones que tienes y has decidido. Creo que has demostrado una gran valentía.

E2. Asignar trabajos a un equipo

La Situación
Su equipo ha delineado las tareas y roles necesarios para un nuevo proyecto y ahora se propone a asignar responsabilidades. Cada uno ya tiene bastante trabajo, y las asignaciones hechas con anterioridad no funcionaron bien.

Objetivo Racional
Organizar eficientemente las asignaciones de trabajo.

Objetivo Experiencial-Vivencial
Asegurarse que las nuevas asignaciones permitirán realizar el trabajo sin requerir sobretiempos o crear tensiones entre los trabajadores.

Sugerencias
El aspecto más poderoso del proceso es lograr que cada uno desarrolle un modelo para el proyecto completo. Esto permitirá a cada persona enfrentar el problema completo, y no sólo las partes relacionadas con su propia descripción de trabajo.

Otras Aplicaciones
Esta conversación puede servir para desarrollar cualquier modelo o escenario.

LA CONVERSACIÓN

Apertura
Hemos detallado el trabajo a realizar en este proyecto. Tenemos que ver cómo lo organizamos para llevarlo a cabo. En el pasado habíamos intentado diferentes formas de hacerlo, pero el resultado fue tensiones adicionales y sobretiempos. Ahora queremos lograr este trabajo dentro de nuestro tiempo y sin complicar lo que actualmente hacemos. Consideraremos todas nuestras opciones y elegiremos lo que pensamos que funcionará.

Preguntas de Nivel Objetivo
Bien, mirando los esquemas de tareas, ¿cuáles son los diferentes componentes de este proyecto?
¿Cuáles tareas requieren mayor tiempo?
¿Qué otras tareas vigentes tenemos que realizar al mismo tiempo?

Preguntas de Nivel Reflexivo y Resonantes
¿Cómo hemos hecho las asignaciones para estos proyectos en el pasado?
¿Qué funcionó bien?
¿En qué parte de ese proceso se sintieron frustrados?

Preguntas de Nivel Interpretativo
¿Qué hemos aprendido sobre cómo organizarnos un proyecto?
¿Qué criterios podemos usar para hacer las asignaciones para este proyecto?
¿Necesitamos información adicional?
Divida al grupo en tres subgrupos interdisciplinarios.
Pida que cada equipo diseñe rápidamente un modelo sobre cómo hacer el trabajo y quién debe hacerlo. Al cabo de media hora, el líder convoca nuevamente a los equipos para informar sobre su trabajo.
Bien, ahora cada equipo informará sobre su modelo. Equipo A: ¿Hay preguntas para aclarar el modelo del equipo A? Ahora escuchemos el informe del equipo B, etc.
¿Qué les llama la atención de estos tres modelos?
¿Cuáles son algunas relaciones o elementos comunes?
¿Cuáles son las principales diferencias?
¿Cuáles son las implicaciones de estos modelos?
¿Cuáles son los elementos exitosos que ven en cada modelo?

(sigue en la página siguiente)

E2. Hacer asignaciones al interior de un equipo (continuación)

Preguntas de Nivel Decisivo
Juntemos los elementos exitosos en una solución conjunta.
(Elabore los componentes en el papelógrafo)
¿Qué otros ajustes necesitamos para asegurarnos el éxito?
¿Cuáles son los próximos pasos?

Cierre
Esta ha sido una buena experiencia en crear un modelo colectivo.
Nos permitió ver cómo al trabajar en equipo tenemos la flexibilidad de hacer asignaciones para el proyecto con una distribución de responsabilidades más justa.

PUNTOS QUE LA PERSONA QUE FACILITA Y LIDERA LA CONVERSACIÓN DEBE RECORDAR

Ensaye la conversación en su mente

Después de crear su conversación, vuelva a repasarla, haciéndose cada pregunta. Sienta cómo le llega la pregunta, y decida cómo la contestaría. Esto le dará una visión de los participantes en el proceso. Después de responder, probablemente dirá, "Quiero cambiar esta pregunta, eso no es lo que quería preguntar realmente". Al hacer la conversación primero consigo mismo, descubrirá dónde están los puntos débiles, y podrá manejarlos antes de empezar la conversación Algunas preguntas tendrán que simplificarse. Quizás necesite agregar sub-preguntas en ciertos momentos. Algunas preguntas sonarán demasiado formales. Con cada cambio, imagínese cómo se sentiría si fuese participante. Coloque sus tarjetas autoadhesivas en las cuatro columnas y muévalas hasta obtener la mejor secuencia. Lo mejor es imaginar el proceso de conversación como un flujo, más que un conjunto de pasos. Al trabajar sobre el flujo de preguntas, cada una llevando a la otra, el grupo percibirá que la conversación es fluida, sin discontinuidades, y que las respuestas fluyen en secuencia natural y de forma consciente.

Las preguntas que realmente necesita

Para cada conversación hay cientos de preguntas posibles. En muchas conversaciones, una parte de su preparación es aclarar cuidadosamente el tipo de información que quiere obtener del grupo. Con ese fin, el líder de la conversación debe ver el objetivo racional de la conversación para determinar las principales preguntas de tipo interpretativo o decisional. Esta relación entre el objetivo racional y las preguntas claves representa el eje de la conversación, el cual determina si la conversación llevará a alguna parte. Por ejemplo, si una conversación reflexiona sobre la forma de hacer asignaciones, las preguntas claves se relacionarán con la experiencia del grupo en asignar tareas en el pasado, en lo que funcionó bien, y en lo que no funcionó bien. De esa experiencia saldrán los aprendizajes clave, que influirán en cómo hagan las próximas asignaciones los integrantes del grupo.

E3. Decidir prioridades de trabajo

La Situación
Su equipo acaba de recibir un importante contrato, que en realidad son varios proyectos en uno. El contrato tiene un plazo de tres meses: un período muy limitado. Se ha reunido con su equipo para determinar prioridades.

Objetivo Racional
Planificarse para que el equipo pueda completar el contrato, exitosamente, en tres meses.

Objetivo Experiencial-Vivencial
Inyectarle a su equipo la confianza de que pueden lograrlo.

Sugerencias
Se puede tener una conversación similar sobre las actividades específicas en cada etapa del proyecto, y crear un cronograma general de cada proyecto con las actividades y asignaciones de tareas, y exhibirlo para que el equipo lo vea.

Otras Aplicaciones
Este tipo de conversación puede ayudar a aclarar ideas para priorizar las actividades de un trimestre. La conversación puede adaptarse para una conversación entre dos personas sobre prioridades para un día o una semana específica.
Este enfoque es muy similar a un método TOP™ llamado Plan de Acción, que podría ser más adecuado en este caso, si el líder de proyecto lo conoce. (Plan de Acción es uno de los talleres del Método de Planificación Estratégica Participativa ICA. Ver Laura Spencer: *Winning Through Participation*, p. 133.)

LA CONVERSACIÓN

Apertura
Tenemos todo un desafío para nosotros en las próximas semanas. Creo que va a ser una verdadera aventura, pero podemos lograrlo si establecemos bien nuestras prioridades. Veamos qué se requiere para terminar nuestra tarea de forma exitosa. Revisemos el contrato.

Preguntas de Nivel Objetivo
¿Cuáles son las principales partes del contrato?
¿Cuáles son los componentes que tenemos que producir?

Preguntas de Nivel Reflexivo y Resonante
¿Qué parte va a ser relativamente fácil?
¿Cuál va a ser difícil?
¿Qué experiencias similares hemos tenido con este tipo de proyecto?

Preguntas de Nivel Interpretativo
¿Cuáles son las principales tareas requeridas para cumplir este contrato?
¿Qué habilidades y experiencia tenemos para este contrato?
¿Qué habilidades y recursos nos faltan?
¿Qué habilidades o recursos tendremos que obtener de otros equipos u organizaciones?
¿Qué asuntos tendrían que ser resueltos?
Bien, veamos ahora nuestra lista de tareas principales.
¿Cuáles tienen la máxima prioridad?
¿Cómo podemos enlazarlos unos con otros de manera que se sucedan?

Preguntas de Nivel Decisivo
Si tenemos tres meses para completar el contrato, ¿cuáles son las principales tareas para el primer mes? ¿Para el segundo y el tercero? ¿Quién va a trabajar en cada tarea?
Al mirar el esquema general de prioridades, ¿hay algo importante que nos falte?
Ahora vayamos uno a uno alrededor de la mesa para que cada uno diga algo sobre las prioridades de su parte en el contrato, y lo que tiene que hacer para cumplir con el plan.

Cierre
Siempre me impresiona lo que sucede cuando aunamos nuestras mentes en un proyecto. Les voy a enviar las apuntes de esta reunión, y anotaremos nuestras prioridades en el panel grande.

E4. Discutir la reacción del personal ante un documento de estrategia

La Situación
Un consultor externo ha creado una nueva estrategia de mercadeo que se presentará al personal.

Objetivo Racional
Obtener las recomendaciones del personal para perfeccionar la estrategia de mercadeo propuesta por el consultor.

Objetivo Experiencial-Vivencial
Permitir que el personal participe en la creación de la estrategia, de manera de que la sientan como propia.

Sugerencias
Debe esperar una actitud defensiva de parte del personal frente al documento. La forma en que el facilitador entable el contexto inicial será muy importante para facilitar una respuesta más proactiva.

Otras aplicaciones
Esta conversación se puede utilizar ante cualquiera estrategia o recomendación que se le plantee a un grupo.

LA CONVERSACIÓN

Apertura
Les estoy repartiendo copias del nuevo borrador de la estrategia de mercadeo que ha preparado el consultor. A pesar de que el plan ha sido cuidadosamente elaborado en conjunto con nuestra gerencia, necesitamos que sea evaluado y perfeccionado por quienes lo pondrán en práctica y que están más al tanto de la situación, es decir, por ustedes.

Preguntas de Nivel Objetivo
Tómense unos diez minutos para echarle una mirada al informe. Subrayen palabras, frases, o imágenes que les llamen la atención.
¿Qué palabras o frases subrayaron?
¿Qué preguntas tendrían para el autor?

Preguntas de Nivel Reflexivo y Resonante
¿Qué les pareció interesante?
¿Qué les preocupó?
¿Qué les pareció familiar?
¿Qué es distinto a lo que hacemos ahora?

Preguntas de Nivel Interpretativo
¿De qué manera nos será útil esta estrategia de mercadeo?
¿Qué limitaciones o vacíos han notado?
¿Qué implicaciones tendrá en nuestras operaciones?

Preguntas de Nivel Decisivo
¿Qué cambios desean recomendar?
¿Qué tendremos que hacer para implementar esta estrategia tan refinada?

Cierre
Apreciamos el informe que nuestro consultor externo ha preparado para nosotros. Esta conversación nos ha ayudado a adaptar este plan a nuestra situación. Necesitaremos perfeccionarlo un poco, pero ya podemos empezar a ponerlo en práctica.

E5. Desbaratar un estancamiento en las decisiones de un grupo

La Situación

Cuando un grupo llega a un estancamiento respecto de una decisión, generalmente se trata de un conflicto de valores. Si se le ayuda al grupo a decidir los valores según los cuales justificarán su decisión, se desbloqueará el estancamiento.

Objetivo Racional

Ayudar al grupo a establecer un conjunto de valores comunes para facilitar la toma de decisiones.

Objetivo Experiencial-Vivencial

Permitir que el grupo sienta alivio y triunfo al solucionar el desacuerdo.

Sugerencias

En esta conversación es muy útil que los participantes respondan con frases breves. Permita que el grupo formule interrogantes aclaratorias, ya que esto les ayuda a aclarar las ideas, pero no se debe permitir que ataquen los comentarios de los demás. Es importante que acepte cada contribución y que las coloque una al lado de la otra, para percibir el cuadro completo.

Otras aplicaciones

Este tipo de discusión se puede ampliar a un taller, si fuese necesario examinar los valores en más detalle. También se puede acortar para utilizarla dentro de un proceso más amplio.

LA CONVERSACIÓN

Apertura

Se me ha convocado en calidad de persona neutral para ayudarles a solucionar los asuntos de los que han hablado. Sólo les traigo algunas interrogantes que nos ayuden a encontrar el camino para superar el obstáculo y llegar así a una decisión de grupo.

Preguntas Objetivas.

Hagamos una lista de los distintos aspectos del tema que estamos tratando.

¿Qué han intentado hasta ahora?

¿Qué tipo de resultado es el que estamos buscando?

Interrogantes Reflexivas.

¿Cuáles han sido sus emociones mientras trataban el tema?

¿En qué parte se enojaron?

¿En qué parte se sintieron frustrados?

¿Qué les intrigó respecto de todos los esfuerzos anteriores?

¿Cuál es el tono emocional del grupo en este momento?

Preguntas de Interpretación.

¿Sobre qué valores queremos fundar esta decisión?

(Haga una lista en una tabla)

¿Existen algunas otras cosas que deberíamos tener en mente al momento de tomar esta decisión? *(Agregar a la lista)*

Preguntas de Decisión.

¿Cuáles de estos valores son los más importantes para esta decisión?

(Confirme con su tabla)

¿Qué luz arroja sobre esta decisión esta prioridad de valores?

Entonces, ¿cuál diríamos que es la decisión de este grupo?

¿Es ése nuestro consenso?

(Si la respuesta es no) ¿Podría alguien más establecer un consenso que respete estos valores?

¿Qué necesitamos hacer para avanzar basándonos en esta decisión?

¿Cuáles serán los pasos siguientes?

Cierre

Esta ha sido una discusión muy útil y reveladora. Pienso que entre todos han encontrado un terreno común y una forma de avanzar dentro de él.

E6. Decidir la estrategia de una exposición comercial

La Situación

Los equipos de mercadeo y de ventas están evaluando las ferias comerciales de la temporada para decidir en cuáles harán una exposición. El jefe decide tener una conversación para obtener datos y respuestas del grupo.

Objetivo Racional

Examinar las ferias comerciales del año, crear un esquema de valores para priorizarlas y hacer una selección preliminar de participación.

Objetivo Experiencial-Vivencial

Generar creatividad y pensamiento estratégico para el mercadeo en ferias comerciales.

Sugerencias

Cabe la pregunta de por qué los datos de esta conversación tienen que ir a otro grupo, y por qué este grupo no puede hacer todo el trabajo. La razón es que una conversación con un grupo amplio sólo puede llevar las decisiones hasta un cierto punto. Para detalles más complejos o técnicos, la planificación adicional debe delegarse a un pequeño equipo de trabajo, el cual tiene que estimar los costos de participación en cada feria, obtener los costos del año anterior de la contabilidad, etc. Es trabajo muy detallado que requiere una combinación de reuniones, informes y todo un ir y venir – lo que no es materia de una conversación guiada.

Otras Aplicaciones

Esta conversación también puede usarla un jefe de mercadeo para decidir nuevas líneas de producción.

LA CONVERSACIÓN

Apertura

Hemos reunido a los equipos de mercadeo y de ventas esta mañana para evaluar las ferias comerciales del año y decidir cuáles estarían dentro de nuestro presupuesto y necesidades. Hemos recolectado materiales informativos sobre las ferias de temporada, y allí la tienen a su disposición. Tomémosnos unos quince minutos para mirarlos antes de empezar a conversar.

Preguntas de Nivel Objetivo

Entre todos debemos haber cubierto la mayoría de los materiales informativos, y todos tienen delante de sí las listas de exposiciones comerciales.

¿Qué ferias les llaman la atención? ¿Cuáles están en las cercanías? ¿Cuáles son los costos de participación en cualquiera de ellas?

Preguntas de Nivel Reflexivo y Resonante

¿Cuáles parecen ser las más atractivas y relevantes para nuestros clientes?

¿De cuáles debiéramos prescindir?

¿Cuáles están en sintonía con nuestros productos y servicios?

Preguntas de Nivel Interpretativo

¿Hay algunos otros valores que aún no hemos considerado?

¿Cuál es un valor clave que debemos tener en cuenta en nuestra selección? ¿Qué otros valores tenemos que considerar?

¿Qué ferias parecen calzar con nuestros valores?

Preguntas de Nivel Decisivo

Necesitamos una lista corta de diez ferias para poder analizarlas. Consideren los costos y valores cuidadosamente.

¿Qué ferias calzan mejor con los valores que hemos identificado? ¿Cuáles calzan menos?

¿Cuáles vamos a recomendar para que un equipo las evalúe en mayor detalle? Tenemos que elegir 10.

Cierre

Esto ha sido muy entretenido, y muy revelador. Vamos a considerar las ferias que ustedes han recomendado y asignaremos un equipo que realice un estudio de costos y beneficios de cada una. Con esa base, y considerando otros valores que ustedes han mencionado, decidiremos una lista definitiva, con lo cual cada equipo podrá comenzar su planificación.

E7. Re-enfocar la misión de un equipo

La Situación

Al trabajar en varios contratos diferentes, el equipo se siente dividido sobre sus objetivos y prioridades. Los gerentes discuten el tipo de negocio en el que están, y deciden dedicar un cierto tiempo a redefinir su misión.

Objetivo Racional

Recordar su misión original, analizar cómo han cambiado sus tareas y, a la luz de ello, redefinir el servicio único que ofrecen.

Objetivo Experiencial-Vivencial

Lograr una visión amplia de hacia dónde se dirige el equipo.

Sugerencias

Es difícil cambiar la declaración de misión, a menos que participe una amplia y diversa base de la organización. Asegúrese que el enfoque de esta conversación se mantenga sobre la misión del equipo – sobre su trabajo – y no sobre la misión de la organización.

Otras Aplicaciones

Se pueden crear conversaciones similares para realinear un grupo en torno a una tarea, o para hacer una corrección de rumbo a mitad de camino.

LA CONVERSACIÓN

Apertura

Por algún tiempo, me he sentido muy dividido entre tareas y objetivos. A veces siento que somos diferentes equipos con varias misiones. Hoy, me gustaría escuchar sus pensamientos mientras formulamos una nueva declaración de misión que aclare nuestra visión y tareas.

Preguntas de Nivel Objetivo

Para iniciar esta conversación, ¿cuál fue la misión original de este equipo?

¿Cuáles fueron nuestras tareas iniciales?

¿Cuál fue el último informe sobre algún aspecto de esta misión?

¿Cuánto avanzó el equipo en completar su misión?

¿Cuáles fueron algunas de las victorias o éxitos?

¿Qué pasó luego, que hizo cambiar nuestro rol?

Preguntas de Nivel Reflexivo y Resonante

¿Cómo se han sentido recientemente, como parte de este equipo?

¿En qué momento ha sido más difícil manejar las prioridades?

¿Cuándo se sintieron sin ganas de continuar?

Preguntas de Nivel Interpretativo

¿Qué ha cambiado en nuestro equipo, desde el comienzo de nuestros nuevos proyectos?

¿Qué objetivos y servicios comunes hemos agregado a todos nuestros proyectos?

¿Cómo describirían la actividad en que estamos, y cuál es la diferencia que tratamos de hacer con nuestro aporte?

Preguntas de Nivel Decisivo

¿Cómo resumirían lo dicho en una declaración de misión?

Bien, si esta es nuestra misión, al menos por ahora, ¿cómo afecta a nuestras prioridades?

¿Qué diferencia tendrá en nuestros contratos actuales?

¿Qué diferencia hará en cómo trabajamos juntos?

¿Cómo debiéramos usar esta declaración de misión?

Cierre

Bueno, en cierto sentido esta ha sido una conversación difícil, pero muy útil. Convivamos bajo esta declaración por ahora, y volvamos a conversarla durante la planificación del próximo trimestre.

E8. Implementar una nueva política de directorio

La Situación

El directorio ha aprobado una política para la cual necesitaremos decidir la forma más eficiente de implementarla.

Objetivo Racional

Comprender la última política del directorio aprobada.

Objetivo Experiencial-Vivencial

Aunar consenso sobre lo que significa la política y cómo la vamos a implementar.

Sugerencias

Antes de considerar la pregunta de la implementación, los involucrados tienen que examinar exhaustivamente la política, para darle un sí básico. No imponga la implementación. Si existe mucha controversia, el crear un modelo de implementación podría requerir varias sesiones.

Si hay resistencias o dudas sobre la política, puede agregar las siguientes preguntas a la parte interpretativa:

¿Cuáles son las fortalezas de esta política?

¿Cuáles son sus debilidades?

¿Qué ventajas tendría implementarla?

¿Qué puntos vulnerables presenta?

¿Qué es lo que más les preocupa de esta política?

¿Qué otros puntos de vista hay sobre estas preocupaciones o sobre esta política?

Otras Aplicaciones

Una conversación similar puede usarse cada vez que un grupo toma una decisión tiene que ser implementada por otro equipo o individuo.

LA CONVERSACIÓN

Apertura

Como seguramente han oído, el viernes pasado el directorio aprobó una nueva política. Aquí hay una copia para cada uno de ustedes. Por favor estúdienla por unos minutos y luego vamos a conversar sobre ella.

Preguntas de Nivel Objetivo

Al leer la nueva política, ¿qué palabras o frases les llaman la atención?

Según este documento, ¿cuáles son los componentes de esta política?

¿Qué aclaraciones necesitamos sobre esta política?

Preguntas de Nivel Reflexivo y Resonante

¿Qué les llama la atención de esta política?

¿Qué les preocupa?

¿Qué preguntas tienen sobre esta política?

Preguntas de Nivel Interpretativo

¿Qué cuestiones nos plantea esta política?

¿Cuál dirían ustedes que es la intención de esta política?

¿Qué implicaciones tiene esta política para nuestro departamento?

¿Qué cambios tendremos que hacer?

Preguntas de Nivel Decisivo

¿Qué tenemos que hacer para implementar esta política?

¿Qué necesitamos aclarar?

Cierre

Creo que hemos encontrado algunas formas creativas y responsables de gestionar esta política. Voy a informar sus ideas a la gerencia.

E9. Decidir las prioridades de un programa

La Situación

Su organización opera varios programas. Para poder definir cuánto tiempo, energía y fondos se deben invertir en cada programa, se necesita desarrollar un esquema de prioridades.

Objetivo Racional

Facilitar que el equipo de gerencia obtenga un consenso respecto de tres niveles de prioridad en los programas.

Objetivo Experiencial-Vivencial

Que se logre tener confianza en que los recursos de la organización se están utilizando estratégicamente.

Sugerencias

Durante su preparación, reúna toda la información que sea relevante, para realizar un gran cuadro que contenga información actualizada en cuanto a los costes de personal, de tiempo y fondos. Al abrir la sesión, establezca límites muy claros para esta conversación. Si algunos temas no se debieran considerar, asegúrese de decirlo antes de que se inicie la conversación.

Puede ser útil grabar las respuestas de nivel interpretativo. Que sean sencillas y claras.

Use marcas de colores o haga listas de prioridades "altas", "medianas" y "bajas" que serán útiles en el nivel de decisión.

Otras aplicaciones

Este tipo de conversación se puede utilizar también si se necesita hacer recortes en el presupuesto.

LA CONVERSACIÓN

Apertura

En esta etapa al revisar nuestros servicios, necesitamos tener un cuadro aproximado de a dónde van nuestros recursos y de cómo se compara eso con nuestras prioridades. En el papelógrafo tenemos algunos datos básicos de las asignaciones de personal, costes, horas extraordinarias y ganancias de cada uno de nuestros programas.

Preguntas de Nivel Objetivo

Conversemos brevemente acerca del esquema informativo.

¿Qué números les llaman la atención?

¿Dónde están los mayores costes por tiempo del personal? ¿De fondos?

¿Qué notan respecto de los ingresos?

Preguntas de Nivel Reflexivo y Resonante

Tomémonos algunos momentos para conversar sobre nuestra experiencia con nuestros programas.

¿Qué ha funcionado bien? ¿Qué dificultades estamos enfrentando?

Preguntas de Nivel Interpretativo

Bien, ahora hagamos una evaluación de nuestras impresiones respecto a los programas.

¿Cuáles son más fáciles de ejecutar? ¿Cuáles requieren del menor gasto de energía? ¿De tiempo? ¿De dinero?

¿Ante cuáles reaccionan mejor y valoran más nuestros clientes?

¿Cuáles obtienen los resultados más inmediatos y visibles?

¿Cuáles obtendrán los resultados a más largo plazo o proveerán los mayores y significativos beneficios en el largo plazo?

¿Qué otras consideraciones hay?

Preguntas de Nivel Decisivo

Ahora, usemos estas impresiones para delinear tres niveles de prioridades: alta, mediana y baja. ¿Qué programas tienen claramente y sin lugar a dudas, alta prioridad? (*Demárquelos*)

¿Cuáles son de baja prioridad? (*Demárquelos de otra manera*)

Ya tenemos una visión de los extremos del espectro de prioridades. Repartamos el resto en niveles de prioridad alto, mediana y baja. Una vez logrado esto, ¿qué implicaciones tienen para nuestro trabajo?

¿Qué pasos deberemos dar inmediatamente?

Cierre

Este es un trabajo muy valioso que nos ayudará mucho en las próximas etapas de nuestra revisión comercial.

E10. Desarrollar los marcos de referencia para evaluar un gran proyecto

La Situación
Varias personas se han reunido para crear los marcos de referencia para evaluar un proyecto que se llevará a cabo próximamente. El proyecto presenta algunos problemas, tal vez más de los que el personal se da cuenta. Todos saben que la evaluación es importante pero nunca han discutido realmente los criterios o los medios para evaluar el proyecto. Necesitan esbozar los marcos de referencia para que un consultor externo realice el trabajo.

Objetivo Racional
Crear marcos de referencia que enfoquen la evaluación.

Objetivo Experiencial-Vivencial
Crear un foro en que el personal pueda decir lo que piensa de cómo se debería evaluar su trabajo.

Sugerencias
Dé a conocer con bastante antelación el tema de la reunión a los participantes. Solicíteles que hagan su propia lista de preguntas y proposiciones respecto de cómo pueden resolver el problema.

Otras aplicaciones
Este mismo tipo de conversación puede servir para diseñar encuestas y para dar inicio a estudios mayores.

LA CONVERSACIÓN

Apertura
Entiendo que todos estamos interesados en evaluar el proyecto X. Esta es nuestra oportunidad para reunirnos y establecer los criterios que constituirán los marcos de referencia para el consultor. El evaluador independiente será quien realmente realice el trabajo, pero podemos influir en cómo lo haga.

Preguntas de Nivel Objetivo
¿Cuál ha sido su compromiso con el proyecto X?
¿Qué es lo que realmente hicieron?
Para ustedes, ¿cuáles han sido los aspectos más interesantes y creativos del proyecto?
¿Qué temas deberíamos tratar en esta evaluación?

Preguntas de Nivel Reflexivo y Resonante
¿Qué parte del programa ha sido agradable o emocionante?
¿Qué tiene el proyecto X que les preocupa o les provoca tensión?
¿Qué complicaciones presenta el proyecto X y qué realmente les confunde?

Preguntas de Nivel Interpretativo
¿Qué preguntas recurrentes causa el proyecto X?
¿Cuáles son los componentes del proyecto que necesitan evaluarse?
¿Cuáles serían las interrogantes principales que debiera responder esta evaluación?

Preguntas de Nivel Decisivo
¿Cuáles serían las formas de aproximación a estas interrogantes?
¿Qué es lo que realmente necesitamos averiguar en esta evaluación?
¿Dónde tendremos que ir para obtener la información necesaria?
¿Cómo la obtendríamos?

Cierre
Este es un buen comienzo para comenzar a delinear nuestro marco de referencia para la evaluación.

E11. Planificar el presupuesto anual

La Situación

Está planificando el presupuesto del próximo año. A cada uno de sus equipos o departamentos les ha pedido que:

• preparen su sección del presupuesto.

• relacionen el presupuesto con sus planes de trabajo y sus objetivos para el año.

• hagan una lista de los supuestos que han utilizado para crear el presupuesto.

• comparen su presupuesto con los ingresos y los gastos de los años anteriores.

Objetivo Racional

Lograr consenso en la visión general del presupuesto y en los criterios de cambio.

Objetivo Experiencial-Vivencial

Permitir que cada equipo vea su interdependencia y que se sientan partes de un todo.

Sugerencias

Podrían necesitarse más preguntas para estar seguros de que hay acuerdo en torno a los criterios o de otros aspectos de las preguntas del nivel interpretativo.

Otras aplicaciones

Una conversación similar serviría para establecer qué equipos y suministros necesitará la organización el año próximo.

LA CONVERSACIÓN

Apertura

Les hemos solicitado que preparen un presupuesto para el año próximo, a la luz de los objetivos y planes de trabajo de su equipo. Tienen frente a ustedes la información por departamentos, en una hoja de trabajo.

Nuestro objetivo de hoy tiene tres partes:

comprender en qué se ha basado cada presupuesto.

aclarar la información con la que necesitamos contar para completar el trabajo del presupuesto.

decidir qué valores usaremos en el presupuesto.

En este momento hemos superado el presupuesto de gastos y estamos bajo mínimos en el presupuesto de ingresos.

Preguntas de Nivel Objetivo

Disponga que cada equipo revise el presupuesto sin interrupciones, y que lo relacionen con sus planes de trabajo u objetivos para el año. Después de cada informe, formule las siguientes interrogantes al grupo que ha dado a conocer su informe:

¿Cuáles han sido sus supuestos para planificar este presupuesto? Pregúntele al grupo completo.

¿Qué desearían aclarar de lo que se nos ha informado?

Preguntas de Nivel Reflexivo y Resonante

¿Qué nos ha sorprendido respecto de estos informes presupuestarios?

¿Qué nos preocupa sobre ellos?

Preguntas de Nivel Interpretativo

¿Qué interrogantes se nos plantean al analizar estos presupuestos?

¿En qué parte necesitamos modificar nuestros supuestos?

¿En qué parte habría que hacer cambios en nuestros supuestos, para mejorar nuestra posición total — ya sea aumentando los ingresos o disminuyendo los gastos?

¿En qué parte deberíamos ajustar nuestros presupuestos hacia arriba o hacia abajo para asegurarnos que el equipo tenga los recursos adecuados?

Escuchando esta conversación, ¿qué criterios estamos utilizando para recomendar cambios en el presupuesto?

¿Existen otras consideraciones que debiéramos tener en mente al hacer estos cambios?

(sigue en la página siguiente)

E11. Planificar el presupuesto anual (continuación)

Preguntas de Nivel Decisivo

¿En qué recomendaciones estamos de acuerdo?

¿Cuáles son los próximos pasos?

Cierre

Me llevaré esta información y haré las modificaciones que hemos recomendado. Si resulta que necesitemos otros cambios, produciré un modelo usando los criterios que hemos acordado. Nos reuniremos nuevamente al cabo de dos semanas.

PUNTOS QUE DEBE RECORDAR EL LÍDER DE LA CONVERSACIÓN

Nada que enseñar

Recuerde que el líder no debe enseñar y que no hay respuestas erróneas.

Recuerde que cada persona tiene una pieza del rompecabezas

Cada persona tiene una pieza del rompecabezas, pero el cuadro se completa a través de escuchar y comprender todos los puntos de vista.

Recuerde que debe confiar en la sabiduría del grupo

Un buen líder de conversación confía en la sabiduría del grupo. A menos que se pruebe lo contrario, supone que el grupo sabe más que cada uno de sus miembros, incluyéndose a sí mismo. Una vez que se han escuchado todos los puntos de vista, aparece un cuadro más holístico, como un diamante con varias facetas. El objetivo de la conversación es la obtención de ése diamante de variadas facetas.

Recuerde que las preguntas deben ser abiertas

Recuerde utilizar sólo preguntas abierta, es decir, aquellas que no pueden responderse simplemente con un "sí " o un "no". Las respuestas de tipo sí o no, no logran una conversación animada, ni de hecho, dicen mucho. "¿Qué les gusta al respecto... o les disgusta?", es una pregunta muchísimo más interesante que un "¿les gustó?".

Recuerde plantear preguntas específicas

Las preguntas específicas obtienen mejores resultados. "¿Cuáles fueron los puntos que planteó Jaime?" es una pregunta que obtendrá respuestas más claras que "¿qué es lo que recuerdan del discurso de Jaime?"

Asegúrese de dar tiempo suficiente para la temática

Algunos líderes de grupo cometen el error de no darle el tiempo suficiente a discusiones complejas o decisiones difíciles. Es fácil llevar a un grupo a decisiones fáciles en corto tiempo, pero éstas dejan a todos inquietos, ya que sienten que sólo se han tratado los síntomas. El darle suficiente tiempo de discusión, le da la importancia debida al tema y permite que el grupo lo trate de manera adecuada.

E12. Gestionar el ambiente del trabajo

La Situación

Una nueva situación requiere que el personal comparta un mismo espacio. Antes tenían oficinas privadas. Cuando empiezan a usar el nuevo espacio, surgen problemas. Es necesario que aprendan a compartir el espacio de manera eficiente y justa, para satisfacer las necesidades de cada uno. El primer paso del proceso es lograr consenso sobre los criterios y valores que se aplicarán.

Objetivo Racional

Lograr un consenso sobre los criterios de uso del espacio.

Objetivo Experiencial-Vivencial

Generar suficiente cordialidad para que las personas puedan trabajar cómodamente en el nuevo espacio.

Sugerencias

Para la pregunta, "¿qué valores debemos considerar?" debe tomar notas en papel o en un papelógrafo, para leerlos de en la etapa decisional y así poder decidir cuáles serían los prioritarios.

Otras Aplicaciones

Esta conversación también puede servir para analizar cualquier tipo de necesidad de un grupo o departamento cuando surge algún problema.

LA CONVERSACIÓN

Apertura

Hemos decidido que necesitamos una reunión para conversar nuestras necesidades de espacio, para que todos podamos trabajar bien en la nueva área que nos han asignado. Recordemos que las necesidades de cada cual para trabajar de manera eficiente pueden ser bastante diferentes. No es necesario ser moralistas en esto. Lo que quisiéramos lograr en esta reunión es aunar criterios y valores para el uso del espacio. Por ahora, definitivamente sólo tenemos el área asignada, hasta que se construya la nueva ala el próximo año. Es probable que no encontraremos un conjunto perfecto de criterios, pero al menos es importante que nombremos los valores y necesidades para que podamos crear un modelo. Empecemos por preguntar:

Preguntas de Nivel Objetivo

¿Cuáles son sus necesidades de espacio? *(Obtenga una respuesta de cada persona involucrada)*

Escuchando todas las respuestas, ¿qué tipos de necesidades oyeron?

Preguntas de Nivel Reflexivo y Resonante

¿Qué les recordó cuando escucharon a las personas dar sus respuestas?

¿Cuáles de estas necesidades les sorprendieron?

¿Cuáles les agradaron?

¿Qué les resulta frustrante en el uso actual del espacio?

Preguntas de Nivel Interpretativo

En base a lo que oyeron, ¿qué les gusta del uso del espacio actual?

¿Cuáles son los puntos clave?

¿Qué posibles soluciones habría para esta situación?

¿Qué valores debemos tener presente al implementar estas soluciones?

Preguntas de Nivel Decisivo

Voy a releerles la lista de valores - ¿cuáles de éstos son prioritarios, y cuáles son secundarios?

¿Quién va a trabajar conmigo para crear un modelo de lo que hemos conversado?

Cierre

Ha sido bueno conversar. Creo que tenemos una mejor idea de cómo proceder para solucionar la situación. Gracias por su tiempo. El equipo de trabajo les entregará su informe el próximo miércoles.

E13. Modificar el protocolo de oficina

La Situación

Ha trascendido que las antiguas reglas de protocolo de la oficina se han olvidado o ya no son relevantes. Se ha asignado un equipo de trabajo para crear pautas de protocolo que se adecúen a la nueva situación.

Objetivo Racional

Crear un conjunto de pautas que permitan al grupo trabajar juntos en forma cordial y eficaz en el mismo espacio

Objetivo Experiencial-Vivencial

Asumir responsabilidad por el ambiente de trabajo del grupo.

Sugerencias

En esta conversación se usan diferentes palabras para la misma cosa: "pautas", "rutinas de operación", "supuestos", "protocolo". Todas se refieren a lo mismo: las pautas comunes de conducta que esperan unos de otros, en el lugar de trabajo.

El tono de su introducción y sus preguntas debe reflejar la objetividad de la tarea. Evite dar la impresión que desaprueba de la conducta del grupo, ya sea con el tono o las palabras. El enmarque de la conversación es que los tiempos y las situaciones han cambiado, lo que les obliga a revisar el protocolo de operación.

Otras Aplicaciones

Este tipo de conversación puede ayudar para manejar asuntos de trabajo o de relación al interior de o entre grupos.

LA CONVERSACIÓN

Apertura

Hemos visto que las antiguas reglas del protocolo de la oficina o se han olvidado, o han quedado obsoletas, a partir de los cambios de condiciones de trabajo. No queremos recargarnos con una nueva serie de reglamentos, pero necesitamos reevaluar nuestras pautas y rutinas de operación en la oficina, las que, para simplificar, llamaremos "protocolo".

Preguntas de Nivel Objetivo

¿Cuáles son algunas pautas o rutinas de operación que aún observamos?

¿Cuáles parece que hemos olvidado, o decidimos ignorar?

Preguntas de Nivel Reflexivo y Resonante

¿Qué medidas se mantienen y aún parecen adecuadas?

¿Qué protocolos han visto en la práctica, que les sorprendieron?

¿Cuáles los ponen inquietos o incómodos?

Preguntas de Nivel Interpretativo

De nuestras respuestas anteriores, ¿Qué rutinas de operación les parece que necesitamos? Hagamos una lista.

¿Hay algunos otras pautas que necesitemos?

¿Cuáles de estos podríamos plantear de una forma más clara?

¿Creen que éstos serán efectivos?

Preguntas de Nivel Decisivo

¿Qué cambios se requerirán de nosotros bajo este nuevo protocolo?

¿Cuáles son los próximos pasos para formalizar estas pautas de protocolo?

Cierre

Realmente aprecio su participación en este proceso. Esta es la única manera de gestionar la situación – buscar una solución con las personas afectadas.

Administrar y supervisar las conversaciones

El administrador necesita tener habilidades de facilitador: estar capacitado para lograr respuestas de los demás, tal vez de personas que ni siquiera saben que saben.

John Naisbit y Patricia Aburdene: *Reinventing the Corporation*

Sea cual fuere la estructura administrativa de una corporación, el intentar tomar decisiones sin la participación de los operadores ya no funciona. Ya sea si la estructura está organizada vertical u horizontalmente, o si es jerárquica, dependiente de la matriz o entrecruzada, la participación permite que todo funcione mejor. Con una amplia colaboración, se obtienen mejores soluciones en las que todos confían. Aunque la participación no forme parte de la estructura de una organización, ésta se va a manifestar, y tal vez sea de manera negativa. Las herramientas de la participación son cruciales para lograr el éxito.

Los administradores de la época post industrial, entienden, primero, que no tienen todas las respuestas, y segundo, que a su alrededor hay un aporte de sabiduría que tan sólo requiere la oportunidad de expresarse. El poder reside en la formulación de las preguntas. Una importante habilidad entre los administradores actuales es su capacidad de hacer preguntas y obtener respuestas de los demás.

Los administradores deben saber que una vez que comienzan a utilizar la conversación en lugar de dictar órdenes, cruzan el umbral que crea un tipo de organización diferente: la organización que aprende o la organización de asociados. El aumento de la eficiencia en dicha organización, servirá para empoderar a todos los que participen en ella. Tal vez algún día, la conversación enfocada llegue a ser parte de la formación obligatoria en todos los programas de Maestría en Administración de Empresas (MBA).

Las conversaciones de esta sección sirven como ejemplos del tipo de relación creativa que los gerentes pueden entablar con sus compañera/o de trabajo, con los supervisores, capataces, trabajadores y/o equipos de trabajo:

F1. Solicitar opiniones de los empleados

F2. Revisar descripciones de trabajo

F3. Entrevistar a un postulante

F4. Reflexionar sobre una reunión frustrante

F5. Evaluación de desempeño

F6. Estimar las necesidades del personal

F7. Investigar por qué un proyecto no avanza

F8. Interpretar una queja de la planta

F9. Identificar las influencias del mercado

F10. Analizar estadísticas de ventas

F11. La relevancia de delegar funciones

F12. Colaborar en un problema de suministros

F13. Reflexionar sobre una transición

F14. Destacar el perfil comparativo de una firma

F15. Crear un calendario de reestructuración por etapas

F16. Reflexión sobre roles de liderazgo con nuevos gerentes

F17. Evaluar el impacto de una experiencia de capacitación

F18. Crear pautas de participación

Esta lista no pretende ser un inventario exhaustivo del tipo de responsabilidades de los gerentes, pero sugiere que el dirigir conversaciones podría ser una actividad que les convendría incorporar a más gerentes y supervisores.

F1. Solicitar opiniones de los empleados

La Situación
Una gerente ha decidido que una vez al mes sostendrá una conversación con cada empleado de su departamento.

Objetivo Racional
Saber lo que está sucediendo; a qué problemas se enfrenta el personal y qué están aprendiendo en su trabajo.

Objetivo Experiencial-Vivencial
Estimular la reflexión, la innovación y compartir entre los miembros del equipo.

Sugerencias
Es importante evitar que el empleado se sienta interrogado o tratado de manera condescendiente. Escúchele cuidadosamente e incluso tome notas. Es muy posible que cualquier reacción defensiva frente a las respuestas, le impida recabar información honesta.

Otras aplicaciones
Esta conversación es similar a las dos conversaciones sobre "Monitorear a un Empleado".

LA CONVERSACIÓN

Apertura
Buenos días. Estoy realizando mis rondas habituales para comprobar cómo está funcionando en su trabajo. ¿Le importaría si le quito cinco o diez minutos de su tiempo? Perfecto.

Preguntas de Nivel Objetivo
Tal como lo entiendo, su trabajo consiste principalmente en...
¿Estoy en lo correcto?
¿Qué otras tareas hace en este trabajo?
¿Qué ha cambiado (o se ha modificado) recientemente en su trabajo?

Preguntas de Nivel Reflexivo y Resonante
¿Qué está funcionando realmente bien?
¿Tiene alguna queja o algún asunto que quisiera plantearme?

Preguntas de Nivel Interpretativo
¿Ha tenido alguna traba en realizar su trabajo como usted cree que se debe hacer?
¿De qué manera podríamos mejorarlo?
¿Qué podría hacer para apoyarle?

Preguntas de Nivel Decisivo
En términos de lo que ha observado, ¿cómo podríamos facilitar el trabajo de este departamento?
¿Qué recomendaciones nos plantearía?
¿Hay alguna otra cosa que me quisiera decir mientras estoy aquí?

Cierre
Aprecio mucho esta oportunidad de conversar con usted, y le agradezco lo que me ha dicho. Me aseguraré que las demás personas conozcan sus sugerencias. Hasta luego.

F2. Revisar descripciones de trabajo

La Situación

En preparación para planificar una distribución más eficaz del trabajo, el personal ha escrito descripciones de sus propios trabajos. Ahora las están compartiendo en pequeños grupos.

Objetivo Racional

Objetivar las descripciones del trabajo de cada persona para descubrir duplicidades u obsolescencias

Objetivo Experiencial-Vivencial

Que los participantes se sientan reconocidos en sus roles, y consultados en las decisiones de gerencia.

Sugerencias

Dependiendo del nivel de confianza y de las tensiones al interior del grupo, podría ser mejor que se tuviese partes de esta conversación de manera individual. Es muy importante que se escuchen los unos a los otros, sin entablar juicios.

Otras Aplicaciones

Se puede tener una conversación similar con un grupo de personas que esté tratando de incorporar una dinámica sinérgica en su trabajo.

En otra situación, el directorio y personal pueden estar trabajando para describir el rol que cada uno va a tener en la organización.

LA CONVERSACIÓN

Apertura

Hoy queremos honrar auténticamente el rol que tiene cada uno de nosotros en la organización. También queremos coordinar mejor nuestros roles, para que logremos tener el mejor desempeño posible.

Preguntas de Nivel Objetivo

Al leer estas descripciones de trabajo, ¿cuáles vemos que son las principales actividades?

Por lo que dicen estas descripciones, ¿qué rol juega cada persona en la actualidad?

Preguntas de Nivel Reflexivo

¿Cuál de las descripciones les sorprendió?

¿En cuáles dijeron, "Sí, esto realmente es así?"

¿Qué quedó fuera?

Preguntas de Nivel Interpretativo

Pensando en las tareas que enfrentaremos en los próximos meses, ¿qué preguntas les surgen de estas descripciones de trabajo?

¿En qué aspectos podría haber vacíos en cuanto al trabajo en equipo?

¿Dónde podrían haber duplicidades?

¿Qué nuevos desafíos enfrentamos que podrían cambiar nuestro trabajo?

¿Qué cambios les gustaría hacer en su propia descripción de trabajo?

Preguntas de Nivel Decisivo

¿Qué cambios podríamos hacer para llenar los vacíos en nuestro trabajo en equipo?

¿Cómo podríamos manejar las duplicidades?

Basado en esta conversación, ¿qué decisiones personales tienen que enfrentar ustedes?

Cierre

Gracias por compartir en esta conversación. Sé que puede ser una conversación difícil, pero es muy útil tener los puntos de vista de cada uno de ustedes.

F3. Entrevistar a un postulante

La Situación
Está entrevistando a una lista de candidatos pre-seleccionados para un trabajo y ya decidido que los criterios sobre los cuales tomará su decisión serán: experiencia, contribución al trabajo en equipo, experiencia en supervisión e idoneidad con los valores de la compañía.

Objetivo Racional
Lograr un entendimiento más cabal sobre el/la candidato/a para considerar su posible incorporación al equipo de trabajo y a la organización.

Objetivo Experiencial-Vivencial
Tener una mejor base para estimar cómo el/la postulante funcionaría en el puesto de trabajo.

Sugerencias
Las preguntas del nivel interpretativo deberán variar, acorde a los criterios que escogidos para la selección de personal.

Otras aplicaciones
Esta conversación puede ser útil en la selección de los integrantes de un equipo para un nuevo proyecto.

LA CONVERSACIÓN

Apertura
Gracias por venir. Estamos entrevistando a otros cuatro candidatos para este puesto. A través de esta entrevista quisiéramos tener una mejor idea acerca de los aportes que desde este puesto podría Ud. contribuir a la organización.

Preguntas de Nivel Objetivo
¿Cuál es su visión sobre este puesto? *(Entréguele una descripción de las responsabilidades del puesto.)*
¿Tiene alguna pregunta sobre la descripción y el contenido de las posiciones que se detallan?

Preguntas de Nivel Reflexivo y Resonante
¿En cuál de sus trabajos anteriores ha tenido un puesto similar?
¿Qué fue lo más difícil para Ud. en esos trabajos?
¿Qué fue lo más emocionante?

Preguntas de Nivel Interpretativo
¿Qué cualidades suyas le permitirían tener éxito en este puesto?
¿Qué tipo de capacitación/formación podría requerir para ser más eficiente en este trabajo?
¿Cómo ha aprendido de sus experiencias en el trabajo en equipo?
Podría describirme su estilo de supervisión.
Por ejemplo, ¿cómo se enfrenta a problemas difíciles con el personal?
(Dele a conocer un ejemplo típico de su compañía.)
¿De qué forma se enfrenta a la toma de decisiones?
¿Qué es lo importante para usted del ambiente laboral?
¿En qué situaciones aprende mejor?
¿Qué aprendizajes claves ha tenido en los últimos seis a doce meses?

Preguntas de Nivel Decisivo
¿Qué preguntas me/nos formularía?
Considerando lo que ya sabe, ¿cómo resumiría las fortalezas que Ud. aportaría a esta compañía?

Cierre
Gracias por su tiempo. Estaremos tomando una decisión en los próximos cinco días y le comunicaremos el resultado.

F4. Reflexionar sobre una reunión frustrante

La Situación
Con un grupo de compañera/os de trabajo se han reunido al día siguiente de una frustrante reunión de personal.

Objetivo Racional
Descubrir lo que sucedió en la reunión y lograr aprender de esa situación.

Objetivo Experiencial-Vivencial
Compensar los resentimientos de los participantes y del líder de la reunión, de manera que la experiencia no les resulte negativa ni tenga consecuencias mayores.

Sugerencias
Es difícil reflexionar a solas o apenas con una persona más, ya que es muy posible desviarse del pensamiento claro y comenzar a buscar al culpable de los problemas, lo que no lleva a ningún tipo de resolución ni de aprendizaje. Es mucho mejor contar con más puntos de vista. Tomar nota previa de las interrogantes también servirá para mantener un enfoque disciplinado en el proceso.

Otras aplicaciones
Con pequeñas adaptaciones esta conversación serviría para reflexionar sobre cualquier experiencia frustrante, con el fin de obtener algún discernimiento al respecto.

LA CONVERSACIÓN

Apertura
Me parece que deberíamos analizar la reunión de ayer para que nos sirva de aprendizaje.

Preguntas de Nivel Objetivo
¿Cuáles fueron los temas de la agenda de la reunión de ayer?
¿Cuál era la intención original de la reunión?
Es difícil recordar esto, porque sucedió muy rápido, pero necesitamos obtener los datos primero. Revivamos lo que realmente ocurrió.
¿Qué hicimos primero? ¿Y luego qué?

Preguntas de Nivel Reflexivo y Resonante
¿En qué momento comenzaron a sentirse frustrados?
¿Cuándo se dieron cuenta de la frustración de los demás?
¿Qué imágenes surgen en su mente cuando recuerdan la reunión?
¿Qué partes de la reunión les parecieron que funcionaron mejor?

Preguntas de Nivel Interpretativo
¿Qué patrones ven aquí?
¿Cuáles serían algunas de las razones que permitieron que sucediera esto? *(Si la respuesta es " porque Jorge es un incapaz", o algún otro tipo de acusación personal, pregunte:* "¿Y por qué creen que se comportó así?")
Si algunos individuos dificultaron el trabajo del grupo, ¿qué valores querían poner en evidencia?
¿De qué manera podríamos poner orden en esta situación?
¿De qué manera deberíamos proceder la próxima vez?
¿Qué podemos aprender de todo esto?

Preguntas de Nivel Decisivo
En una o dos frases, resumamos lo que hemos aprendido, por ejemplo, "de esta situación hemos aprendido..."
¿Qué compromiso hemos adquirido a partir de esta situación?

Cierre
Me alegro de haber tenido esta oportunidad de formar parte de un grupo que aprende de sus experiencias dolorosas.

F5. Evaluación de desempeño

La Situación

En la corporación X, cada trabajador recibe una vez al año, una evaluación de su desempeño laboral. Esta evaluación es un evento participativo, persigue que el personal exprese sus esperanzas y sus sueños y que la organización encuentre formas de que dichos sueños se hagan realidad.

Objetivo Racional

Comprobar el desempeño de los miembros del personal y encontrar formas de facilitarles las cosas.

Objetivo Experiencial-Vivencial

Permitir que el/la trabajador/a se sienta valorado/a y que se le tiene confianza, de manera que se le motive a tener éxito.

Sugerencias

Este tipo de evaluación de desempeño presupone una cultura especial dentro de la organización. Si la cultura mantiene una estructura jerárquica, se requerirá de gran valentía y confianza de ambas partes para participar en esta conversación. No se puede tener este tipo de conversación al finalizar un trimestre y luego retomar el estilo antiguo.

Otras aplicaciones

Ver "Orientar a un empleado nuevo (C9)".

LA CONVERSACIÓN

Apertura

Pensé que ya nos tocaba celebrar nuestro desempeño, ya que ha pasado algún tiempo en el que no nos hemos reunido a conversar. Quisiera saber cómo les va yendo, y cómo podemos facilitar las cosas para lograr las metas que tienen de su trabajo.

Preguntas de Nivel Objetivo

¿Qué tal va el trabajo desde la última vez que conversamos?
¿Se ha modificado de alguna manera la descripción de sus deberes, durante ese tiempo?

Preguntas de Nivel Reflexivo y Resonante

¿De qué logros se sienten más orgullosos?
¿Cuál sería una fuente de frustración?

Preguntas de Nivel Interpretativo

¿Cuáles dirían ustedes que son sus contribuciones más importantes o significativas?
¿Qué metas se plantean para los próximos años, mientras se desempeñan en esta organización?
¿Cuáles son sus sueños y esperanzas?
¿Qué quisieran lograr con nosotros el próximo año?
¿Qué bloques o dificultades les impiden avanzar hacia sus metas?
En el camino hacia dichas metas, ¿qué es lo que consideran de mayor apoyo por parte de la organización?
¿Qué tipo de ayuda específica les puedo dar yo mismo/a o les podría dar la organización para cumplir sus aspiraciones y sueños?
¿Qué señales me indicarían que no todo está funcionando bien entre Uds., y que sería conveniente que habláramos personalmente?

Preguntas de Nivel Decisivo

¿Cuáles serán sus "propios próximos pasos"?

Cierre

Este tipo de conversación vale su tiempo en oro. Espero que les haya sido de ayuda. Por favor, no duden en ponerse en contacto conmigo cuando sientan la necesidad de conversar más ampliamente sobre estos temas.

F6. Evaluar las necesidades del personal

La Situación
El equipo de gerencia está preocupado por la falta de satisfacción del personal y discute las medidas a tomar al respecto.

Objetivo Racional
Determinar lo que está sucediendo con el personal y decidir lo que se necesita hacer.

Objetivo Experiencial-Vivencial
Inspirar al personal para que supere su actitud defensiva y se eliminen las quejas, y a que asuman sus responsabilidades en la solución de los asuntos que los afectan.

Sugerencias
Conversar con el personal respecto de sus molestias aclarará los temas reales en lugar de su propia versión de ellos. El líder debe mantener la mente abierta frente a la causa de la insatisfacción hasta obtener todos los datos. Si sus interrogantes o el tono de su voz parecieran favorecer una explicación sobre otra, algunos miembros del grupo pueden suponer que sus puntos de vista son indeseables y evitarán compartir lo que saben. Mantenga el nivel de interpretación como exploración el tiempo que sea necesario para que el grupo pueda ir más allá de sus suposiciones iniciales. Luego, guíe la conversación al nivel de decisión.

Otras aplicaciones
Una conversación parecida podría evaluar las necesidades de los estudiantes de una escuela, o de los pacientes de una institución.

LA CONVERSACIÓN

Apertura
La mayoría de nosotros tiene muy claro que el personal está insatisfecho. ¿Será porque estamos en invierno? ¿Habrá algunos rencores? ¿Estaremos siendo excesivamente exigentes con ellos? Conversemos y veamos si logramos llegar al fondo de lo que está sucediendo para luego decidir qué es lo que podríamos hacer al respecto.

Preguntas de Nivel Objetivo
¿Qué hemos escuchado decir al personal respecto de esta situación?
¿Qué ejemplos tenemos que demuestren que el personal está teniendo dificultades?
¿Qué conductas hemos visto que nos indican que sus necesidades no estarían satisfechas?

Preguntas de Nivel Reflexivo y Resonante
¿De qué manera han reaccionado ante esta situación?
¿Qué les sorprende de esta situación?
¿Qué aspectos les irritan?

¿Con qué aspectos sienten empatía? ¿Por qué?

Preguntas de Nivel Interpretativo
¿Cómo interpretan lo que está sucediendo?
¿En qué estaríamos nosotros contribuyendo al problema desde la gerencia?
¿Cuáles creen ustedes que son las necesidades que siente el personal?
¿Cuáles de éstas estiman ustedes que son necesidades reales?

Preguntas de Nivel Decisivo
¿Qué conclusiones emergen de todo esto?
¿Qué necesitamos hacer?
¿Cuáles serán nuestros próximos pasos a seguir?
¿Quién asumirá la responsabilidad de ellos?

Cierre
Esta reunión ha sido muy útil. Siempre es sorprendente ver cómo las opiniones de un grupo pueden evitar apresurarse en llegar a conclusiones. Creo que en esta mesa tenemos la sabiduría que necesitamos para ayudar al personal a progresar.

F7. Investigar por qué un proyecto no avanza

La Situación

Dos unidades de una organización se han fusionado. Los encargados de las dos unidades tienen puntos de vista muy diferentes respecto a cómo se debe manejar un proyecto especial. La situación ha llegado a un punto en que la nueva unidad no logra cumplir plazos de entrega. Le han pedido que, como parte no interesada, vaya a ayudarles a retomar el rumbo.

Objetivo Racional

Reflexionar sobre la experiencia, ordenar los problemas, analizar cómo se ha dividido la carga de trabajo, descubrir en qué fase de implementación se encuentran y tomar algunas decisiones respecto de los pasos a seguir.

Objetivo Experiencial-Vivencial

Permitir que las unidades se proyecten hacia una nueva situación creativa y esperanzadora.

Sugerencias

Los elementos de esta situación comprenden los diferentes equipos, la unidad completa y el proyecto. Por lo tanto se requerirá de una serie diversa de preguntas de nivel objetivo para aclarar los puntos de vista, tomando en consideración todas las perspectivas. Si el grupo estuviese preparado para trabajar con mayor rapidez, tal vez no se necesiten tantas preguntas.

LA CONVERSACIÓN

Apertura

Bien, ésta es toda una aventura a la que nos ha lanzado la organización. Se me ha solicitado que facilite una conversación para que los equipos que trabajan en este proyecto puedan dialogar entre sí y encontrar soluciones conjuntas para el rompecabezas. Lo que está claro es que compartimos la responsabilidad frente a este proyecto especial, así es que empecemos con eso.

Preguntas de Nivel Objetivo

Recorramos la sala con esta primera pregunta, comenzando contigo, Pedro. ¿Cuál es tu responsabilidad frente a este proyecto?
(*Invite a cada participante a responder a esta pregunta, por turnos*)
¿Cómo podríamos referirnos a todas las partes de este proyecto?
¿Qué hemos llevado a cabo de este proyecto hasta el momento?
¿Qué quedaría por hacer?
Bien, dejemos que los distintos equipos de esta unidad nos cuenten. ¿Podrían compartir sus puntos de vista frente al proyecto los integrantes de la antigua unidad "A"?
¿Qué valores sostienen estos puntos de vista?
Y los integrantes de la antigua unidad "B", ¿cómo ven ustedes este proyecto? (*Obtenga varias respuestas de la unidad B*)
¿Qué valores sostienen su punto de vista?
Si revisan el proyecto, desde sus respectivas visiones ¿cuál sería la base del problema? (*Obtenga respuestas de ambas unidades*)
¿En qué aspectos se basaría la solución?
Bien, ahora conversemos como una sola unidad.
¿Qué les ha llamado la atención de las respuestas que acaban de escuchar?

Preguntas de Nivel Reflexivo y Resonante

¿Qué les sorprendió entre los puntos de vista de la otra parte frente a la situación?
¿Qué les irrita más respecto de esta situación?
¿Qué es lo que consideran más desafiante?
¿En qué ha cambiado nuestro estado de ánimo desde que iniciamos esta conversación?

Preguntas de Nivel Interpretativo

¿Hasta ahora, qué parte de los problemas que padecemos se nos ha iluminado?

(sigue en la página siguiente)

F7. Investigar por qué un proyecto no avanza (continuación)

Otras aplicaciones
Con algunos cambios, esta conversación también podría ser útil en mediar para un equipo que esté polarizado entre dos soluciones "correctas" frente a un problema, o también con dos compañías que colaboran en un proyecto.

¿Qué discernimientos comienzan a emerger sobre las causas del problema?

¿Qué nuevas ideas y aprendizajes están surgiendo frente a todo esto?

Preguntas de Nivel Decisivo

¿Qué necesitamos que suceda?

¿Qué podríamos hacer para impulsar el proyecto y llevarnos hacia una nueva situación más creativa?

¿Qué nuevos valores necesitamos para lograr eso?

¿Qué pasos debiéramos dar para impulsar el avance del proyecto?

Cierre

Gracias por haber sido tan abiertos durante esta conversación. He aprendido mucho, y les deseo éxito en la implementación de los puntos que hemos identificado.

PUNTOS A TENER EN CUENTA POR LA PERSONA QUE FACILITA O LIDERA LA CONVERSACIÓN

Siempre se debe partir de la base que cada miembro del grupo que está participando tiene la sabiduría y experiencia sobre el tema en cuestión y que desea compartirlo.

Dando respuestas cortas, en una frase o expresión, está reconociendo que los demás están esperando su turno. Es de "mal gusto" monopolizar la conversación.

Algunas personas tienen mayor habilidad para expresarse en conversaciones. Les surgen las ideas a pedir de boca. En cambio, otros son más callados y con otras virtudes, y necesitan más tiempo para procesar la pregunta. El facilitador tiene que instarlos a responder.

Siempre habrá participantes impacientes que sientan la necesidad de interrumpir, o a terminar los pensamientos de otras personas sin su permiso, o a ampliar lo que ya se ha dicho. Es importante hacerlos esperar a que otros terminen completamente sus ideas.

Acepte todas las expresiones de los participantes como sabiduría, incluso si es una sabiduría parcial. Haga sus propios comentarios sin contradecir lo que dijo la persona anterior, más bien a modo de agregar a lo que ya se ha dicho, incluso si está dando una perspectiva opuesta. No se haga ilusiones de que alguna de sus respuestas podría agregar un dato importante al diamante de la verdad de la conversación entera. Esto es muy difícil de hacer. Todos estamos condicionados para argumentar y rebatir, como si conociéramos toda la verdad. Este es un supuesto arrogante que nos presenta un obstáculo para aprender a través del diálogo.

F8. Interpretar una queja de la planta

La Situación
Es el supervisor o jefe de un departamento de la compañía. Seis personas de la planta entran de golpe a su oficina con una queja de relaciones humanas. Todos hablan fuerte y se interrumpen mutuamente. Ud. les pide que se sienten, les ofrece un café y les dice que quiere ir al fondo del problema. Ud. dirige la conversación.

Objetivo Racional
Demostrar la voluntad de escuchar, pero también la determinación de ir al fondo del problema.

Objetivo Experiencial-Vivencial
Ayudar al grupo a transitar desde el enojo a la responsabilidad para encontrar una solución.

Sugerencias
Va a ser muy importante insistir en que cada uno hable sin interrupciones de los demás. Los participantes tienen que sentirse seguros de su determinación de escucharlos plenamente y de resolver el problema de manera colaborativa.

Otras Aplicaciones
Este tipo de conversación también puede servir cuando un grupo o equipo de trabajo se queja de haber sido tratado en forma injusta.

LA CONVERSACIÓN

Preguntas de Nivel Objetivo
Para comenzar, vamos a explicar, uno por uno qué es lo que sucedió. Lucía, ¿por qué no empiezas tú?

Ahora, de a uno, ¿qué pasó?

¿Cuándo pasó?

¿Quiénes estuvieron involucradas?

Reconstruyamos lo que sucedió. Esto es difícil de recordar en detalle, porque todo sucedió tan rápido!... pero necesitamos los datos. ¿Qué fue lo que pasó primero? ¿Y después? …

¿Y después?

¿Qué otras palabras o frases recuerdan?

Preguntas de Nivel Reflexivo y Resonante
¿Cuándo comenzaron a sentirse frustrados?

¿Cuándo observaron las frustraciones en otras personas?

¿En qué momento se desbordó el asunto?

¿Qué otras emociones recuerdan?

Preguntas de Nivel Interpretativo
Entonces, ¿cómo explicarían lo que está sucediendo?

¿Por qué sucedió esto?

¿Qué problema tenemos que resolver?

¿Cuáles son los aspectos relevantes de este problema?

Preguntas de Nivel Decisivo
¿Qué se puede hacer para resolver este problema?

¿Qué podemos hacer para crear una mejor situación?

¿Qué nuevos valores necesitaremos para lograrlo?

¿Cuáles serían los próximos pasos a dar, para que el proyecto avance?

Cierre
Gracias por su franqueza en esta conversación. Es importante recordar que debemos trabajar en conjunto cuando surja este tipo de asunto. La gerencia puede hacer algunas cosas, pero las personas en el lugar mismo de los hechos tienen que ser los primeros en encontrar respuestas creativas cuando las cosas estan fuera de control.

F9. Identificar influencias del mercado

La Situación
Un equipo de mercadeo está analizando el comportamiento del mercado y la forma en que está afectando a su empresa, con el fin de planificar.

Objetivo Racional
Que las ideas expresadas en la conversación les permitan enfocar mejor su trabajo de mercadeo estratégico.

Objetivo Experiencial-Vivencial
Contar con un contexto más amplio para lograr una visión y poder planificarse.

Sugerencias
Esta conversación supone que el grupo cuenta con una considerable sabiduría. Esto puede parecer ofensivo a organizaciones que acostumbran contratar consultores, pero si bien es cierto que los consultores saben mucho, el grupo sabe bastante más.
Si el grupo no tiene costumbre de participar en este tipo de conversación, sería útil darles una breve exposición sobre el método de la conversación enfocada. También ayuda ir uno por uno, pidiendo que cada uno responda a la primera pregunta.
Es conveniente asignar a una o dos personas que tomen nota del contenido de la conversación, para documentación posterior.

Otras Aplicaciones
Este tipo de conversación sirve además para recopilar información; y en discusiones de noticias y de tendencias (ver conversaciones D5 y D6).

LA CONVERSACIÓN

Apertura
Demos una mirada más amplia a lo que está sucediendo en el mercado, para ver cómo las grandes tendencias están afectando el clima de los negocios desde fines de los años 90.

Preguntas de Nivel Objetivo
¿Qué sucesos o acontecimientos recientes en el mundo de los negocios podrían afectar al mercado?
¿Qué tendencias recientes han observado en las preferencias de los consumidores? ¿Desde el punto de vista de lo que les gusta y no les gusta?
¿Cómo ha cambiado la respuesta del público?
¿Qué diferencia causan en el mercado la globalización, el mercadeo electrónico y otras grandes tendencias?
Algunos de ustedes deben haber leído a escritores como Faith Popcorn.
¿Qué han dicho de lo que está de moda en el mercado actual?
¿Qué nuevas tendencias se están dando en las empresas?
¿Qué nuevas tendencias de mercadeo están teniendo impacto?
¿Quiénes son los líderes involucrados en estos eventos y tendencias y qué ejemplos podemos dar?

Preguntas de Nivel Reflexivo y Resonante
¿Qué les ha sorprendido sobre estas influencias sobre el mercado?
¿Cómo nos han afectado estas influencias?
¿Cuáles de estas influencias consideran especialmente fascinantes?
¿Cuáles les preocupan? ¿Por qué?

Preguntas de Nivel Interpretativo
¿Cómo podrían afectar estos cambios a nuestro segmento de mercado?
En esta situación, ¿cuáles son nuestras ventajas como compañía?
¿Cuáles son nuestras vulnerabilidades?
¿Qué nuevas iniciativas serían necesarias por nuestra parte?

Preguntas de Nivel Decisivo
¿Qué opciones tenemos para responder a esta situación en el mercado?
¿Qué parte de esta conversación debemos documentar e incluir en nuestra planificación?
¿Quién está dispuesto a redactar un resumen de esta conversación?

Cierre
Bien, creo que esta conversación nos ha abierto un nuevo contexto para trabajar en nuestra estrategia de mercadeo.

F10. Analizar estadísticas de ventas

La Situación
El equipo de ventas acaba de compilar estadísticas y gráficos de ventas por producto del año pasado, comparado con años anteriores. El gerente de ventas dirige el equipo en un análisis reflexivo de los gráficos.

Objetivo Racional
Reflexionar sobre el proceso de ventas del año pasado en relación a otros años, y sacar conclusiones para estrategias de ventas en los años siguientes.

Objetivo Experiencial-Vivencial
Determinar direcciones claras para el próximo año, y crear entusiasmo sobre posibles soluciones.

Sugerencias
Una forma de realizar esta conversación es dividir el grupo en tres o más sub-grupos. Cada sub-grupo se encarga de las preguntas de nivel objetivo, reflexivo e interpretativo de la conversación, luego, todos se reúnen para informar sobre sus conversaciones parciales, y finalmente contestan en conjunto la pregunta de nivel de decisión. En este caso, cada subgrupo debe asignar un representante antes de comenzar la conversación. Este representante será el encargado de tomar notas y a la vez participar en la conversación.

Otras Aplicaciones
Esta conversación se puede adaptar para analizar una campaña de avisos.

LA CONVERSACIÓN

Apertura
Dediquemos un tiempo a reflexionar sobre las cifras de ventas del año pasado para cada uno de nuestros productos. Con este fin, tómense unos minutos para analizar las cifras y gráficos, hagan las anotaciones que surjan, pongan signos de exclamación, signos de interrogación, según sea el caso, y comiencen a formar sus conclusiones.

Preguntas de Nivel Objetivo
¿Dónde pusieron signos de exclamación?
¿Qué gráfico les saltó a la vista? ¿Qué detalle del gráfico les llamó la atención?
¿Cuál fue un dato importante en este informe?
(Hacer ésta pregunta a cada integrante del grupo)

Preguntas de Nivel Reflexivo y Resonante
¿Qué parte de estas estadísticas les hace sentirse bien?
¿Cuáles les sorprenden? ¿Cuáles les preocupan?

Preguntas de Nivel Interpretativo
¿Qué productos o servicios pareciera que rindieron bien? ¿A qué podría deberse eso? ¿Cuáles no lo hicieron tan bien? ¿Por qué?
En base a estos gráficos de ventas, ¿cuáles productos o servicios dieron mejores resultados este año que en el año anterior?
¿Cuáles estuvieron peor que el año anterior?
¿Alguna pregunta de clarificación? ¿Tienen alguna duda sobre lo que se presenta en las estadísticas?
¿Qué tendencias comienzan a percibirse sobre nuestras ventas del año anterior?
¿Qué nuevas tendencias están surgiendo que necesitan atención?
¿Cómo podríamos explicar las nuevas tendencias que vemos emerger?
¿Qué tendríamos que hacer para estimular ciertas tendencias?

Preguntas de Nivel Decisivo
¿Cómo comienza esta conversación a iluminar nuestra estrategia de ventas para el próximo año?
¿Qué acciones tenemos que tomar?

Cierre
Esta ha sido una conversación iluminadora. Gracias a todos. Cuando comencemos con las sesiones de estrategia, las percepciones que surgieron de esta conversación nos serán de gran utilidad.

F11. La relevancia de delegar funciones

La Situación

Un grupo de gerentes ha conversado individualmente con el Jefe de Personal respecto del aumento de la tensión y la sobrecarga de trabajo que están sufriendo y sobre el impacto que esto tiene sobre su vida familiar. El Jefe les ha dicho que necesitan discutir la situación todos juntos para llegar a algunas soluciones, y les sugiere que el problema podría tener relación con su renuencia en delegar funciones. El grupo promete analizar esta posibilidad como una posible solución.

Objetivo Racional

Compartir ideas respecto de la situación y buscar formas para manejarla.

Objetivo Experiencial-Vivencial

Asumir que éste es un problema en común y que tienen la necesidad de probar soluciones.

Sugerencias

La "delegación de funciones" es el contenido que ha sugerido el Jefe de Personal para esta conversación. Si bien es necesario tomar la sugerencia en serio, sin embargo, el líder de la conversación necesita extraer otros diagnósticos de la situación, y otras posibles soluciones, tomándolas también muy en serio, a medida que vayan surgiendo.

Otras aplicaciones

Esta conversación se puede adaptar también para enfrentarse a una la sobrecarga de información.

LA CONVERSACIÓN

Apertura

Compartamos nuestras experiencias respecto de las tensiones y la sobrecarga de trabajo, considerando la sugerencia del Jefe de Personal que ésta se deba a la poca delegación de funciones. Tenemos la intención de llegar a una solución, y voy a incluir la "delegación" como parte de la solución, pero también quisiera escuchar otros tipos de soluciones, a medida que éstas vayan surgiendo.

Preguntas de Nivel Objetivo

Tomémonos un minuto para compartir lo que pensamos.

¿Cómo describirían—en una frase—la situación en que nos encontramos? (*Pida contribuciones uno a uno*).

¿Cuántas horas semanales trabaja cada uno de nosotros?

¿A qué hora llega cada uno a la oficina y a qué hora se va?

¿Qué trabajo se lleva a casa cada uno?

Preguntas de Nivel Reflexivo y Resonante

¿Al final del día, cómo reacciona ante todo esto?

¿Y al comenzar el día?

¿Cuál es el aspecto más desalentador de la situación?

¿Qué peligros encierra esta situación?

¿En qué ocasiones delegan funciones en otros?

Preguntas de Nivel Interpretativo

¿Cómo hemos llegado a ésta situación?

¿Por qué tenemos tanto trabajo? ¿A qué se debe todo ese trabajo extra?

¿Qué tipo de solución le ven a esta situación?

Si viésemos la delegación de funciones como parte de la solución, ¿qué tipo de tareas podríamos delegar?

¿Qué tipo de tareas no sería adecuado delegar?

¿Qué debilidades vemos en delegar?

¿Qué podría significar para nuestro personal?

¿Cuáles serían sus ventajas?

Preguntas de Nivel Decisivo

¿Qué tendríamos que hacer día a día para asegurarnos que delegamos tareas?

¿Con quién podríamos hablar respecto de su experiencia en delegar funciones?

(sigue en la página siguiente)

F11. La relevancia de delegar funciones (continuación)

¿Qué otras soluciones podríamos plantear frente a estos problemas de gerencia, fuera de delegar?

Cierre

Bien, estoy muy contento de que el Jefe tuvo la buena idea de pedirnos que nos reuniéramos y conversáramos sobre este tema. Gracias por ayudarnos a ver otras posibilidades. Tendremos que conversar más sobre otras soluciones posibles a nuestros problemas. ¿Cuándo podríamos hacerlo? Qué tal si nos reunimos nuevamente el próximo martes, en la tarde en la sala de conferencias, a las 3:00 P.M.

PUNTOS A TENER EN CUENTA POR LA PERSONA QUE FACILITA O LIDERA LA CONVERSACIÓN

En toda conversación hay dos funciones necesarias: el hablar y el escuchar. Escuchar lo que se dice es tan importante como el contribuir verbalmente a la conversación.

Hay que responder a las preguntas que se hagan, en vez de reaccionar a lo que alguien diga. Piensen en la respuesta que darían Uds. a la pregunta.

Presten atención a los verdaderos argumentos de la conversación. Muchas veces, lo que sucede es que un participante oye la primera frase de lo que alguien aporta y de inmediato piensa, "Ah, ya sé exactamente lo que va a decir, y por qué lo dice". Es imprescindible escuchar la frase completa para entender lo que se está diciendo.

Tengan cuidado con las apariencias de algunos de estar escuchando lo que se ha dicho, cuando en realidad lo que persiguen es descalificarlo. A veces, un participante abre su intervención con un, "Ah, sólo quisiera ampliar lo que dijo Miriam", pero luego expresa algo bastante diferente e incluso lo opuesto de lo que ha dicho Miriam. O bien indica que, "Lo que digo es lo mismo que dijo Juan", cuando en realidad, lo que él está diciendo es muy diferente. Lo que sucede en estos casos es que un participante realza a otro con el fin de descalificarle.

F12. Colaborar en un problema de suministros

Situación

Esta conversación entre un comprador y un vendedor se refiere a una importante orden de compra, en que ambas partes se reúnen para definir la mejor forma de trabajo para ambas empresas. Ambos equipos saben que las relaciones entre proveedor y comprador pueden volverse confusas. Si el comprador parte de la filosofía de JAT (Justo A Tiempo), y la filosofía del proveedor es satisfacer primero a los clientes antiguos, se pueden producir serios malentendidos.

La compañía XYZ envía a su representante de ventas, los gerentes de producción y ventas. La compañía ABC está representada por su gerente de compras y el jefe del departamento de despachos. Un representante de ventas de la compañía XYZ dirige la conversación.

Objetivo Racional

Facilitar la interrelación de dos sistemas de trabajo para operar eficazmente.

Objetivo Experiencial-Vivencial

Develar supuestos ocultos para prevenir malentendidos antes de que ocurran.

Sugerencias

Es útil escribir las respuestas sobre necesidades y expectativas en un papelógrafo, de manera que dicha información esté a la vista del grupo durante la conversación.

Otras Aplicaciones

Esta conversación podría usarse para identificar debilidades en un contrato de servicio entre dos empresas.

LA CONVERSACIÓN

Apertura

Soy el representante de ventas del proveedor XYZ. Ya que tenemos la posibilidad de hacer importantes negocios juntos, quisiéramos poner en claro nuestras diferentes formas de operar para ver cómo podremos trabajar juntos y resolver cualquier problema que surja, ojalá, antes de que se haga evidente. El tema en cuestión es el suministro de gabinetes de archivos para todos nuestros locales. Creo que todos podemos partir del supuesto de que cada parte es lo suficientemente flexible como para lograr un buen acuerdo, y que no buscamos recriminaciones mutuas.

Preguntas de Nivel Objetivo

¿Podría alguien de ABC explicar cuáles son sus necesidades y expectativas con relación a esta compra?

¿Alguien más de ABC quisiera agregar algo?

Ahora, alguien de XYZ, ¿cuáles son sus necesidades y expectativas con relación a esta venta?

¿Alguien más de XYZ quisiera agregar algo más?

Preguntas de Nivel Reflexivo y Resonante

Alguien de cualquiera de las compañías, ¿cómo han manejado este tipo de situación antes?

Preguntas de Nivel Interpretativo

¿Qué obstáculos reales enfrentamos?

¿Qué se va a requerir para superar estos obstáculos?

¿Qué más se requerirá?

Preguntas de Nivel Decisivo

¿Podría alguien de ABC enumerar las decisiones que se han propuesto hasta el momento?

¿Podría alguien de XYZ hacer lo mismo?

¿Qué otra cosa necesitamos discutir en detalle?

Cierre

Creo que hemos aclarados los principales malentendidos. Creo que ahora nos será posible resolver el resto de los detalles prácticos cuando me reúna con el representante de compras de ABC, en base a estos acuerdos. Gracias por su tiempo, damas y caballeros. Esto ha sido muy productivo.

F13. Reflexionar sobre una transición

La Situación

Una organización se encuentra en un importante proceso de transición, que incluye cambios de liderazgo, cambios en su misión, y una redistribución del personal.

El cambio es un hecho consumado.

No se trata de organizarse en contra del cambio, sino de cómo adaptarse de manera creativa y compasiva.

Objetivo Racional

Desarrollar una actitud en común para enfrentarse creativamente a la transición.

Objetivo Experiencial-Vivencial

Reconciliar diferencias de opiniones, temores y ansiedades además de apoyarse mutuamente en el proceso.

Sugerencias

La clave de esta conversación es salir del estado de desesperación, frustración y confusión, para percibir las oportunidades que presenta la nueva situación.

Otras aplicaciones

Este tipo de conversación puede servir de apoyo en cualquier crisis en el lugar de trabajo.

LA CONVERSACIÓN

Apertura

Hemos pensado que sería una buena idea conversar acerca de nuestras preocupaciones frente a la transición, para ver cómo nos podremos ayudar mutuamente en este proceso.

Preguntas de Nivel Objetivo

¿Podríamos compartir desde cada uno cómo esta transición ha afectado sus vidas? Jeanne, ¿podríamos comenzar contigo?

¿Cómo se inició la transición?

¿Cuál es la finalidad de la transición?

¿Cómo la están interpretando distintas personas?

Preguntas de Nivel Reflexivo y Resonante

Durante la transición, ¿qué cosas les ha sorprendido?

¿Han notado si algunas personas la están disfrutando?

¿Cuándo han visto frustraciones?

¿Qué reacciones han observado que les han preocupado en gran medida?

¿Cuáles de las noticias de los cambios han impactado más fuertemente a algunas personas?

¿De qué manera han cambiado sus emociones en el curso de esta discusión?

Preguntas de Nivel Interpretativo

¿Cuál sería el impacto más probable de la transición sobre el personal de este departamento?

¿Qué ventajas u oportunidades ven en la transición?

¿Qué desventajas o peligros ven en ella?

Preguntas de Nivel Decisivo

¿Qué consejos se darían unos a otros para resistir la transición?

¿Cómo podríamos apoyarnos mutuamente durante este proceso?

¿Qué necesitaríamos hacer para lograrlo?

¿Qué pasos debiéramos dar para organizarnos en nuestras reacciones y en un sistema de apoyo?

¿Quién se podría dedicar a esto?

Cierre

Creo que hemos observado el poder del grupo durante esta conversación. Me parece que éste es nuestro primer paso para ayudarnos mutuamente a superar la transición.

F14. Destacar el perfil comparativo de una firma

La Situación

Un competidor ha ofrecido servicios similares a los de su compañía, en donde se habla mucho de reducción de participación en el mercado, de pérdida de ventaja competitiva, de despidos y de que el cielo se viene abajo. Decide reunir a los gerentes para conversar sobre cómo su organización difiere de sus competidores, y de la ventaja relativa que dicha diferencia tiene en el mercado.

Objetivo Racional

Objetivar las ventajas de mercadeo y la imagen pública de la empresa.

Objetivo Experiencial-Vivencial

Restablecer la confianza en el futuro.

Sugerencias

Si tiene tiempo, puede tomar cada parte de la pregunta sobre "ventajas específicas" como una serie de preguntas separadas, por ej.: ¿Qué ventajas tienen nuestros productos? ¿Qué ventajas ofrecemos en servicios? Sería aconsejable anotar las respuestas interpretativas para uso futuro en la división de mercadeo.
Es importante no limitar al grupo. Lo que se desea es que usen su creatividad para reinventarse estratégicamente hacia nuevas posiciones de ventaja. La objetividad y la calma del líder mismo deben ser contagiosas.

LA CONVERSACIÓN

Apertura

Bien, todos han estado conversando sobre la llegada de JKL a nuestro nicho de mercado. Pensé que sería útil juntar todas esas conversaciones para formarnos una idea realista de nuestra situación frente a la competencia. Ayer circulé un folleto, informe anual y declaraciones de misión y filosofía de JKL, y les pedí que le echaran una mirada. Veamos qué es lo que descubrimos.

Preguntas de Nivel Objetivo

¿Qué sabemos sobre JKL?
¿Qué es lo que venden?
¿Qué servicios ofrecen?
¿Por cuánto tiempo han estado operando?
¿Dónde están ubicados?
¿Qué sabemos sobre sus activos?
¿Cómo formulan su misión?
¿Qué hemos oído sobre su estilo de operación?

Preguntas de Nivel Reflexivo

¿Cómo reaccionaron ustedes cuando oyeron lo de JKL?
¿Cuál ha sido la respuesta del personal en general?

Preguntas de Nivel Interpretativo

¿Por qué creen que reaccionaron de esa forma?
¿En qué medida se justifica esa reacción?
¿Qué ventajas tiene nuestra organización sobre JKL en general?
¿Qué tenemos nosotros que ellos no tienen?
Específicamente, ¿qué ventajas tenemos en cuanto a producto, servicios, ventas, mercado, servicio al cliente, filosofía y valores?
¿En qué aspecto estamos en desventaja frente a JKL?
¿Qué peligros ven en la movida de JKL?
¿Qué oportunidades ven en ello?

Preguntas de Nivel Decisivo

¿Qué tendríamos que hacer para capitalizar nuestras ventajas sobre JKL?
¿Cómo debemos contrarrestar nuestras vulnerabilidades?
¿Cuál sería la nueva historia que debiéramos diseminar en nuestra organizacion ante todo esto?
¿Qué pasos específicos deberemos tomar como gerentes en los próximos días?

(sigue en la página siguiente)

F14. Destacar el perfil comparativo de una firma (continuación)

Otras Aplicaciones

Esta conversación también puede ayudar a una empresa a determinar sus características originales para posicionarse en el mercado.

Cierre

Bien, esto me ha ayudado a superar varias de mis preocupaciones. Al conversarlo entre todos hemos identificado los elementos de una nueva historia en cuanto a cómo movernos y de qué manera llegar a tener éxito. Voy a hacer copias de esta conversación para cada uno de ustedes, que podrán discutir en sus departamentos y con los supervisores.

PUNTOS QUE DEBEN RECORDAR LOS PARTICIPANTES DE LA CONVERSACIÓN

Cinco supuestos del Método de Conversación Enfocada / Estructurada

1. Cada individuo tiene su propia sabiduría.

2. Necesitamos la sabiduría de todos para llegar al resultado más sabio.

3. No hay respuestas equivocadas (cada respuesta tiene su propia sabiduría).

4. El todo es mayor que la suma de las partes.

5. Cada participante estará dispuesto a escuchar a los demás y a ser escuchado.

F15. Crear un calendario de reestructuración por etapas

La Situación
Un grupo de ejecutivos está planeando la reestructuración de toda su compañía. El grupo está reunido para crear un plan de trabajo para los próximos meses. Todos saben lo que se requiere, pero hay una serie de perspectivas diferentes sobre los temas prácticos. Mientras tanto, el personal espera ansioso que todo se aclare.

Objetivo Racional
Reunir la información disponible y avanzar desde la planificación a la etapa de implementación.

Objetivo Experiencial-Vivencial
Terminar con la especulación ansiosa, tomando una serie de decisiones concretas.

Sugerencias
Anotar en un papelógrafo las respuestas objetivas y reflexivas.
En el nivel interpretativo, puede colocar las respuestas en un cronograma en la pared del frente. Si se escriben las actividades en tarjetas podrá moverlas fácilmente sobre el cronograma.

Otras Aplicaciones
Esta conversación se puede usar para cualquier proyecto de envergadura, cuando lo central es la prioridad de la carga de trabajo y la ansiedad sobre el futuro del personal. También serviría en casos de reingeniería, reestructuraciones y reorganizaciones.

LA CONVERSACIÓN

Apertura
Tenemos poco tiempo para armar un plan de trabajo que incorpore la gran cantidad de información que tenemos y nos lleve a la etapa de implementación. Alberto se ofreció a tomar notas sobre esta conversación para que todos puedan estar informados.

Preguntas de Nivel Objetivo
Recordemos primero el cuadro general. ¿Cuáles son las metas fundamentales que debemos lograr con esta reorganización?
¿Qué hemos logrado hasta ahora, en la primera fase de esta reorganización?
¿Cuáles son los objetivos con los que estamos comprometidos?
¿Quiénes son las personas que han participado hasta ahora en la primera fase de esta reestructuración?
¿Qué recursos, estudios y documentos se han preparado para nuestras diversas opciones?

Preguntas de Nivel Reflexivo y Resonante
¿Qué inquetudes surgen en torno a trabajar en este proyecto?
¿Cómo describirían el estado de ánimo de la organización en este momento?
¿Cuáles son los factores humanos que debemos tener en consideración?

Preguntas de Nivel Interpretativo
¿Cuáles son los diferentes trabajos que deben realizarse?
¿Cuáles son las decisiones más importantes que tendríamos que tomar?
¿Qué efectos tendrán nuestros recursos y factores humanos en la priorización de estas decisiones? Pongamos las decisiones sobre este calendario.

Preguntas de Nivel Decisivo
¿Cuáles son las tres o cuatro etapas naturales de la próxima etapa de nuestro trabajo?
¿Qué analogías del deporte, naturaleza, o diversión podrían ayudarnos a describir la travesía en la que estamos a punto de embarcarnos?
¿Quiénes debieran estar informados sobre todo esto?

Cierre
Ciertamente, esta conversación nos ha ayudado a poner orden al potencial caos de los próximos meses, y nos ha provisto de un marco dentro del cual podremos llevar a cabo nuestro trabajo.

F16. Reflexión sobre roles de liderazgo con nuevos gerentes

La Situación

La organización acaba de promover a miembros de su personal al nivel de gerencia. Un gerente antiguo los ha reunido para reflexionar y compartir sus propias experiencias en cuanto al liderazgo eficiente.

Objetivo Racional

Lograr que los nuevos gerentes reflexionen desde su propia experiencia de subordinados, a modo de aprendizaje de lo que se debe y no se debe hacer en el rol de supervisor eficiente.

Objetivo Experiencial-Vivencial

Permitir que los nuevos gerentes perciban su situación como una experiencia de aprendizaje en la cual pueden compartir sus conocimientos con el apoyo de sus compañeras/os de trabajo.

Sugerencias

El líder de la conversación podría contar alguna historia, luego de formular la primera pregunta, con el fin de que fluyan las ideas. Estas historias deben ser breves y deben ir al meollo del asunto. El líder puede definir el tipo de ejemplo y la extensión de éste. La conversación también puede llevarse a cabo formando parejas.

Otras aplicaciones

Substituyendo algunas palabras, esta conversación se podría utilizar en un nuevo consejo de directores.

LA CONVERSACIÓN

Apertura

Bienvenidos a sus nuevos cargos y felicitaciones a todos. Pensé que sería bueno reunirlos periódicamente durante los próximos meses para tener una serie de discusiones de las cuales podrán aprender los unos de los otros. Hoy quisiera que reflexionáramos sobre nuestras experiencias en supervisión. Algunos hemos sido supervisores por más tiempo que otros, pero todos tenemos larga experiencia como subordinados, y a partir de éste hecho, cada cual posee una sabiduría específica con respecto a lo que funciona y lo que no funciona. Me gustaría que compartiéramos esa sabiduría. Por mi parte, me limitaré a formular preguntas, puesto que tengo poco que decir. Así es que por favor, siéntanse libres para hablar. Quiero empezar formulándoles algunas preguntas objetivas. Mi compañera/o de trabajo Jaime, se sentará atrás y tomará algunos apuntes de lo que ustedes digan. Éstos se redactarán para su información. Recuerden en esta conversación no hay respuestas incorrectas.

Preguntas Nivel Objetivo

Quiero que cada uno de ustedes piense en las oportunidades en que se les supervisó de una forma muy positiva. Recorramos la sala y cada uno de ustedes puede darnos un ejemplo de este tipo de experiencia. Repetiré la pregunta. ¿Qué ejemplo de una experiencia positiva en que fuimos supervisados eficientemente podríamos compartir?
(Obtenga varias respuestas)
¿Qué ejemplos podríamos dar de una situación contraria en que fuimos supervisados de manera ineficiente?

Preguntas de Nivel Reflexivo y Resonante

¿Cómo se sintieron en la situación de una supervisión eficiente?
¿Cómo les hizo sentir la supervisión ineficiente?

Preguntas de Nivel Interpretativo

¿Qué es lo que marca la diferencia entre una supervisión eficiente y una que no lo es?
¿Qué elementos se requieren para una supervisión eficiente?
¿Qué elementos tiene una supervisión ineficiente?
¿Cuál es la intención de la supervisión?
¿Cuáles son las posibles trampas?

(sigue en la página siguiente)

F16. Reflexión sobre roles de liderazgo con nuevos gerentes (continuación)

¿Qué tipo de exigencias plantea sobre el gerente la supervisión eficiente?

¿Qué tipo de cambios tendrían que hacer los gerentes para ser supervisores eficientes?

Preguntas de Nivel Decisivo

Según Uds. ¿Cuáles serían los pasos a dar para ser mejores supervisores?

¿Qué tipo de ayuda o apoyo van a requerir durante los próximos meses?

¿Qué sugerencias tienen respecto en cuanto a cómo se les podría brindar ese apoyo?

¿Qué deberíamos hacer para organizar esto?

Cierre

Esta conversación ha sido verdaderamente estimulante. Sus contribuciones demuestran mucha reflexión personal. Jaime se encargará de que obtengan una copia de esta conversación. Les sugiero que mantengan esa copia a la mano, mientras van explorando lo que significa ser gerente en los meses que vienen.

PUNTOS QUE DEBEN RECORDAR LOS PARTICIPANTES DE UNA CONVERSACIÓN

"Busquen comprender y luego ser comprendidos", es el quinto hábito de Stephen Covey (Los Siete hábitos de las Personas Altamente Eficientes). Si estamos en una muy buena conversación, digamos en un grupo de veinte personas, en la cual una de ellas está hablando, las otras diecinueve están realmente intentando comprender la totalidad de lo que esa persona está diciendo. Y lo mismo sucede con cada comentario que se haga durante la conversación. Las buenas conversaciones suponen que cada participante está comprometido empáticamente con lo que dicen los demás, sin omitir a nadie.

Tanto la persona que facilita como los participantes deben estar pendientes de las personas que hacen comentarios para llamar la atención y provocar irritación. Lo que sucede es que tanto el que escucha como el facilitador/a se ven envueltos en su propia irritación y se desconectan del todo, menos del comentario expresado. Es decir, que dejan de escuchar, y al hacerlo pierden la posibilidad de captar el significado total y el punto planteado por el otro o los otros. Se ha desviado el proceso de escucha.

F17. Evaluar el impacto de una experiencia de capacitación / formación

La Situación

La gerencia ha enviado a gran parte del personal a un seminario de capacitación/formación. Los gerentes que están a cargo del programa se reúnen para evaluar el proceso y para saber de qué manera el personal está aplicando lo que han aprendido. Esto nos demostrará lo valioso que fue el programa de capacitación/formación y nos permitirá decidir si sería aconsejable programarlo para el resto del personal.

Objetivo Racional

Tener una visión global sobre el efecto de la capacitación en los participantes.

Objetivo Experiencial-Vivencial

Determinar el éxito relativo de la capacitación, a partir de los cambios de conducta y en la eficiencia en el trabajo.

Sugerencias

Esta conversación tomará al menos una hora, suponiendo que el grupo participe con energía. Es posible que no se necesiten todas las preguntas. Si sólo dispone de 20 minutos o de media hora, elija entre 5 a 7 de ellas, pero asegúrese de contar con todos los niveles: algunas objetivas, otras reflexivas, algunas interpretativas y sin dejar de lado las decisivas.

Otras aplicaciones

Se puede utilizar esta conversación para evaluar una conferencia a la que han asistido varios miembros del personal.

LA CONVERSACIÓN

Apertura

Estamos reunidos hoy para evaluar el programa de capacitación de hace un mes, en el que participaron varios miembros de su personal. Quisiéramos saber el impacto que de dicho programa y estamos especialmente interesados en lo que han observado entre los participantes: antes que nada, en sus cambios de conducta y en la eficiencia en el trabajo. Todas las respuestas individuales serán tratadas con estricta confidencialidad. Sólo las respuestas generalizadas se usarán en nuestros comentarios sobre el taller.

Preguntas de Nivel Objetivo

Primero, recordemos el seminario, ¿de qué se trató?

¿Cuántos empleados que les informan directamente participaron en el curso?, ¿qué han notado entre los participantes de la capacitación/formación después que concluyó el programa?

Preguntas de Nivel Reflexivo y Resonante

¿Qué les anima y motiva de los cambios que han observado?, ¿qué resultados les sorprendieron o les intrigaron?

Preguntas de Nivel Interpretativo

¿Qué cambios de conducta han observado? ¿Qué se está haciendo de otra forma, como resultado de la capacitación/formación?

¿Han observado un aumento en la eficiencia en el trabajo? ¿Podrían darme algún ejemplo?

¿En qué actividades no han observado mejoras?

¿De qué manera se ha mejorado el servicio al cliente? ¿Podrían darme un ejemplo?

¿Han observado un aumento de la iniciativa? ¿Podrían darme ejemplos?, ¿qué temas abordó el programa?

¿Qué temas quedan aún por tratar? ¿Qué ha ayudado o dificultado a que los participantes puedan aplicar lo aprendido?

Preguntas de Nivel Decisivo

Basándonos en lo que hemos escuchado, ¿cómo resumirían los efectos del programa de capacitación/formación en que ha participado este personal? ¿Qué ha sido positivo?

¿Cuáles han sido sus debilidades?

¿Qué les parecería la idea de realizar nuevamente este programa para otro personal?

(sigue en la página siguiente)

F17. Evaluar el impacto de una experiencia de capacitación/formación (continuación)

¿Cuáles serían los próximos pasos a seguir?

Cierre

Sus opiniones sobre los participantes y de los efectos del programa de capacitación/formación han sido muy bien ponderadas y muy útiles. Les entregaré una transcripción de esta conversación lo más pronto posible. En nuestra próxima reunión de gerencia uno de los temas de la agenda será la implementación de los próximos pasos que han sugerido.

PUNTOS QUE DEBEN RECORDAR LOS PARTICIPANTES DE LA CONVERSACIÓN

Otro punto que se debe tener presente es la descalificación de un aporte o de la presencia de otros. Es fácil crear todo tipo de historias para desestimar la participación de otros. "Es sólo una secretaria - ¿qué sabe ella?", o, "Eso es sólo la gerencia reforzando las reglas." En el proceso, los aportes de otros son negados como no ciertos, irreales, erráticos o no confiables.

Otra falsa suposición que a veces se hace, es que los participantes que no hablan no tienen nada que decir. A menudo, estas personas no logran expresar su opinión porque los demás hablan demasiado, o porque son tímidos y les es difícil contribuir sin algún estimulo del líder de la conversación. El facilitador/a podría decir "veo que sólo cuatro o cinco personas del grupo están hablando. Nos interesa lo que todos los integrantes del grupo piensan al respecto. Me gustaría escucharlos a todos".

Muchas veces se supone que algunas personas por su posición (secretaria, personal de limpieza, conserjes, etc.) están de adorno, que no tienen permiso para decir algo. El facilitador/a o las personas sensitivas del grupo debieran cuestionar ese supuesto, e invitarlos a que participen.

F18. Crear pautas de participación

La Situación
Se acaba de iniciar un nuevo grupo de trabajo. Lo integran personas de diferentes departamentos y culturas, que quieren crear pautas para la participación, porque han tenido muy malas experiencias pasadas con otros equipos.

Objetivo Racional
Crear, desde la experiencia del grupo, pautas para su propia participación.

Objetivo Experiencial-Vivencial
Crear confianza de que este tiempo compartido va a ser productivo y razonablemente exitoso.

Sugerencias
Limite el tiempo dedicado al nivel objetivo. Este puede volverse demasiado complejo. En el Nivel Decisivo, si termina con más de 12 pautas, probablemente tendrá que agruparlas y nombrarlas. También puede tomar la lista de pautas sugeridas y pedir que el grupo las priorice.

Otras Aplicaciones
Esta conversación también puede usarse en crear pautas para cualquier tipo de esfuerzo común.

LA CONVERSACIÓN

Apertura
Vamos a crear pautas de participación para que nuestro trabajo conjunto sea productivo y libre de tensiones. Quiero que recuerden alguna situación participativa en que han estado involucrados en el pasado. Puede que haya sido exitosa o no.

Preguntas de Nivel Objetivo
Si yo estuviera en la situación en la que están pensando, ¿qué vería que está sucediendo?
¿Qué palabras oiría?
¿Qué expresiones vería en la cara de las personas?
¿Quiénes estarían participando, y quiénes no?

Preguntas de Nivel Reflexivo y Resonante
¿Cuál fue la mejor parte de esa reunión?
¿Cuál fue la peor parte?
¿Con qué ánimo quedó la gente al final de la reunión?

Preguntas de Nivel Interpretativo
¿Qué tipo de comportamiento facilitó la participación?
¿Por qué fue eso?
¿Qué tipo de comportamiento actuó como un obstáculo?
¿Por qué?
¿Qué hemos aprendido sobre lo que contribuye a que la gente participe?
¿Qué hemos aprendido sobre lo que impide la participación?

Preguntas de Nivel Decisivo
De lo que han oído, ¿cuál es una clara pauta para la participación?
¿Cuál es otra pauta obvia? (Asegúrense que las respuestas se deriven de su experiencia.)
¿Cuál es una pauta menos obvia?
¿Qué otras pautas no hemos mencionado?

Cierre
Gracias por sus sugerencias Voy a resumir esto en un poster, y a medida que vayamos avanzando veremos si estas pautas son realmente las más adecuadas.

Conversaciones personales y de celebración

En una época de cambios drásticos, los que aprenden heredan el futuro. Los más preparados, generalmente se sienten bien equipados para vivir en un mundo que ya no existe.

Eric Hoffer: *Reflections on the Human Condition*

Preocupada sólo de producir y administrar, la humanidad ha perdido contacto con amplios sectores de la realidad. Su ser ha sido prestado y agotado. Por lo tanto el regocijo no es sólo un lujo en la vida, sino que nos brinda ocasiones para que lo humano establezca una relación apropiada con el tiempo, la historia y la eternidad.

Harvey Cox: *Feast of Fools*

En esta sección el lector encontrará las siguientes conversaciones:

G1. Reflexionar sobre el día

G2. Aprender de un suceso de la vida

G3. Planificar el crecimiento personal

G4. Reflexión interna del facilitador/a mientras lidera un grupo

G5. Evaluar una tarea adicional

G6. Celebrar un gran logro

G7. Celebrar la jubilación de un compañera/o de trabajo #1

G8. Celebrar la jubilación de un compañera/o de trabajo # 2

G9. Celebrar el cumpleaños de un integrante del personal

G10. Entrevistar al trabajador/a del mes

La mayoría de las conversaciones de este libro son interpersonales: se llevan a cabo entre dos o más personas. Sin embargo, las tres primeras conversaciones de esta sección son intrapersonales, es decir, son conversaciones que uno lleva consigo mismo. Uno se formula preguntas a las que también responde. Estas conversaciones nos proveen con un instrumento de reflexión personal sobre hechos que suceden en el lugar de trabajo y otros asuntos.

Los tres primeros ejemplos utilizan el método de la conversación como instrumento para el aprendizaje personal. La cuarta conversación es algo distinta, ya que toma la forma de un diálogo interno en la mente de un facilitador/a de grupo cuando las cosas no están sucediendo de la manera esperada. En este caso, el método de conversación se utiliza para llevar a cabo un rápido análisis de los problemas y sus soluciones. La conversación titulada "Evaluar una Tarea Adicional", es un ejemplo del proceso interno que se produce en la toma de decisiones frente a nuevos desafíos en la vida personal.

El segundo tipo de conversaciones que aparece en esta sección se refiere a celebraciones que se realizan en la vida de una organización. Un equipo eficiente celebra en nombre de sus integrantes y sus logros. Lo hace de una manera creativa, significativa y a menudo festiva. Bolman y Deal, en *Leading with Soul,* dan testimonio de la importancia del ritual y de lo simbólico en la vida de las organizaciones:

> Las organizaciones que carecen de una rica vida simbólica, se tornan vacías y estériles. La magia que poseen las ocasiones especiales es vital para insuflar significado a la vida colectiva... Sin rituales ni celebraciones, las transiciones permanecen incompletas: son apenas un conjunto de ires y venires. "La vida se convierte en una cadena infinita de días miércoles". Si los rituales y las ceremonias son auténticas y están a tono con las circunstancias, iluminan la imaginación, evocan discernimientos y tocan el corazón. Las ceremonias entretejen el pasado, el presente y el futuro en el tapiz de la vida diaria.

Hoy en día hay una cantidad de libros sobre el comercio y la administración que comentan cómo las organizaciones operan de una manera muy seria e inflexible. Conscientes del efecto del exceso de seriedad y de la tensión que allí existe, algunas firmas han nombrado a "administradores de júbilo" o "maestros de festivales", para asegurarse de que existan suficientes sucesos discontinuos y algo disparatados que modifiquen el estado de ánimo cuando sea necesario.

Las organizaciones tradicionales organizan banquetes, ceremonias de inauguración con cortes de cinta y premios de ventas. Cathy DeForest habla de celebraciones conscientes, que son:

> ...hechos que marcan momentos significativos, que elevan la conciencia de los participantes hacia un orden más alto de la realidad...Las celebraciones conscientes surgen de un autoconocimiento y se utilizan para ayudar a las personas a alcanzar su potencial y a aumentar el estado de alerta respecto de la conexión que existe entre la vida material y la espiritual. Son el vínculo moderno con la dimensión espiritual de una organización, al mismo tiempo que son un vínculo con el pasado – con la historia y la sabiduría de los siglos- y con el futuro --visiones y sueños. (Adams, John D. (Ed.) *Transforming Leadership*, pág. 216).

En una organización hay muchas ocasiones para celebrar. En esta sección nos hemos concentrado sólo en cuatro de ellas: el cumpleaños de un empleado/a, una jubilación, el éxito de un equipo y la celebración del trabajador/a del mes.

G1. Reflexionar sobre el día

La Situación
Está dedicando unos minutos para repasar mentalmente el día y anotar las respuestas a una serie de preguntas que tiene en su agenda.

Objetivo Racional
Reflexionar sobre los hechos del día, y encontrar su significado y valor.

Objetivo Experiencial-Vivencial
Hacer introspección sobre sus luchas y sus victorias.

Sugerencias
Puede incluir estas preguntas, y otras que quiera agregar, al final de su agenda.
Conviene realizar este ejercicio a la misma hora cada día, ya sea sentado en su escritorio al final del día, o en el tren o en el bus, o en cuanto llegue a casa, para crear el hábito de la reflexión diaria, que es clave para ser un aprendiz de por vida.
Al anotar estas reflexiones diariamente en una agenda, éstas se convierten en un valioso registro de sus etapas de vida.

Otras Aplicaciones
Con unos pocos cambios, puede usar las preguntas de esta conversación para reflexionar sobre un acontecimiento y/o evento al que haya asistido.

LA CONVERSACIÓN

Apertura
Saco las preguntas, y me preparo para escribir mis respuestas.

Preguntas de Nivel Objetivo
¿Qué escenas, sucesos, ilustraciones y conversaciones recuerdo de este día?
¿Qué hice hoy?
¿Qué palabras me dijeron las personas con que me encontré?

Preguntas de Nivel Reflexivo
¿Cuál fue el tono emocional del día? ¿Fue mi día como un rinoceronte furioso, o como un río que fluye plácidamente? ¿Qué imagen me refleja el tono emocional o ánimo del día?
¿Cuál fue el momento álgido del día?
¿Cuál fue el momento más bajo?
¿Qué desafíos y/o dificultades enfrenté?
¿Por qué tuve que enfrentarlos y confrontarlos?

Preguntas de Nivel Interpretativo
¿Qué aprendí hoy?
¿Qué momentos del día debo recordar?

Preguntas de Nivel Decisivo
¿En qué situaciones futuras puedo usar estos aprendizajes?
¿Qué nombre le daría a este día? *(Busque un nombre poético que capte sus respuestas)*
¿Cuáles son los temas pendientes de hoy que necesito retomar nuevamente mañana?

Cierre
Leo mis respuestas. ¿Hay algo más que necesito anotar?

G2. Aprender de un suceso de vida

La Situación
Acaba de pasar por un incidente en el trabajo (o en la casa) que realmente le ha impactado. Sabe que necesita algún tiempo para poder aceptarlo.

Objetivo Racional
Descifrar el significado del suceso, y derivar de él alguna lección.

Objetivo Experiencial-Vivencial
Dejar que la experiencia le cambie.

Sugerencias
Para poder volver a su reflexión más adelante, escriba las respuestas a las preguntas en su agenda, o en un libro personal de anotaciones.
Si tiene poco tiempo, responda al menos a una pregunta de cada nivel.

Otras Aplicaciones
Tenga la conversación con uno de sus hijos o amigos luego de sucesos importantes en sus vidas.
El fin de semana también es un momento apropiado para usar esta reflexión consigo mismo.

LA CONVERSACIÓN

Apertura (consigo mismo)
Mi vida está llena de sucesos y eventos. Algunos son agradables, otros penosos; algunos son trágicos, otros fascinantes. Todos son significativos y me enseñan algo. También puedo describir el sentido y significado de muchos éstos y muchos otros.

Preguntas de Nivel Objetivo
Este suceso de hoy realmente impactó mi vida. ¿Qué sucedió?
¿Cómo describiría el suceso en partes o etapas?
¿Cómo comenzó el suceso? ¿Cómo siguió?
¿Cómo terminó? ¿Qué resaltaría de lo acontecido?
¿Qué parte tuve en él? ¿Qué roles jugaron otras personas?

Preguntas de Nivel Reflexivo y Resonante
¿Cómo me sentí?
¿Y después qué sucedió?
¿Qué otros sucesos en mi vida asociaría a éste?
¿Qué me alertó y me dijo, "¡Atención!"?

Preguntas de Nivel Interpretativo
¿Qué significado tiene este suceso en mi vida?
¿En qué forma lo acontecido me ha cambiado?

Preguntas de Nivel Decisivo
¿Cuál es el "¿entonces qué?" de este suceso para mi vida?
¿Qué me exige?
¿Qué decisión necesito tomar?
¿Qué nombre le daría a este suceso?

G3. Planificar el crecimiento personal

La Situación
Esta conversación es parte de un proceso de autodesarrollo, basado en la estructura del método de conversación. Un mentor ha diseñado estas preguntas para que las respondas en tu diario. El proceso se debe realizar a lo largo de varios días.

Objetivo Racional
Determinar qué nuevos pasos requiero para mi propio crecimiento personal.

Objetivo Experiencial-Vivencial
Encontrar un sentido de orientación a través de un proceso de introspección y reflexión.

Sugerencias
Las preguntas de nivel objetivo son extremadamente personales. Requerirá de cierta disciplina para darles respuesta como datos objetivos. Las respuestas a estas preguntas pueden transitar los cuatro niveles. Una buena actitud es imaginarse que se está fuera de uno mismo y que es un "observador objetivo".

En este trabajo es altamente recomendable usar un libro de apuntes, un diario o un procesador de textos. Es útil dejar un margen al lado de los apuntes para hacer anotaciones a futuro, cuando se vuelva a leer lo que se ha escrito.

Otras Aplicaciones
Esta estructura también puede usarse como preguntas de un diario de reflexión para adolescentes.

LA CONVERSACIÓN

Apertura
Doy la bienvenida a esta oportunidad de crecimiento y reflexión personal y decido responder cada pregunta lo más honestamente que puedo.

Preguntas de Nivel Objetivo
¿Cómo han evaluado otras personas mis talentos y potencial en diferentes momentos?

¿Qué retroalimentación he recibido de mi jefe, profesor, mentor, padres o compañera/o de trabajos?

¿Cuál es la imagen que prevalece sobre mí misma/o?

¿Qué otras imágenes tengo de mí misma/o de tiempo en tiempo?

Preguntas de Nivel Reflexivo y Resonante
¿Cómo describiría mi tono emocional normal?

¿A qué reacciono fuertemente?

¿Qué me inspira?

¿Qué me desmotiva?

¿Qué me da pena o ansiedad?

¿Hay algunos datos de esta sección que contradicen mis imágenes personales?

¿Qué tendencias y relaciones veo en estos datos hasta aquí?

Preguntas de Nivel Interpretativo
¿Qué cosas sé sobre mi tipo de personalidad?

¿Cómo evalúo las virtudes que puedo ofrecer?

¿Cuáles son las fortalezas de mi estilo?

¿Cuáles son sus debilidades?

¿Cuáles son los nuevos desafíos en mi vida que me llaman a desarrollar otros aspectos de mí misma/o?

¿Qué valores antiguos debo desechar para crear espacio?

¿Qué nuevos valores debo incorporar?

¿Cuál sería una nueva imagen de mi persona donde incluiría estos valores?

¿Qué nuevos aspectos visibles de mi estilo incluirían esta nueva imagen y valores?

(sigue en la página siguiente)

G3. Planificar el crecimiento personal (continuación)

Preguntas de Nivel Decisivo

¿Qué símbolos necesito crear ahora para recordar mi nueva imagen, valores y estilo, en base a los que voy a operar?

¿Qué mensajes o información necesito periódicamente para que la nueva imagen y valores se "afirmen"?

Cierre

Dentro de una semana leeré todo lo que he escrito, haré anotaciones al margen sobre lo que he observado, y haré una cita con mi mentor/a para conversar mis respuestas con él/ella.

PUNTOS QUE DEBE RECORDAR LA PERSONA QUE FACILITA Y/O LIDERA UNA CONVERSACIÓN

Por lo general, pedir que cada participante responda a la primera pregunta es un factor positivo, puesto que sirve como rompehielos para todos los presentes. La pregunta debe ser sencilla, para que nadie tenga dificultades en responderla. Si la primera pregunta es: "¿qué comentarios del informe les llamaron la atención?", podría decir: "Para esta primera pregunta comencemos con Rafael y sigamos alrededor de la mesa. Rafael, ¿qué comentarios te llamaron la atención?" (Después de escuchar la respuesta de Rafael, mire a la persona que le sigue y espere su respuesta).

G4. Reflexión interna del facilitador/a mientras lidera un grupo

La Situación

En medio de una sesión de planificación facilitada con un grupo, el facilitador descubre que hay una crisis. Las preguntas han tocado un campo minado, y los participantes comienzan a tener discusiones un tanto acaloradas. El facilitador/a debe pensar rápidamente, sobre la marcha.

Objetivo Racional

Definir el problema y enfrentarlo.

Objetivo Experiencial-Vivencial

Resolver la situación en forma responsable.

Sugerencias

Esta conversación (reflexión interna) debe ser rápida para que el grupo pueda recuperar el diálogo de manera constructiva.

Otras Aplicaciones

Esta conversación puede servir en cualquier situación que requiera un proceso de observar – dirimir – ponderar – decidir.

También puede usarse entre reuniones, cuando un equipo de liderazgo esté enfrentando un proceso más amplio.

LA CONVERSACIÓN

Apertura

Esta es una crisis. Tengo que hacer algo.

Preguntas de Nivel Objetivo

¿Qué es lo que está pasando?

¿Qué palabras o frases se han dicho?

¿Qué antecedentes de fondo conozco?

¿Cuáles desconozco aún?

Preguntas de Nivel Reflexivo y Resonante

¿Qué tal estoy reaccionando?

¿Cómo reacciona el grupo?

Preguntas de Nivel Interpretativo

¿Por qué estamos reaccionando de esta manera?

¿Cuáles son las posibles causas de esta situación?

¿Qué valores tengo que reforzar para poder continuar?

Preguntas de Nivel Decisivo

¿Qué puedo hacer para apoyar estos valores?

¿Cuál es mi próximo paso?

Cierre

(Continúa con el siguiente paso.)

G5. Evaluar una tarea adicional

La Situación

Una empleada, a quien su jefe le pidió asumir una tarea adicional, prometió considerarlo seriamente. Ella misma diseña las siguientes preguntas para decidir si aceptarlo o no. Enseguida responde las preguntas por escrito.

Objetivo Racional

Observar la situación en su totalidad y las consecuencias que tendría aceptar la tarea adicional, evaluar las motivaciones y los temores que están en juego, ponderar las circunstancias, los principios relevantes, las ventajas y desventajas de aceptar la tarea, y tomar la decisión.

Objetivo Experiencial-Vivencial

Tomar una decisión de manera libre y responsable, con plena aceptación de las consecuencias.

Sugerencias

Puede ser de alguna ayuda estructurar las respuestas a estas preguntas en forma de un mapa mental. El consultar a otra persona antes de tomar una decisión no es una forma de procrastinación, sino un acto de responsabilidad y cortesía. Luego de aquella discusión, quizás deba volver sobre algunas partes de esta conversación nuevamente.

Otras Aplicaciones

Este tipo de conversación es útil cuando uno se enfrenta a una situación difícil (Haga cambios a las preguntas según sea necesario).

LA CONVERSACIÓN

Apertura

No hay nada preestablecido en esta situación. Puedo aceptar la tarea, o no aceptarla. Quiero considerar todos los factores y luego decidir libremente, sí o no.

Preguntas de Nivel Objetivo

¿Cuál es la tarea adicional que se me pide que acepte?
¿Qué pasos incluye esta tarea?
¿Qué habilidades se requieren?
¿Qué me implicaría en términos de tiempo y energía?
¿Quién más se vería involucrado conmigo?
¿Cuánto tiempo me tomaría completarla, o cuántas horas al día tendría que dedicarle?
¿A qué otras personas afectará esta asignación?

Preguntas de Nivel Reflexivo

¿Cuál es mi reacción instintiva sobre esta situación?
¿Qué ventajas tendría el aceptar esta tarea?
¿Qué desventajas se me ocurren?
¿Qué nuevas oportunidades me abriría esta tarea?
¿Qué riesgos tendría? ¿Valdría la pena tomar esos riesgos?
Si acepto, ¿cómo se vería afectado mi trabajo actual?

Preguntas de Nivel Interpretativo

¿Qué interrogantes tenga sobre esta decisión?
¿Qué dicen mis propias respuestas sobre esta tarea?
Si digo que "sí", ¿qué consecuencias tendré que enfrentar y estar preparada para ello?
Si digo "no", ¿qué tendría que lamentar?

Preguntas de Nivel Decisivo

Entonces, ¿hacia dónde apuntan todas mis respuestas?
¿Cuál es mi decisión?
Si no estoy dispuesta a decidir en este momento, ¿qué plazo me doy para decidir?
¿Hay alguien más con quien pudiera consultar o conversar?

Cierre

Me alegro de haber podido enfrentar esta decisión de esta manera. Esto es lo que diré a mi jefe; o bien, necesito hablar con la persona X, después de lo cual revisaré esta conversación, tomaré la decisión y entonces hablaré con mi jefe.

G6. Celebrar un gran logro

La Situación
Un equipo ha cumplido con un contrato en forma extraordinaria, y acto seguido les han asignado un trabajo aún mayor. El jefe del departamento quisiera celebrar el éxito, para lo cual ha ordenado cava, vasos y bocadillos, y ha hecho decorar la sala para la celebración. El grupo está reunido y el gerente ofrece un brindis. Luego invita al equipo a compartir una conversación sobre el logro conseguido.

Objetivo Racional
Derivar las lecciones de esta victoria.

Objetivo Experiencial-Vivencial
Honrar y agradecer al equipo por su extraordinario trabajo.

Sugerencias
Algunos querrán servir el cava y hacer los brindis después de la conversación reflexiva.

Otras Aplicaciones
Se puede usar una conversación similar para reflexionar sobre los logros del equipo o del departamento en los últimos tres meses.

LA CONVERSACIÓN

Apertura
Somos una organización que extrae lecciones de todos nuestros éxitos, errores y fracasos. Quiero invitarlos a escuchar las reflexiones del equipo sobre este éxito.

Preguntas de Nivel Objetivo
Bien, aquellos de ustedes que hayan trabajado en este contrato desde el primer día, ¿qué fue, exactamente, lo que hicieron para llegar a un término tan digno de celebrar?
¿Podría alguien contarnos en breve cómo sucedió?
Y los demás, ¿se ha omitido algún detalle de la historia?
¿Qué otra cosa agregarían?

Preguntas de Nivel Reflexivo y Resonante
¿Cómo se sintieron al momento de reconocer el logro?
¿Qué decepciones tuvieron en el proceso?
¿Cuál fue el mayor desafío que enfrentaron?

Preguntas de Nivel Interpretativo
¿Qué lecciones derivan de este éxito?
¿Qué han aprendido a lo largo del camino que los llevó al éxito?

Preguntas de Nivel Decisivo
¿Qué nombre le darían a este gran logro; tal vez un título poético?
¿Qué consejos darían a las personas de este departamento?

Cierre
Pues, esto ha sido maravilloso. Estoy muy contento de formar parte de este equipo y de este evento. Una vez más, los felicitamos a todos, y les aseguramos que esta será uno de muchos grandes logros que vamos a conseguir. ¡Démosle un gran aplauso a este equipo!

G7. Celebrar la jubilación de un compañera/o de trabajo: conversación con la persona que se jubila

La situación

Un empleada/o se jubila de la organización después de muchos, o algunos, años de servicio. En la fiesta de despedida en su honor, el maestro de ceremonias pide la atención de los reunidos, golpeando un vaso con su cuchara, y sostiene la siguiente conversación con la persona que se jubila, mientras el grupo escucha.

Objetivo Racional

Dar un justo reconocimiento a la partida de esta persona.

Objetivo Experiencial-Vivencial

Permitir que la persona que se jubila exprese lo que le han significado los años que ha dedicado a la organización, y ponderar su futuro fuera de ella.

Sugerencias

Hay al menos dos posibles conversaciones que se pueden tener en este caso. La presente es una conversación en presencia del grupo con la persona que se jubila – sobre su vida y estadía en la organización y sobre sus planes futuros. Puede ser útil acordar con él o ella las preguntas del nivel decisivo. La otra conversación (G9) es con el grupo, sobre la persona que se jubila. Es importante no mezclar ambas conversaciones.

Otras Aplicaciones

Esta conversación, con pequeñas variaciones, podría usarse para marcar las principales etapas de transición en la vida.

LA CONVERSACIÓN

Apertura

Es un verdadero placer estar reunidos aquí en honor de Juan Moya, quien ha decidido jubilarse. Pensé que nos gustaría escuchar lo que Juan tiene que decir sobre sus muchos años en la empresa, y sobre sus planes para el futuro. Juan, ¿podrías venir aquí adelante, al frente del grupo, para que todos puedan verte bien?

Preguntas de Nivel Objetivo

Cuéntanos, ¿cuánto tiempo has estado con nosotros?
¿Qué puestos has ocupado?
¿Qué recuerdas de tus primeros días en la organización?

Preguntas de Nivel Reflexivo y Resonante

¿Qué ha sido lo más gratificante durante este tiempo?
¿Cuál fué la tarea más difícil que tuviste que realizar?
¿Cuál fue una de las cosas más divertidas que te pasaron?
¿En qué momento sentiste que querrías renunciar, pero no lo hiciste?

Preguntas de Nivel Interpretativo

¿Qué ha significado esta organización para ti?
¿Qué ha significado para ti trabajar tantos años aquí?
¿Qué significado das a tu partida?

Preguntas de Nivel Decisivo

¿Qué expectativas tienes para tus años como jubilado?
¿Qué planes tienes que podrías compartir con nosotros?
¿Qué te gustaría lograr en la próxima etapa de tu vida?

Cierre

Juan, en nombre de todos los presentes, quiero que sepas que tanto nosotros como la organización valoramos tus muchos años de servicio. Te deseamos todo lo mejor en tu nueva etapa y, como muestra de nuestro aprecio, quisiéramos que recibas este regalo. *(Entrega el regalo)*
También queremos que sepas que, cuando sientas deseos de volver por algunas horas y darnos algunas palabras de sabiduría a los más jóvenes, serás muy bienvenido. Sólo avísanos y lo prepararemos.

G8. Celebrar el retiro de un compañera/o de trabajo: reflexión con el grupo

La Situación
Un empleado, Juan Moya, se jubila de la organización después de muchos, años. Varias personas sienten que "hay que hacer algo" para destacar sus logros y expresar la apreciación del personal. El grupo decide organizar un evento para celebrar el retiro, hacerle una presentación y tener una conversación sobre las contribuciones de Juan a la organización.

Objetivo Racional
Dar un justo reconocimiento a esta persona por su jubilación.

Objetivo Experiencial-Vivencial
Honrar su contribución, y su futuro.

Sugerencias
Las preguntas de nivel decisivo pueden incluir algunas dirigidas directamente a Juan Moya, invitándole a compartir sus planes para el futuro. Esta es la segunda de dos tipos de conversaciones para celebrar una jubilación. La primera (G7) consiste en preguntas que se le harían a la persona que se jubila, en vez de al grupo entero.

Otras Aplicaciones
Esta conversación puede adaptarse para celebrar un cumpleaños importante, o para un homenaje, o un evento que simbolice una transición de vida.

LA CONVERSACIÓN

Apertura
Es un verdadero placer estar reunidos aquí en honor de Juan Moya, quien ha decidido jubilarse. Queremos expresar nuestra apreciación a Juan y conversar sobre lo que ha significado su presencia entre nosotros a lo largo de estos años. Voy a hacer algunas preguntas a todos los presentes aquí, para que cualquiera responda. Por favor respondan de forma espontánea cuando lo deseen, y sin tener que levantar la mano ni nada por el estilo.

Preguntas de Nivel Objetivo
¿Cuándo se encontraron por primera vez con Juan?
¿Cuánto tiempo ha estado Juan con nosotros?
¿Quién tiene alguna breve historia de un encuentro con Juan?

Preguntas de Nivel Reflexivo y Resonante
¿Qué les ha sorprendido siempre de Juan?
Cuando piensan en Juan, ¿qué asocian con su persona?
¿Qué cosas divertidas recuerdan de él?
¿Qué tarea recuerdan en la que Juan estuvo involucrado?
¿Recuerdan algo específico que les dijera Juan?

Preguntas de Nivel Interpretativo
¿Qué ha significado para todos nosotros la presencia de Juan en esta organización?
¿Cómo describiríamos la contribución de Juan a la organización?
¿Qué echaremos de menos cuando ya no esté aquí?

Preguntas de Nivel Decisivo
¿Cuáles son nuestros deseos para Juan, ahora que se jubila?
¿Cuáles son nuestras esperanzas y deseos para su futuro?

Cierre
Bueno, Juan, te hemos expresado de todo corazón lo mucho que significó tu presencia en el trabajo para nosotros, y lo valiosa que fue tu contribución a esta organización. Te deseamos todo lo mejor en tu futuro.

G9. Celebrar el cumpleaños de un integrante del personal

La Situación
Los miembros de un equipo se han reunido para celebrar el cumpleaños de uno de ellos.

Objetivo Racional
Crear una ocasión para honrar la originalidad y la contribución que ha prestado al equipo uno de sus miembros.

Objetivo Experiencial-Vivencial
Brindar una oportunidad al grupo para que agradezca verbalmente a una compañera/o de trabajo por sus talentos y aportes.

Sugerencias
Antes de planificar una celebración personal, es preciso obtener el consentimiento de la persona, especialmente si es la primera vez que se hace. La conversación puede ser muy breve, no más de unos cinco minutos. Como facilitador/a, esté preparado para responder a las preguntas reflexivas y comience con los deseos para evitar silencios incómodos.

Oras aplicaciones.
Se podría tener una conversación similar con alguien que esté dejando el equipo o la organización. También se podría adaptar para un supervisor que desea tener una reflexión con un empleado/a, respecto del año anterior.

LA CONVERSACIÓN

Apertura
Sorpresa, sorpresa.
(*Canten el "Feliz Cumpleaños". Reparta los bocadillos.*)

Preguntas de Nivel Objetivo
Bueno, y ahora tenemos que hablar sobre Roberto. Cuéntanos, Roberto, ¿cuáles han sido los elementos más significativos del año que ha pasado: en el trabajo, en tu familia, en tu comunidad? Como miembros del equipo de Roberto, ¿qué situaciones recordamos?

Preguntas de Nivel Reflexivo y Resonante
¿Qué cosas divertidas recuerdan de Roberto?
¿En qué tareas recordamos que estuvo involucrada?

Preguntas de Nivel Interpretativo
Roberto, ¿qué esperas del año que viene?

Preguntas de Nivel Decisivo
¿Qué le deseamos a Roberto en este nuevo año de vida?

Cierre
Feliz Cumpleaños Roberto, y nuestros mejores deseos para el próximo año.

G10. Entrevistar al empleado/a del mes

La Situación

Susana Gazmuri fue nombrada la "Empleada del Mes" por su liderazgo en transformar la oficina de correos en una nueva línea de negocios, ofreciendo servicios de imprenta y de reparto a varios clientes nuevos. Al entregarle su reconocimiento, en presencia de muchos otros empleados, el vicepresidente de la compañía invita a Susana a contarles cómo consiguió tan importante logro.

Objetivo Racional

Destacar el trabajo de Susana como un modelo de iniciativa laboral.

Objetivo Experiencial-Vivencial

Honrar a Susana por su contribución, e inspirar a otros a tomar iniciativas similares

Sugerencias

Será necesario compartir las preguntas con Susana, antes de la actividad, para que pueda preparar mejor las respuestas.

Otras Aplicaciones

Esta conversación se podría usar en cualquier entrevista que tenga como objetivo entender cómo se logra el éxito.

LA CONVERSACIÓN

Preguntas de Nivel Objetivo

Antes que nada, Susana ¿cómo te surgió la idea?

¿Qué necesitaste para echarla a andar? Cuéntanos la historia.

Preguntas de Nivel Reflexivo y Resonante

¿Cómo te sentiste cuando te decidiste hacerlo?

¿Cuándo te sentiste desanimada?

Preguntas de Nivel Interpretativo

¿Qué has aprendido en cuanto a lograr que las cosas sucedan?

Preguntas de Nivel Decisivo

¿Nos puedes decir algo sobre tu próxima iniciativa?

¿En qué nueva idea estás pensando?

Cierre

Bueno, gracias por compartir tus pensamientos. Siempre me impresiona el tipo de visión y liderazgo con el que contamos, y siempre tengo curiosidad por ver quién nos va a sorprender en una próxima ocasión. Démosle a Susana otro aplauso por su excelente liderazgo.

G11. Evaluar los primeros dos meses de Berlitz Asunción

La Situación

En Berlitz Chile se hacen evaluaciones de desempeño de personas y escuelas en momentos importantes. Estas evaluaciones son procesos participativos que buscan descubrir los logros y los sueños de cada uno, y ver cómo Berlitz puede ayudar a lograr esos sueños.

Objetivo Racional

Verificar el progreso de la unidad y de las personas y ver cómo facilitarlo a futuro.

Objetivo Experiencial

Que las personas sientan que se les escuche y que su experiencia es valorada, y que queden altamente motivados para tener éxito.

Sugerencias

Este tipo de evaluación de desempeño supone un tipo especial de cultura corporativa. Si la cultura sigue siendo un poco jerárquica, va a requerir bastante valor y confianza por ambas partes para conducir y participar en este tipo de conversación. No se puede hacer este tipo de conversación en un trimestre y luego volver al estilo antiguo.

Otras Aplicaciones

Ver "Orientar a un trabajador nuevo (C9)"

LA CONVERSACIÓN

Apertura

Desde el primer entrenamiento de profesores en Julio, ustedes han avanzado una enormidad, y ya tienen varios logros importantes. Quiero conversar con ustedes sobre cómo ha sido ese período, y cómo podemos apoyar sus necesidades durante los próximos meses.

Preguntas Objetivas

¿Cuántos pedidos tienen al día? ¿Cuántos son por avisos? ¿Por recomendaciones?

¿Con cuántas empresas han iniciado conversaciones?

¿Cuántos alumnos han matriculado? ¿Cuántos ya terminaron?

¿Cómo se compara esto con sus expectativas iniciales de un centro Berlitz?

¿Cómo han cambiado sus rutinas de trabajo en este período?

Preguntas Reflexivas

¿De qué logros se sienten más orgullosos?

¿Cuáles son sus mayores frustraciones?

Preguntas Interpretativas

¿Cuál dirían que es su aporte más importante hasta aquí?

¿Cuáles son sus metas para los próximos años en Paraguay?

¿Y cuáles son sus esperanzas y sueños de tipo personal?

¿Qué quisieran lograr en este centro de aquí a Diciembre? ¿En el proximo año?

¿Dónde ven dificultades para avanzar hacia esos logros?

Para avanzar hacia esos logros, ¿qué están listos para manejar por su cuenta?

Para avanzar hacia esos logros, ¿qué ayuda específica necesitan de mí o de Berlitz Chile? ¿Cómo podemos saber nosotros que 'no todo va bien', y que debiéramos hablar?

Preguntas de Decisión

¿Cuáles son sus "próximos pasos" aquí en Asunción?

¿A quiénes van a preparar para cuando alguno de ustedes esté ausente?

¿Qué le van a decir mañana a la oficina central de lo que han aprendido desde el primer entrenamiento?

Cierre

Esta conversación ha sido muy valiosa para mí. Espero que también haya sido útil para ustedes. Por favor contáctennos en cualquier momento que sienten la necesidad de hablar más sobre estos temas.

G12. Intercambiar experiencias entre padres de adolescentes

La Situación

Un grupo de padres de adolescentes se reunirá para intercambiar opiniones y experiencias sobre criterios y valores respecto de la formación de sus hijos.

Objetivo Racional

Intercambiar experiencias, descubrir criterios en común y delinear algunas acciones conjuntas a futuro.

Objetivo Experiencial

Que vean que todos estamos en lo mismo, que perciban apoyo de los demás, y aumentar su confianza de su actuar como padres.

Otras Aplicaciones

Pienso que tú a veces tienes secretos conmigo. Actúas como si yo fuera a espiar lo que dices o con quien conversas. Y la verdad, solo quiero ser un poco tu amigo en esas cosas.

Se que a veces te es algo difícil conversar con la mamá, ella a veces es un poco impaciente. Y siempre me gustó que tú conversaras conmigo algunas cosas que te pasaban.

Entonces, ¿por qué a veces no eres más abierta conmigo?

LA CONVERSACIÓN

Apertura

Queremos aprovechar de habernos juntado para compartir un momento agradable, y conversar sobre lo que significa ser padres de hijos adolescentes, y todo lo que eso conlleva, como permisos, confianza, libertades, límites … Además recuerdo cuando hablamos hace N años atrás nos juntamos para conversar sobre nuestros hijos y que una de las cosas más importantes era que queríamos que ellos fueran felices…

Vamos a usar una metodología de conversación guiada que permite que todos compartamos y aprendamos de nuestras experiencias.

Preguntas Objetivas

Partamos con que cada uno de nosotros comparta una experiencia reciente con nuestros hijos. Por ejemplo, yo…Entonces, ¿sigue Julia?…

Preguntas Reflexivas

A ver, conversemos un poco sobre estas experiencias que acabamos de oír.

¿Qué les llama la atención de lo que escucharon aquí?

¿En qué situaciones se han sentido bien, porque fueron acertadas?

¿En cuáles sintieron que no estaban en lo correcto?

¿Cuáles decisiones habrían hecho en forma diferente?

Preguntas Interpretativas

¿Cómo han cambiado las cosas respecto de cuando nosotros éramos jóvenes?

¿Qué creen ustedes que piensan nuestros hijos sobre nuestro actuar?

¿Qué valores están detrás de todo esto? ¿Educacion?, ¿confianza?

Preguntas de Decisión

Resumiendo, ¿qué dirían ustedes que estamos haciendo bien?

¿Qué cosas dirían que sería bueno cambiar, hacer distinto?

¿Cuáles son algunos temas sobre los que les gustaría profundizar a futuro?¿Qué otra sugerencia tienen?

Cierre

En realidad estoy muy feliz, porque ha sido una conversación fantástica, siento que todos ahora estamos un poco más seguros de cómo actuamos como padres de estos chicos que van creciendo más rápido de lo que quisiéramos. A lo mejor en una próxima reunión podemos intercambiar también sobre esta gran aventura que será el próximo viaje a Alemania…

Parte III
Apéndices

Preguntas de nivel reflexivo-resonante e interpretativo

El diseño de preguntas a nivel reflexivo e interpretativo es el desafío mayor de las personas que facilitan y lideran conversaciones. Las personas en etapa de formación encuentran dificultad al momento de diseñar y formular de forma apropiada las preguntas en los niveles antes mencionados. Algunas personas que lideran las conversaciones, sensibilizadas por las exigencias de un ambiente comercial, desean tener ejemplos de preguntas reflexivas que no se refieran de manera directa a "emociones o sentimientos". Pero ¿cómo podríamos formular preguntas reflexivas de otra forma? En este apéndice ofrecemos ejemplos de preguntas reflexivas adaptadas por Gordon Harper de nuestro instituto, ICA, en Seattle.

Igualmente, algunas personas tienen dificultad para crear una gama de preguntas a nivel interpretativo o para crear preguntas para un seguimiento o monitoreo; por ello en la segunda parte de este apéndice ofrecemos ejemplos de preguntas que corresponden a ese nivel.

EJEMPLOS PREGUNTAS A NIVEL REFLEXIVO SUGERIDAS POR GORDON HARPER

- ¿Qué experiencias previas similares han tenido? ¿Cómo las describirían? ¿Cuándo han experimentado este mismo éxito en el pasado? ¿Cuándo han visto que ha fracasado algo parecido?

- ¿Cuándo se dieron cuenta de las nuevas relaciones creadas en base a estos datos numéricos? ¿En qué momento vieron de forma clara cómo iban relacionando o conectando los datos?

- ¿Qué es lo que aún no tiene relación o conexión? ¿Qué es lo que aún no tiene sentido para ustedes?

- ¿Qué sucesos o hechos viene a su mente cuando escuchan esto? ¿Qué dicho popular relacionan con esto? ¿Qué parte de una canción les sugiere? ¿O un diálogo de una película?

- ¿Qué es lo que más aprecian ahora de este experimento y/o experiencia? ¿Qué es lo que sienten como lo más irritante y/o frustrante de todo este proyecto?

- ¿Qué sienten como novedoso o innovador en todo esto? ¿Qué sienten que es "lo mismo de siempre" para ustedes? ¿Qué les hace decir: "¡por fin lo comprendieron!" o "dieron en el clavo"?

- ¿Qué dato/os les ha sorprendido sobre el informe? ¿Qué les parece esperanzador? ¿Cuándo han visto una nueva posibilidad u oportunidad para implicarse más en él? ¿Qué parte del contenido hace que se sientan escépticos? ¿Qué les preocupa de él? ¿En qué parte ven una alerta roja?

- ¿Qué tipo de comunicación no verbal experimentaron al leer el informe? ¿En qué momento alzaron las cejas? ¿Cuándo se dieron cuenta de que fruncían el ceño? ¿Cuándo se dieron cuenta que giraban los ojos? ¿Cuándo cambiaron de postura en la silla? ¿Cuándo sintieron que se les aceleraba o disminuía el pulso? ¿En qué momento dejaron de leer porque sus pensamientos volaron en otra dirección?

- ¿Cuándo se sorprendieron diciéndose a sí mismos: "¡Justo en el clavo!", durante esta conversación? ¿Cuándo pensaron: "¡Ajá!", "¡Umm!", "¡Ah, ya!", "¡Uy!", "¡De ninguna manera!"?

- ¿Qué les hizo celebrar el suceso? ¿Qué momentos de la experiencia desearían olvidar por completo? ¿Cuál fue el punto álgido de todo este esfuerzo para ustedes? ¿Cuándo se sintieron desmotivados?

- ¿Qué parte de la película les hizo sonreír? ¿Qué les hizo reír? ¿Qué les puso triste? ¿Qué les cautivó? ¿Qué les encantó? ¿Qué les aburrió? ¿En qué parte se sintieron desconcertados? ¿En qué momentos de la película estuvieron impacientes?

EJEMPLOS DE PREGUNTAS A NIVEL REFLEXIVO SUGERIDAS POR GORDON HARPER

- ¿De qué trata realmente esto? ¿Cuáles serían dos o tres aspectos que resaltarías sobre el tema? ¿Cuáles son algunos de los puntos claves que se plantearon? ¿Qué se comprendió muy claramente? ¿Dónde perciben que surge una nueva dirección en lo que se dijo?

- ¿Qué nombre le daríamos a esa dirección? ¿Qué imágenes del pasado cuestiona este hecho o acontecimiento? ¿Qué aconteció de forma relevante dentro del suceso? ¿Cómo describirían la importancia de éste?

- ¿En qué momento se produjo un giro o cambio de la situación? ¿Cuáles son los nuevos puntos de vista sobre lo sucedido? ¿Qué nuevas imágenes emergen de lo acontecido?

- ¿Qué título le darían a esto?

- ¿Qué beneficios a nivel personal representa esta experiencia? y ¿cuáles para los demás?

- ¿De qué manera se han cumplido sus expectativas? ¿De qué manera aplicarán lo que han aprendido? ¿Qué cambios se esperan por parte de las personas que han experimentado esto?

- Si participáramos nuevamente en esto, ¿qué haríamos de forma diferente? ¿Cómo podríamos compararlo con la manera en que lo hicimos antes? ¿Cuáles son sus fortalezas y sus debilidades? ¿Qué hemos de hacer para mantener las fortalezas y superar las debilidades?

- ¿Cómo resumirían las dificultades a resolver? ¿Qué desafíos trae consigo la situación? ¿Cuáles parecen ser los temas claves o las áreas principales del problema? ¿Dónde necesitaremos ayuda? ¿Qué interrogantes deberemos tratar con todo el equipo? ¿Qué otras implicaciones hemos de tener en cuenta? ¿Qué otros asuntos les preocupa a largo plazo? ¿Qué vamos a necesitar para organizar y reaccionar frente a todo esto en los próximos días? ¿Cuáles son los primeros pasos a dar?

- ¿Qué ha quedado claro en relación al problema que tenemos sobre el proyecto? ¿Qué discernimientos/ reflexiones/ pensamientos están surgiendo sobre las causas del problema?

- ¿Qué otras causas necesitamos considerar? ¿Qué tendremos que hacer para mantener esto bajo control o para volver a controlarlo? ¿Qué aprendizaje estamos a punto de lograr como resultado de este esfuerzo?

- ¿Qué recomendaciones se están dando? ¿Qué relaciones podríamos establecer entre las distintas partes del informe? ¿Cuáles son los puntos principales que plantea el informe?

- ¿Qué interrogantes u obstáculos les plantean estos puntos? ¿Cuáles de las interrogantes, objeciones u obstáculos que han escuchado hasta ahora requerirán de respuestas muy cuidadosas? ¿Cuáles son las implicaciones (si las hubiera), respecto de la manera en que llevamos a cabo nuestro trabajo? ¿Qué recursos necesitaremos para manejar esto?

- ¿Cuáles dirían ustedes que son los temas subyacentes a estas dificultades? ¿Qué patrones observan aquí? ¿Qué sabemos sobre cómo otras personas han tratado estos problemas?

- ¿Cuáles son nuestras opciones? ¿Cuáles son los valores claves que debemos sustentar?

- ¿Cuáles son las ventajas y desventajas de cada opción? ¿Qué necesitamos para superar el problema?

- ¿Qué nueva imagen requiere este nuevo acontecimiento y/o situación? ¿Qué es "lo novedoso" de este artículo? ¿Cómo cambiará la organización luego lo acontecido? ¿Cuáles serán las decisiones más importantes que deberemos tomar? ¿Qué es lo que tendremos que hacer de manera distinta/diferente? ¿Con qué imagen comparas el proyecto actual? ¿Qué representa esto para implicaciones tiene significará para las próximas semanas/meses?

El Método Dialógico de David Bohm

Supongamos que somos capaces de compartir libremente los significados, sin la urgencia compulsiva de imponer nuestros propios puntos de vista o de conformarnos con los de los demás, sin distorsiones ni auto engaños. ¿No constituiría ésta una verdadera revolución cultural?

David Bohm: *Changing Consciousness*

En sus últimos años, el físico David Bohm exploró el proceso del pensamiento en el diálogo de grupo. Inicialmente, David Bohm trabajó en Londres con Patrick de Mare, quien consideraba el diálogo como terapia de grupo. En la biografía sobre David Bohm escrita por David Peat, éste escribe lo siguiente en relación al concepto de P. de Mare:

De Mare creía que durante las etapas de recolección y caza del desarrollo social humano, en las que las personas vivían y viajaban en grupos de treinta o cuarenta personas, las tensiones sociales y psicológicas se manejaban a medida que iban surgiendo, a través de un proceso de diálogo. Fue sólo después, con el crecimiento en tamaño y complejidad de las sociedades humanas que el poder del grupo desapareció. Sin embargo, de Mare creía que los seres humanos no están bien adaptados psicológicamente para la vida en sociedades complejas por lo que necesitan de terapias sociales continuas. Las ideas de de Mare le parecieron bien a Bohm. (Peat, David: *Infinite Potential*, pág. 286).

Bohm se unió a un grupo de discusión para terapeutas. Allí encontró una forma novedosa de sintetizar sus ideas sobre la conciencia. Estaba fascinado por situaciones como la siguiente: Stephen está conversando con Stella y ella hace un comentario que a Stephen le parece ridículo, prejuicioso o simplemente equivocado. Stephen trata de corregirla, sólo para recibir una reacción antagónica. Stephen intenta mantener la calma, pero ambos se trenzan en una airada discusión. Este patrón habitual de comportamiento afligía a Bohm, quien sentía que el proceso era aún más desastroso cuando ocurría entre representantes de naciones.

David Peat prosigue:

> Bohm se dio cuenta que los grupos de diálogo eran una manera de ralentizar el proceso del pensamiento al exponerlo en un ambiente público. Tenía la solución que él había buscado por años: una forma de generar un cambio radical en la conciencia humana. Cuando dos personas discuten, a menudo se debe a que las palabras de uno de ellos evoca una serie de reacciones internas muy complicadas en la otra persona, lo que genera un cambio en el "clima del cerebro" del otro, tal como él lo denominaba. Aún cuando nos comportemos razonablemente, nuestro pensamiento está atrapado en su propia química. El problema esencial es que el proceso mismo ocurre de forma tan rápida que no nos damos cuenta del juego que existe entre impulso y reacción. (Peat, David: *Infinite Potential*, pág. 287).

Bohm se dio cuenta que el diálogo funciona en diferentes niveles. Cuando el diálogo se da a un nivel profundo éste tiene el poder de transformar la mente colectiva. A otro nivel, el diálogo coloca el proceso de pensamiento en sí al descubierto, de modo que el ritmo y pausa de la conversación se ralentiza suficientemente como para permitir observar el proceso. Permite la expresión de distintos puntos de vista, algunos de los cuales se presentan de una manera no negociable, utilizando palabras como "siempre", "nunca", "totalmente" o "nada".

(Bohm ponía énfasis en el sustantivo "diálogo" agregándole el artículo "el" delante para referirse al experimento de comunicación del que fue pionero). El propósito de "el diálogo" era crear un escenario y contexto en el que este tipo de atención colectiva consciente se pueda mantener. Cada persona debería ser capaz de responder, de modo reflexivo, al emisor y al resto del grupo sobre su propio punto de vista en relación al tema que se aborda. Y al hacerlo, ha de sentir la libertad y obligación de dar a conocer sus supuestos y prejuicios sobre el tema; así como las implicaciones a las que no se hacen referencia al momento de expresar una opinión junto con lo que se suele omitir o evitar expresar.

En el proceso de Bohm no existen intentos de convencer a los demás del punto de vista de la persona que habla. El grupo se libera de la necesidad de obtener resultados específicos. Se suspende el juicio de valor. No hay intentos de defender posiciones en contra de los demás. Existe más bien un deseo de abrir la puerta hacia nuevas visiones de la realidad, y ver el punto de vista de la otra persona en un ambiente de confianza y apertura. Los participantes deben escuchar los significados que se comparten y formular interrogantes para obtener discernimientos adicionales.

Al liberarse de la necesidad de obtener ciertos resultados predeterminados, se permite que surjan a la superficie temas que habitualmente permanecen ocultos en reuniones basadas en una agenda. Los participantes se sienten dentro de un proceso de creación que se va modificando y va creciendo en la búsqueda de un significado común. Emerge un estado compartido de conciencia, que permite que crezcan la creatividad y los discernimientos mucho más allá de lo que estamos acostumbrados habitualmente entre individuos y grupos que interactúan de manera más familiar. Se desarrolla una suerte de camaradería impersonal que empieza a tener prioridad sobre el contenido inicial de la conversación. Un diálogo en sus mejores momentos es un ejercicio espiritual y un fenómeno del espíritu. De ahí la máxima de Bohm: "un cambio del significado es un cambio del ser".

Luego, Bohm organizó grupos de diálogo en una variedad de países y localidades. Hoy en día, existen varios grupos de diálogo que funcionan de acuerdo con el impulso y carisma inicial de Bohm.

Las personas que trabajan con este método aseguran que el diálogo funciona mejor con grupos de 20 a 40 personas, sentadas frente a frente en un solo círculo. Un grupo de este tamaño permite que surjan y que se observen diferentes sub-grupos y sub-culturas que pueden ayudar a revelar algunos supuestos y prejuicios que no se expresarían si el contexto fuera otro, junto a hábitos de comunicación de dichos grupos. La escucha se considera tan importante como la expresión oral.

Al organizar los diálogos, las personas se ponen de acuerdo desde el principio respecto de la duración de la sesión. Lo óptimo es alrededor de dos horas. Cuanto más a menudo se pueda reunir el grupo, el campo explorado será más profundo y tendrá más significado. El diálogo necesita de algún tiempo para consolidarse; requiere de más de una reunión y se necesita perseverancia.

El diálogo es esencialmente una conversación entre iguales. Todo intento de control es la antítesis de su propósito. Sin embargo, se requiere de alguna guía durante las etapas iniciales, para ayudar a los participantes a darse cuenta de las diferencias sutiles que existen entre un diálogo y otras formas de procesos de grupo. En general, existe el acuerdo en que al menos uno o dos facilitadores con experiencia son esenciales. Su papel es señalar situaciones que podrían ser puntos críticos para el grupo. Los líderes también participan en la conversación.

David Peat resume las distintas opiniones que se han expresado respecto del método de Bohm. Algunos piensan que los grupos de diálogo son un núcleo importante para lograr la transformación social. Otros discuten que el diálogo de grupo se debería adaptar a objetivos prácticos inmediatos: por ejemplo, a problemas de administración o como técnica para solucionar problemas.

Los informes indican que muchas personas consideran de gran utilidad el método de Bohm. Un libro al respecto se publicó en 1998, titulado *The Art and Craft of Facilitating Dialogue* (John Wiley and Sons). También existen grupos que guían seminarios utilizando el método de Bohm.

En retrospectiva, Bohm, tal como otras personas sensibles, se dio cuenta de un principio casi físico que opera en un diálogo sostenido de grupo, mientras transita por diferentes etapas. Primero existe un gran caos con disonancias, ansiedad y conflictos. Luego el grupo va experimentando, gradualmente, cierta convergencia intelectual hasta que alcanza un entendimiento común y una nueva fase de empatía y unión emerge; en el que el diálogo se transforma en algo más importante que el debate sobre el contenido.

Este tipo de experiencia dialogante debería ser posible en cualquier grupo que se ve a sí mismo en una travesía de conciencia y de cuidado.

Para mayor referencia la lectura de las obras siguientes pueden ser de utilidad:

Bohm, David: *Unfolding Meaning: A Weekend of Dialogue with David Bohm*. Arc Paperbacks, New York, 1987.

Bohm, David: "On Dialogue" de los Seminarios de David Bohm. P:O: Box 1452, Ojai CA 93023.

Isaac, William: "Dialogue: The Power of Collective Thinking" en *The Systems Thinker*, Vol.4 N° 3, Pegasus Communications, Cambridge, 1993.

APÉNDICE C

El poder de la conversación y el arte

Susanne Langer, en su libro, *Problems of Art*, habla del poder del arte para liberar la percepción, educar el sentimiento e inspirar visión. El arte puede hacer todas esas cosas para aquellos que pueden asimilarlo. Sin embargo, todo eso puede parecer una visión bastante fina. ¿Cuál es el método que hace realidad esos objetivos?

Tal como se analizó en la introducción de este libro, el método de la conversación enfocada ha encontrado una amplia gama de aplicaciones en el trabajo de ICA durante los últimos 45 años. Se usó en la educación de niños, en sus primeros años, para reflexionar sobre cuentos de hadas y canciones de cuna. Muchos de estos cuentos y canciones contienen y revelan verdades profundas sobre la vida, especialmente cuando una conversación sobre los mismos se va desarrollando desde un nivel básico a un nivel más complejo y profundo.

El método de conversación se ha usado en colegios de primaria y secundaria para interpretar historias y analizar ciertas secciones de obras literarias.

Educadores de adultos lo han usado para reorientar el propósito mismo de la interpretación y la crítica del arte. Cuando un grupo observa una pintura, un ballet o una obra teatral y se le pregunta, "¿Cómo se manifiesta este tipo de arte en sus vidas?", súbitamente se abre una puerta secreta hacia una nueva realidad. *(Ver Introducción.)*

Originalmente, la conversación enfocada se creó para que las personas puedan

201

interpretar obras de arte: pinturas, películas, poesía, danza, música. Aquí, por ejemplo, hay una conversación creada para una pintura, *Guernica*, de Picasso. Una reproducción grande de la pintura se coloca en la pared para que todos la puedan ver. Luego el líder dirige una conversación para comentar sobre la pintura basada en el siguiente esquema y plan:

Conversación sobre una pintura

Apertura

El buen arte permite vivenciar nuestras experiencias de vida. Al arte siempre le ha tocado jugar un rol revolucionario en el proceso civilizador. Al enfrentar una obra de arte, no preguntamos qué es lo que significa. Cada uno decide cuál es el significado. La conversación del arte que vamos a tener es un método que nosotros como grupo y como individuos podemos usar para decidir el significado de esta pintura. Esta conversación crea un triálogo entre el yo, el artista y la pintura.

LA CONVERSACIÓN

Preguntas de nivel objetivo

Miren la pintura. ¿Qué objetos ven?

¿Qué formas ven?

¿Qué colores destacan o resaltan para ustedes?

Preguntas de nivel reflexivo - resonante

¿Qué colores agregarían?

¿Qué colores sacarían?

Dividan la pintura en dos partes. ¿Cuál parte dejarían?

¿Cuál parte eliminarían?

¿Qué música quisieran tocar mientras observan esta obra de arte?

¿Cómo se siente esta pintura?

¿Qué sentimientos refleja esta pintura? o ¿qué sonidos emanan de la pintura? Hagamos el sonido todos juntos; uno, dos, tres.

Supongan que su tía les regala esta pintura. ¿Dónde la colgarían?

¿Cómo se sentirían viendo esta pintura a diario?

Preguntas de nivel interpretativo

¿Qué está sucediendo en la pintura? ¿Qué está pasando?

¿Qué película les recuerda?

¿Dónde han visto el tema de la pintura en otro contexto o lugar?

Preguntas de nivel decisivo

¿En qué parte de sus vidas está sucediendo esto?

¿Qué le responderían a la pintura, si tuvieran la posibilidad de decir sólo una palabra?

Cierre

Lo que ha estimulado toda esta conversación es una reproducción de *Guernica* de Picasso, la qual pintó para mostrar el horror del bombardeo sistemático que hubo en el País Vasco, al norte de España, durante la guerra civil española en los años 30.

¿Qué sucede en esta conversación? Primero, el grupo identifica los elementos, colores texturas, formas de la pintura. Luego se comparan observaciones. Cada comentario dirige la mente del grupo hacia un nuevo aspecto de la obra que tienen al frente.

Luego vienen preguntas que evocan reacciones emocionales. Más de la mitad de las preguntas de esta conversación son reflexivas. Ellas tocan las reacciones emocionales en forma indirecta (a través de colores, sonidos, emociones).

Hasta aquí, esto no es nada más de lo que haría un buen profesor de arte. Ahora vienen las preguntas que van más al fondo: "¿Qué está sucediendo? ¿Dónde han visto que esto suceda?" La gente dice, "Lo veo todos los días cuando conduzco por cierto barrio" o, "Lo veo cada vez que voy a la sala de emergencia del hospital". La gente empieza a percibir que esta obra de arte está relacionada con la vida que los rodea por todas partes.

La próxima pregunta les remueve el piso: "¿En qué parte de sus vidas está sucediendo esto?". Muchos tratarán de evitar esta pregunta. Saben que, si la responden, su relación con el arte nunca volverá a ser la misma. Otros miran más allá y dicen, "La horrible reunión de la semana pasada," o "Lo veo cuando mis padres discuten o pelean."

La pregunta final indaga sobre cómo los participantes se relacionan con la vida que se revela en la pintura. Se obtienen respuestas muy diferentes. Algunos dicen, "¡Sal de ahí!", otros, "¡Esto es el infierno!", "¿Cómo te metiste en este lío?" Otros dicen simplemente, "Sí", o "Esto tiene que cambiar."

Cuando se usa este tipo de conversación para comentar sobre la experiencia de una pintura, una película, un baile o un poema, existe la posibilidad de que suceda algo extraordinario. La obra de arte en cuestión puede iluminar las vidas mismas de los observadores. Tiene la posibilidad de transformar la conciencia de cada persona en el grupo.

El Príncipe "Cinco Armas"

(Este cuento se relata en la Conversación D1 de la Sección D).

Después de haber recibido como símbolo de distinción el título de Príncipe Cinco Armas, nuestro héroe aceptó las cinco armas que su profesor le entregó, le hizo una reverencia y se dirigió hacia la ciudad del Rey, su padre. En el camino llegó a un bosque. Las personas que estaban a la entrada le previnieron: "Señor Príncipe, no entre al bosque, ahí vive un ogro llamado Pelo Pegajoso. Mata a todos los hombres que ve".

Sin embargo, el Príncipe se sentía seguro y era temerario como un melenudo león. Por lo que penetró en el bosque. Cuando estaba en medio de la espesura, se le apareció el ogro. El ogro había aumentado su estatura hasta llegar a la altura de un gigante. Se había hecho una cabeza del porte de una casa de veraneo que terminaba en forma de campana, sus ojos eran del porte de una enorme alcancía y sus dos colmillos eran del tamaño de dos ampolletas gigantes. Tenía el pico de un halcón, su barriga estaba cubierta de ronchas y sus manos y pies eran verde oscuro. El Príncipe Cinco Armas se acercó. El ogro le espetó: "¿Dónde vas? ¡Detente, eres mi presa!"

Sin ningún temor, el Príncipe le respondió, muy confiado en las artes y oficios que había aprendido: "Ogro, sé lo que hago en este bosque. Sería bueno que tuvieras cuidado de no atacarme. ¡Con una flecha envenenada atravesaré tu carne y te desplomarás al instante!".

Habiendo dicho eso, el joven Príncipe cargó su arco con una flecha empapada en un veneno letal, y se la lanzó. Se pegó al pelo del ogro sin causarle ningún daño. El Príncipe lanzó cincuenta flechas, una tras otra, y todas se pegaron en el pelo del ogro. El ogro sacudió la cabeza y todas las flechas cayeron alrededor de sus pies, acercándose luego al joven Príncipe.

El Príncipe Cinco Armas amenazó al ogro por segunda vez y, desenvainando su espada, le lanzó una estocada maestra. La espada, de ochenta centímetros de largo, también se pegó en el pelo del ogro. Luego el príncipe lo golpeó con una lanza. Esa también se pegó en su pelo. Viendo esto, el príncipe lo golpeó con un garrote. Ese también se quedó pegado en su pelo.

Cuando el príncipe vio que el garrote estaba pegado, dijo: "Maestro ogro, tú nunca has oído hablar de mí. Yo soy el Príncipe Cinco Armas. Cuando entré en este bosque tiranizado por ti, no tomé en cuenta ni arcos ni armas similares. Cuando entré en este bosque sólo me tomé en cuenta a mí mismo. ¡Ahora te voy a pegar y te transformaré en polvo y papilla!". Habiendo hecho así su determinación, lanzó un grito de guerra y le pegó al ogro con su mano derecha. Su mano se pegó en el pelo del ogro. Le pegó con su mano izquierda. Esa también se pegó. Le pegó con su pie derecho. Ese también se pegó. Le pegó con su pie izquierdo, que también se pegó. Finalmente, el príncipe pensó, "¡Te voy a pegar con mi cabeza y te haré polvo y papilla!". Le pegó con su cabeza. El príncipe terminó con cada una de sus extremidades y la cabeza firmemente pegadas al ogro.

El Príncipe Cinco Armas, pegado firmemente a la cabeza del ogro por cuatro extremidades, colgaba del cuerpo del ogro. Pero, con todo, estaba impertérrito. En cuanto al ogro, éste pensó, "¡Este es un verdadero león de hombre, un hombre de nacimiento noble – no un simple hombre! Porque, aunque lo haya agarrado un ogro como yo, ¡él no parece ni temblar ni tiritar! ¡Por todo el tiempo en que he asolado este camino, nunca he visto un solo hombre que lo iguale! ¿Por qué diablos no tiene miedo?". No atreviendo a comérselo, le preguntó: "Joven, ¿por qué no tienes miedo? ¿Por qué no estás aterrorizado por el miedo a la muerte?"

El príncipe respondió, "Ogro, ¿por qué debiera tener miedo ante el temor de morir? Ya que hay sólo una vida es seguro que habrá una sola muerte. Lo que es más, tengo en mi estómago un trueno como arma. Va a romper tus entrañas en jirones y pedazos y te matará. En ese caso ambos moriremos. ¡Por eso no tengo miedo!"

"Si lo que este joven dice es cierto," pensó el ogro, aterrorizado por el miedo a la muerte, "mi estómago será incapaz de digerir ni un fragmento de carne tan pequeño como un frejol del cuerpo de este león de hombre. ¡Lo dejaré ir!". Y dejó ir al Príncipe Cinco Armas.

Algunas versiones de esta historia dicen que el Príncipe Cinco Armas entrenó al Ogro como su sirviente.

Nota: *Este es uno de muchos mitos que giran alrededor de la niñez del Buda. Está registrado por Joseph Campbell en* The Hero with a Thousand Faces.

Dirigir una conversación informal

Algunas conversaciones requieren de un ambiente más informal, como por ejemplo:
- Una conversación entre dos o más personas.
- Una conversación con otra persona, especialmente cuando el facilitador/a tiene que hacer preguntas y a la vez participar en responderlas.
- Algunas situaciones culturales, en que la informalidad es muy importante.

En esas circunstancias, la disposición del espacio varía de forma considerable. Los asientos pueden estar en círculo sin una "cabecera" en la sala. En otros momentos, la conversación se dará durante una caminata o conducir un auto.

Si es la persona que lidera la conversación y a su vez es participante, escriba las preguntas en un papelógrafo, rotafolio o un papel. Luego inicie la conversación diciendo, "¿Por qué no conversamos los dos sobre estas preguntas relacionadas con el tema?" De esa manera, la lista de preguntas toma el lugar de un "observador objetivo externo". Normalmente es importante esperar el momento apropiado, cuando las distracciones sean mínimas.

Pensar las preguntas de antemano es tan importante como en una conversación enfocada formal.

Una manera de guiar de forma informal la conversación es empezar las preguntas con palabras como, "Me pregunto…" lo que minimiza cualquier parecido con un interrogatorio. Otra forma es preparar el ambiente con sus propias respuestas a la pregunta, seguido de una pregunta abierta, y luego seguir como sigue:

1. Escuché a Mariana dar estas razones. ¿Qué otras cosas oyeron decir a Mariana? (nivel objetivo)

2. Lo que me entusiasma de la propuesta de Mariana es su potencial impacto sobre el proyecto. Lo que me preocupa es el enorme costo o gasto. ¿Qué otras reacciones tienen ustedes? (nivel reflexivo-resonante)

3. Algunas de las implicaciones son el riesgo de sobre exponernos. ¿Qué otras implicaciones hay? (nivel interpretativo)

4. Me parece que todo esto lleva a una clara recomendación de que necesitamos un proyecto piloto. ¿Qué decisiones creen que debamos tomar? (nivel decisivo)

Este tipo de conversaciones informales suelen ser delicadas – la persona tiene que gestionar la tensión de ser líder o guía de la conversación y ser un participante activo.

Institute of Cultural Affairs International (ICAI)
www.ica-international.org

El propósito de esta red internacional es el de empoderar, a través de distintos métodos y valores, transformación de individuos, comunidades, y organizaciones de manera auténtica y sustentable.

Cada oficina del ICA (Instituto de Asuntos Culturales) opera de manera autónoma, pero cada una de las instituciones alrededor del mundo se apoya mutuamente. Los ICA han trabajado juntos, especialmente, en torno a preocupaciones programáticas, tales como el VIH/SIDA en África o el desarrollo humano culturalmente apropiado en comunidades locales. Cursos, métodos, nuevas ideas y experimentos son compartidos entre las oficinas de los ICA. Para mayores detalles y direcciones de los ICA locales, visite www.ica-international.org.

Se han establecido distintas organizaciones en muchos países para expandir los métodos del ICA entre varios sectores de la sociedad. El método ToP®, o Tecnología de la Participación (Technology of Participation, en sus siglas en inglés), es el nombre de marca dado a los métodos registrados que el ICA ha desarrollado durante los últimos 40 años. Estos han resultado ser efectivos en el empoderamiento personal, de comunidades y de organizaciones, tanto para reimaginar el futuro como para darse cuenta de su visión. Los programas de certificación ToP® han sido puestos en práctica, los métodos y los cursos continúan en desarrollo, y los libros en torno a éste siguen siendo publicados. ICA Associates Inc. fue lanzado por ICA Canadá con este propósito. Para mayor información, visite www.ica-associates.ca

ICA INTERNACIONAL

c/o ICA Canada
655 Queen Street East
Toronto, ON
M4M 1G4
Canada
t +1.416.691.2316
f +1.416.691.2491
icai@ica-international.org

OFICINAS NACIONALES DEL INSTITUTO:

ICA Associates Inc.
ICA Australia
ICA Bangladesh
ICA Belgium
ICA Bosnia & Herzegovina /BOSPO
ICA Brazil
ICA Canada
ICA Chile
ICA Cote d'Ivoire
ICA Deutschland
ICA EHIO (Tajikistan)
ICA España (IAC España)
ICA Guatemala
ICA India
LENS International (Malaysia)
ICA Japan
ICA Kenya
Leadership Inc.
ICA Middle East & North Africa
ICA Nepal
ICA Nigeria/Nirado
ICA Peru
ICA Sri Lanka
ICA Taiwan
ICA Tanzania
ICA Uganda
ICA Ukrain
ICA UK
ICA USA
ICA Zambia/ OPAD
ICA Zimbabwe

APÉNDICE G

¿Quién puede diseñarme estas conversaciones?

¿Qué sucedería si necesitara que alguien le diseñara una de estas conversaciones? Tal vez no dispone del tiempo que se requiere, o tal vez carezca aún de la confianza en sí mismo para crear una conversación.

ICA Associates Inc. ofrece entrenamiento personal para facilitadores en situaciones como estas. Podemos diseñarle conversaciones como parte de nuestros servicios de guía.

Estos servicios incluyen:
• Ayuda en el diseño de conversaciones facilitadas y en otros métodos TOP™, tales como talleres o reuniones con un número elevado de participantes.
• Respuestas a sus interrogantes sobre la aplicación de los métodos.
• Asistencia en evaluación y retroalimentación.
• Libros, grabaciones y conferencias.

La formación individual está disponible. Los otros institutos ofrecen servicios similares: ver apéndice F.

Los creadores y traductores de este libro están muy interesados en conocer su experiencia en el uso de cualquiera de estas conversaciones: ¿Qué impacto han podido tener las conversaciones en sus grupos de trabajo? y ¿qué cambios se han producido dentro del entorno laboral?, ¿qué ha cambiado? ¿Cómo podría describir el antes y el después, luego de haber aplicado el método? Estaremos encantados, también, de recibir una conversación nueva que haya creado, si quisiera compartirla.

ICA Associates Inc.	IAC España	ICA Chile
655 Queen St. E.	Raimundo Lulio 3	Holanda 1595 Depto. 501,
Toronto, Ontario	28010 Madrid	Providencia, Santiago,
Canadá	España	Chile
M4M 1G4	Teléfono: (+34) 619220580	Teléfono: (+56) 22048527
Teléfono: 416-691-2316	Fax: (+34) 914464290	Correo e.: icachile@
Fax: 416-691-2491	Correo e.: info@iac-es.org	entelchile.net
Correo e.:	www.iac-es.org	www.icachile.cl
ica@ica-associates.ca		
www.ica-associates.ca		

Este libro está disponible a precios con descuentos dependiendo de la cantidad del pedido. Comuníquese con la oficina de ICA más cercana o escriba a ICA Canadá.

Dirigiendo una conversación enfocada: resumen

1.- Escenario

Elija un escenario apropiado para la conversación: lo ideal es una sala que sea adecuada al tamaño del grupo, con las personas sentadas alrededor de una mesa. Asegúrese de que la conversación no vaya a ser interrumpida. Si su conversación en algún momento va a requerir de un taburete para rotafolios o papelógrafo, asegúrese de que esté ubicado en el lugar preciso. Si la conversación versará sobre un documento, asegúrese de tener una copia de él para cada participante. Todo lo que esté en el lugar debe enviar el mensaje de que "esto es importante".

2.- Invitación

Invite al grupo a tomar asiento. Siéntese en frente del grupo y espere que el grupo se ubique.

3.- Captar la atención del grupo y empezar con sus notas de introducción

Cuando se reúne a un grupo, inevitablemente surgirán conversaciones informales. Si el grupo toma su tiempo para finalizarlas, sólo espere a que se produzca un silencio natural en la conversación que están teniendo y empiece a hablar. Esto es muchísimo mejor que intentar hablar sobre las voces del grupo. Muy a menudo el grupo se ordenará sólo con que se diga: "Empecemos". Dé a conocer su comentario introductorio estableciendo por qué se ha reunido al grupo, el tema que se va a tratar y cualquier otro contexto que se requiera.

4.- La primera interrogante

La mayoría de las veces es conveniente ir alrededor de la mesa pidiendo una respuesta por cada participante al formular las preguntas de nivel objetivo. Las respuestas deberían fluir fácilmente, una tras otra, y deberían ser breves. (Disuada a cualquiera que quiera destacar o desee hacer un discurso). Un comentario como "no hay respuestas erróneas" permite que los participantes se sientan más seguros y relajados para dar su respuesta.

Puede que necesite recordar a los participantes que utilicen un tono de voz, de modo que todos los presentes puedan escuchar. Las respuestas del grupo deben dirigirse a usted o al grupo; esto último sucederá cuando el grupo se vea dialogando entre sí de forma natural al pasar muchas veces del nivel reflexivo al interpretativo. Todas las personas presentes en la sala deben poder escuchar todas las respuestas.

5.- Interrogantes siguientes

Dirija las interrogantes siguientes al grupo completo. Ante la segunda pregunta, hágale saber al grupo que cualquiera la puede responder, diciendo: "Ahora, cualquier persona...". Esto les indicará que no va a ir alrededor de la mesa nuevamente, por lo tanto cualquiera puede responder en cualquier orden. A menudo es útil reconocer las respuestas o reafirmarlas ("gracias", "un nuevo punto de vista", "sí,"), siempre que no se convierta en algo automático ni que se perciba como un juicio de valor por parte del facilitador/a. Un simple gesto con la cabeza podría ser suficiente.

6.- Manejar la situación cuando se desvía del tema

Si los participantes se desvían del tema y empiezan a hablar de cualquier otra cosa, reconózcalo: "Sí, ésa es una preocupación o punto importante o ¿cómo se relaciona con el tema que estamos tratando?"; luego recapitule brevemente lo que el grupo ha estado diciendo hasta ése momento y repita la interrogante, o pase a la siguiente pregunta.

7.- Manejar respuestas largas o abstractas

Si alguien tiene como respuesta un argumento largo y abstracto, solicite un ejemplo específico: "Bien, ¿podrías dar un ejemplo específico de eso?". Esto tiene el efecto de acortar el discurso, y de aterrizar la abstracción de manera que todos los miembros del grupo puedan seguir con la conversación sobre el tema.

8.- *Gestionar una discusión o malentendido*

Si se inicia una discusión o hay un malentendido entre personas que están en distintos lugares de la sala, recuerde al grupo que todos los puntos de vista deben ser respetados, que todos poseen sabiduría y que cada uno tiene una pieza del rompecabezas. Luego pregunte si hay otros puntos de vista.

9.- *Facilitar que el grupo responda a la interrogante planteada*

Asegúrese de que las personas estén contestando a la interrogante que usted formuló y no están sólo reaccionando a lo que alguien dijo antes. Usted puede decir algo como: "Comprendo su respuesta, pero no me queda muy claro de qué manera responde a la pregunta planteada".

10.- *Cerrar la conversación*

Para finalizar la conversación se puede usar el cierre recomendado en los ejemplos, o inventar uno propio para honrar la participación o dar a conocer lo que se ha resuelto junto los pasos y actividades inmediatas o no, que el grupo ha decidido realizar. Si se han tomado notas de la conversación, dé a conocer al grupo el uso que se hará de ellas, y asegúreles que se encargará de que reciban copias de las notas.

APÉNDICE I

Preparando una conversación enfocada/estructurada				ICA Canada ©
Enfoque y Objetivo	**Lluvia de preguntas por niveles**	**Preparación de la Introducción**	**Preparación del Cierre**	**Meditación personal**
Compruebe: ¿es una conversación enfocada el método que se necesita? Si es así: **Enfoque la conversación:** Establezca un punto de referencia para la conversación que la delimite claramente. **2.Escriba el objetivo de la conversación:** *a. El Objetivo Racional:* lo que el líder desea que la conversación logre (ésta ha de coincidir con lo que el grupo necesita lograr a través de la conversación). *b. El Objetivo Experiencial o Vivencial:* el impacto interno que el líder desea que la conversación tenga sobre los participantes. **3. Asegure un punto de partida concreto para sus interrogantes objetivas:** por ejemplo, si su conversación versa sobre "Mejores Relaciones entre el Equipo", su primera pregunta no ha de ser respecto a las "relaciones de grupo", sino sobre algo parecido a la reunión de equipo de la semana pasada.	**4. Lluvia de preguntas:** Piense en algunas que tengan en cuenta el logro del objetivo racional y experiencial-vivencial. Haga una lluvia de preguntas sin seguir un orden predeterminado. Escríbeles con lápiz para modificarlas más adelante, si es necesario. Deje que fluyan las preguntas. Rotule las preguntas de acuerdo a cada nivel: O-R-I-D. **5. Seleccione:** A la luz de sus objetivos racionales y experiencial-vivencial, elija las mejores preguntas. Elimine el resto. Copie las preguntas en 4 columnas O-R-I-D. **6. Mezcle el orden:** reordene las preguntas dentro de los niveles hasta que fluyan con naturalidad. Si escribe sus preguntas en post its, evitará el rescribirlas. **7. Confirme una vez más:** Vea si va a necesitar de algunas sub-preguntas en algún punto o asegúrese que las preguntas sean todas abiertas. **8. Ensaye la conversación en su mente:** Formule y responda las preguntas para sí mismo.	**9. Prepare su introducción cuidadosamente:** Ésta ha de incluir: • *Una invitación:* invite al grupo a participar en una conversación. • *El tema de enfoque:* especifica y delimite el tema a tratar. • *El consenso:* relacione la conversación con el consenso del grupo o con un plan previo. • *El Contexto:* establezca la razón para llevar a cabo esta conversación en este momento y la forma en que se relaciona con las responsabilidades y tareas del grupo. • *Detener las objeciones:* trate las posibles objeciones antes de que éstas interrumpan la conversación.	**10. Escriba las palabras que va a utilizar para cerrar la conversación:** Puede incluir lo siguiente: • Una apreciación de la contribución del grupo. • Un comentario respecto del uso que se dará a los datos. • Una oportunidad para suavizar cualquier malentendido que haya surgido. • Un reconocimiento de los asuntos que no se solucionaron y el acuerdo de una nueva reunión para tratarlos.	**11. Piense respecto del grupo y respecto de sí mismo:** Tómese algún tiempo para meditar respecto del grupo y lo que éste ha experimentado últimamente. Asímismo, reflexione cuál será la mejor forma de tratar lo que les incumbe como grupo. Medite respecto de usted mismo, sus puntos fuertes y débiles. Reconozca mentalmente los patrones habituales que debe evitar. Finalmente, no olvide la meditación posterior. Aquí se pueden utilizar, eficientemente, las cuatro etapas del método de la conversación para reflexionar respecto de lo que sucedió. Las preguntas claves son: ¿Consiguió el grupo sus objetivos y con ello los míos?, y ¿Qué haría de forma diferente en caso que lidere y/o facilite esta conversación nuevamente?

Formato en blanco para diseñar una conversación

La Situación	LA CONVERSACIÓN
	Apertura
	Preguntas Objetivas
Objetivo Racional	**Preguntas Reflexivas**
	Preguntas Interpretativas
Objetivo Experiencial	**Preguntas de Decisión**
	Cierre

Aplicaciones múltiples y secretos recomendados por nuestros participantes
—IAC España

El Método de la Conversación Enfocada ha sido utilizado exitosamente en numerosos talleres en Europa, Latinoamérica y Norteamérica, tanto con grupos de líderes de comunidades, como con organizaciones de base, empresas privadas y diversas asociaciones. A través de tal diversidad de aplicaciones hemos incrementado el listado de oportunidades en las que el Método de Conversación Enfocada / Estructurada puede llevar a cohesionar visiones grupales, orientar a individuos y a grupos en su toma de decisiones, siempre en base a las ideas aportadas por el grupo mismo. Compartimos a continuación las oportunidades y secretos identificados por los mismos participantes luego de haber practicado y aplicado el método:

OPORTUNIDADES PARA APLICAR EL METODO DE CONVERSACIÓN ENFOCADA
IAC-ESPAÑA WWW.IAC-ES.ORG

- Diálogo entre dos personas
- Formación o facilitación en actividad participativa

- Toma de decisiones grupal
- Formación de facilitadores
- Entrega y recepción de ideas para facilitadores
- Lograr una visión experta en temática especifica
- Diálogo con una persona no asociada al grupo
- Entrega de instrucciones
- Toma de decisiones
- Entrega de ideas
- Entrega de conocimientos
- Orientación
- Llegar a una solución
- Apoyar sin imponerse
- Facilitar sin enseñar
- Dialogar con un grupo
- Mantener un enfoque horizontal
  - Sin dominar
  - Sin que el facilitador tenga su propia agenda
- Ofrecer herramientas
- Completar una tarea (s)
- Lograr un seguimiento de proceso
- Conocer fortalezas y debilidades de un grupo
- Determinar resultados
- Evitar enfoques personalizados
- Evitar que surjan vacíos
- Evitar favoritismos
- Tomar en cuenta las dinámicas del grupo
- Crear oportunidades para la participación
  - Sin intentar cambiar al grupo
- Crear espacios en que se posibiliten los cambios

SECRETOS PARA LA PRÁCTICA Y APLICACIÓN DEL MÉTODO DE CONVERSACIÓN ENFOCADA IAC-ESPAÑA WWW.IAC-ES.ORG

- Mantén tus objetivos en mente.
- La introducción de la conversación debe dar suficiente información sobre el contexto.
- Las preguntas "puente" entre niveles ayudan a mantener el flujo y ritmo de La Conversación.
- Diseñar el mayor número de preguntas a nivel objetivo.

- Sea creativo con las preguntas.
- El silencio no ha de sentirse como un obstáculo.
- Cualquier estímulo puede motivar una conversación.
- Mantenga el objetivo racional y experiencia-vivencial en la mente, ya que permitirá guiar las intervenciones no esperadas y ser más flexible con las preguntas que se requieran en el momento.
- Asegúrese de obtener gran cantidad de datos a nivel objetivo.
- Dar espacio y tiempo a la gente para expresarse.
- Elija el mejor objeto o tema para estimular la conversación (adaptada al grupo).
- La importancia de tener muy claro los objetivos.
- Tenemos que practicar cómo hacer las preguntas.
- Importante adaptarnos a las respuestas dadas por el grupo.
- El facilitador invisible.
- Algunas veces palabras clave en lugar de preguntas para que la conversación sea más natural.
- Importante sentirse cómoda/o con el co-facilitador. Clave tener un plan conjunto y confianza entre ambos.
- Las preguntas pueden cambiarse de forma natural y ser flexible al formularlas.
- No tenga miedo al silencio.
- Fomentar la participación.
- Leer el lenguaje corporal.
- Tenga en cuenta su propio lenguaje corporal.
- Mantener el tema enfocado - centrado y gestionar bien el tiempo.
- Reducir la velocidad si es necesario.
- Permanezca neutral.
- Mesas o sin mesas.
- Sala bien ventilada.

Bibliografía

A. LIBROS

Adams, John D. ed.: *Transforming Leadership: From Vision to Results*, Miles River Press, Alexandria, Virginia, 1986

Belden, G., Hyatt, M. and Ackley D.: *Towards the Learning Organization*, self-published, Saint Paul, MN, 1993

Block, Peter: *Stewardship: Choosing Service Over Self-Interest*, Berret-Koehler Publishers, San Francisco, 1993

Bolman, Lee G. and Deal, Terrence E.: *Leading With Soul: An Uncommon Journey of Spirit*, Jossey-Bass Publishers, San Francisco, 1994

Buber, Martin: *Pointing the Way: Collected Essays*, Humanities Press International, Inc., New Jersey, 1957

Campbell, Joseph: *The Hero with a Thousand Faces*, University Press, Princeton, New Jersey, 1972

Collins, James C. and Porras, Jerry I.: *Built to Last: Successful Habits of Visionary Companies*, HarperBusiness, New York, 1997

Covey, Stephen R.: *The Seven Habits of Highly Effective People: Restoring the Character Ethic*, Simon and Schuster, New York 1989

Covey, Stephen R.: *Principle-Centred Leadership*, Simon and Schuster, New York, 1990

Cox, Harvey: *The Feast of Fools: A Theological Essay on Festivity and Fantasy*, Harvard University Press, Cambridge, Massachusetts, 1969

de Bono, Edward: *Parallel Thinking*, Penguin Group, Toronto, 1994

de Bono, Edward: *Practical Thinking*, Trinity Press, London, 1971

Dalla Costa, John: *Meditations on Business: Why "Business as Usual' Won't Work Anymore*, Prentice-Hall Canada, Scarborough, Ontario, 1991

Dalla Costa, John: *Working Wisdom: The Ultimate Value in the New Economy*, Stoddart, Toronto, 1995

Dewey, John: *Art As Experience*, Minton, Balch & Co., New York, 1934

Eliot, T.S.: *Collected Poems*, Harcourt Brace Jovanovich, New York, 1964

Ellul, Jacques: *The Technological Society*, New York, Vintage Books, 1964

Goleman, John: *Emotional Intelligence*, Bantam, New York, 1995

Goodman, Gerald and Esterly, Glenn: *The Talk Book*, Rodale Press, Emmaus, Pennsylvania, 1988

Hall, Brian P.: *Values Shift: A Guide to Personal and Organizational Transformation*, Twin Lights Publishers, Rockport, Massachusetts, 1994

Handy, Charles: *The Empty Raincoat: Making Sense of the Future*, Hutchinson, London, 1994

Harman, Willis and Hormann, John: *Creative Work: The Constructive Role of Business in Transforming Society*, Knowledge Systems, Inc., Indianapolis, 1990

Hesse, Hermann: *Journey to the East*, Noonday Press, New York, 1956

Howard, V.A. and Barton, J.H.: *Thinking Together: Making Meetings Work*, William Morrow and Co., Inc., New York, 1992

Jaques, Elliott and Clement, Stephen: *Executive Leadership*, Cason Hall and Co., Arlington, Virginia, 1991

Jenkins, Jon: *International Facilitator's Companion*, DigiTAAL, Groningen, The Netherlands, 1997

Kaner, Sam: *Facilitator's Guide to Participatory Decision-Making*, New Society Publishers, Gabriola Island, B.C. 1996

Kazantzakis, Nikos: *The Saviours of God: Spiritual Exercises*, Simon and Schuster, New York, 1960

Kierkegaard, Søren: *The Sickness Unto Death*, University Press, Princeton, 1980

Kloepfer, John: *The Art of Formative Questioning: A Way to Foster Self-Disclosure*, (PhD. thesis) Duquesne University, 1990

Langer, Susanne K., *Problems of Art*, Simon and Schuster, New York, 1985

Mahesh, V.S.: *Thresholds of Motivation: Nurturing Human Growth in the Organization*, Tata McGraw-Hill, New Delhi, 1993

Maslow, Abraham: *Toward a Psychology of Being*, Van Nostrand, New York, 1968

Nirenberg, John: *The Living Organization: Transforming Teams into Workplace Communities*, Pfeiffer and Co., Toronto, 1993

Owen, Harrison: *Spirit: Transformation and Development in Organizations*, Abbott Publishing, Potomac, Maryland, 1987

Peat, David: *Infinite Potential: The Life and Times of David Bohm*, Addison Wesley, New York, 1996

Renesch, John (ed.): *New Traditions in Business: Spirit and Leadership in the 21st Century*, Berrett-Koehler Publishers, San Francisco, 1992

Ross, Rupert: *Returning to the Teachings: Exploring Aboriginal Justice*, Penguin Books, Toronto, 1996

Saul, John Ralston: *The Unconscious Civilization*, Anansi Press, Concord, Ontario, 1995

Schein, Edgar: *Process Consultation: Lessons for Managers and Consultants* Vol. II, Don Mills, Ontario, 1987

Senge, Peter M.: *The Fifth Discipline: The Art and Practice of the Learning Organization*, Doubleday, New York, 1990

Senge, Roberts, Ross, Smith and Kleiner: *The Fifth Discipline Field Book: Strategies and Tools for Building a Learning Organization*, Doubleday, New York, 1994

Spencer, Laura: *Winning Through Participation: Meeting the Challenge of Corporate Change with the Technology of Participation*, Kendall/Hunt Publishing Company, Dubuque, Iowa, 1989

Thurow, Lester: *The Future of Capitalism*, W. Morrow, New York, 1996

Wheatley, Margaret: *Leadership and the New Science*, Berrett-Koehler, San Francisco, 1992

Williams, R. Bruce: *More Than 50 Ways to Build Team Consensus*, Skylight Publishing Inc., Palatine, Illinois, 1993

B. ARTÍCULOS Y DOCUMENTOS

Argyris, Chris: "Good Communication That Blocks Learning," *Harvard Business Review*, July-August 1994

Crick, Robert: "An Experiment in Structured Conversation,", Middlesex Polytechnic, UK, 1973

Watts, Jean and Kloepfer, John: "Basic Discussion Method for Group Integral Formation," manuscript, June 1997

Heifetz, Laurie, "The Work of Leadership," *Harvard Business Review*, January/February, 1997

Holmes, Duncan: "Proactive Public Meetings," *Edges*, January 1996

ICA CentrepointeS: "The Art Form Method" on *Golden Pathways* CD-ROM, Chicago, 1996

Postman, Neil: "Science and the Story We Need", Internet Essay